成 本 会 计
(第2版)

刘智英　赵菊茹　梁丽华　主编

清华大学出版社
北 京

内 容 简 介

本书共分为三篇，第一篇介绍成本、费用和成本会计的基本概念；第二篇是本书的基本章节，全面介绍成本信息的生成过程，具体包括生产费用的归集与分配、产品成本核算的三个基本方法(品种法、分批法、分步法)、产品成本核算的辅助方法(分类法、定额法)、其他行业的成本核算；第三篇介绍加强成本管理的方法，包括标准成本法、作业成本法、成本报表的编制与分析等内容，相当于第二篇的升华和提升。

本书适合作为会计专业本科学生的教材，也适合作为成本管理人员工作的操作手册。

图书在版编目(CIP)数据

成本会计/刘智英，赵菊茹，梁丽华主编. —2 版. —北京：清华大学出版社，2021.7

ISBN 978-7-302-58164-2

Ⅰ．①成…　Ⅱ．①刘…　②赵…　③梁…　Ⅲ．①成本会计—高等学校—教材　Ⅳ．①F234.2

中国版本图书馆 CIP 数据核字(2021)第 088818 号

责任编辑：孟　攀
封面设计：杨玉兰
责任校对：周剑云
责任印制：刘海龙

出版发行：清华大学出版社

　　　网　　　址：http://www.tup.com.cn, http://www.wqbook.com
　　　地　　　址：北京清华大学学研大厦 A 座　　　邮　　编：100084
　　　社 总 机：010-62770175　　　　　　　　　　邮　　购：010-62786544
　　　投稿与读者服务：010-62776969, c-service@tup.tsinghua.edu.cn
　　　质量反馈：010-62772015, zhiliang@tup.tsinghua.edu.cn
　　　课件下载：http://www.tup.com.cn, 010-62791865

印 刷 者：北京富博印刷有限公司
装 订 者：北京市密云县京文制本装订厂
经　　销：全国新华书店
开　　本：185mm×260mm　　　印　张：17　　　字　数：412 千字
版　　次：2012 年 8 月第 1 版　2021 年 9 月第 2 版　印　次：2021 年 9 月第 1 次印刷
定　　价：49.80 元

产品编号：087488-01

前　言

成本会计作为会计的一个重要分支，有着同会计一样的基本职能，即反映、监督、核算与分析。从成本会计的产生和发展历史看，随着生产过程的日趋复杂，生产、经营管理对成本会计不断提出新的要求，使成本会计向着更深的层次发展。本书在适应成本会计发展趋势的同时，在借鉴同类优秀教材的基础上，力求突出以下特点。

第一，充分吸收了新会计准则中关于成本会计的最新规定，使本书充满时代气息，避免介绍过时的成本会计核算方法；将《劳动法》《企业所得税法》和《社会保险法》中涉及职工薪酬的新规定融入成本会计的实际操作中，并尽量符合成本管理人员的操作过程，以求达到所编写内容与一线工作人员实际操作业务相一致，使读者更好地熟悉成本会计的基本核算方法，把握新会计准则的要点。

第二，体现创新意识，搜集最新的资料，增加了其他行业成本核算的内容，使学生的知识面更加宽泛，职业能力立体化，更加适应现在社会的职业需求，拓宽了"成本会计"课程的知识内容。

第三，本书不仅内容丰富、全面，体系完善，语言通俗易懂，而且还探讨了许多成本会计与管理相结合的问题，能够促进企业的管理增值。本书力求从理论高度对成本会计进行概括和解释，并且运用基本原理去解决实际问题，从而提高学生分析问题、解决问题的能力。

第四，本书的重点章节有丰富的案例展示，使教材易于理解；每章的开头有案例引导，可以激发学生的学习兴趣，深入浅出地带领学生进入知识意境；每章的结尾配有复习测试题(二维码)，便于学生检验学习成果和自学，也可以给教师的授课提供方便。

本书共分为 13 章，第一章～第四章由刘智英编写，第五章～第九章由梁丽华编写，第十章～第十三章由赵菊茹编写。全书由赵菊茹定稿。

由于作者水平有限，书中错漏之处在所难免，恳请广大读者批评指正，编写组全体成员深表谢意。

编　者

目　　录

第三篇 成本管理篇

第一篇

基本概念

第一章　总　　论

案例导入:

老张有五家工厂,其中一家工厂生产破壁机,该种破壁机为市场畅销产品,目前有很多品牌厂家在生产,市场价格趋于稳定。老张没有直接管理工厂,而是聘请了厂长、工程师等专业人员来管理工厂,实行所有权和经营权分离,老张通过财务报表来了解企业的经营状况。2019年8月,财务报表显示,本月销售破壁机1 000台,每台200元,每台破壁机成本150元,本月管理费用包括管理人员工资20 000元,办公费5 000元,销售费用10 000元,财务费用5 000元。老张对企业的盈利状况很不满意,请问:

(1) 本月生产破壁机的利润总额为多少?

(2) 在市场价格一定的情况下,应采取哪些措施提高利润?

(3) 在所有权和经营权分离的情况下,应如何设置会计机构和会计人员?

在企业的日常经济活动中,成本作为一个常用概念,在不同的经济环境中有着不同的含义,成本会计学中的成本概念也是如此。

第一节　成本和成本会计

成本是衡量企业盈利能力的重要因素之一,本节将首先介绍成本的内涵,然后分析成本与费用之间的关系。

一、成本的内涵

成本的内涵是指成本的经济内容,是相对于成本主体的耗费和支出。一般认为,成本是一个特定的经济范畴,凡是有经济活动的地方都必然发生一定的耗费,从而形成了成本。成本是经济理论中的一个重要概念,也是学习成本与管理会计遇到的首要问题,关于成本的内涵,目前理论界还没有达成共识,主要原因是对成本内涵的宽泛程度认识不一,从而有了广义的成本内涵与狭义的成本内涵之分。

(一)广义的成本内涵

在西方会计学中,往往把成本解释为:"实现某一特定目的而做出的价值牺牲。"比较典型的说法是美国会计学会(American Accounting Association,AAA)所属的成本概念与标准委员会在1951年提出的"成本是指为达到特定目的而发生或应发生的价值牺牲,它可以用货币单位加以计量"。这个定义从以下三个方面体现了成本的内涵。

(1) 成本是一种价值牺牲，是对资源耗费的一种计量。这种牺牲不仅包括货币的耗费，还包括物资和劳动的消耗。例如，制造产品或提供劳务都要耗费一定的资源(包括物力、财力和人力资源)，通过计量，可以确定资源的数量。

(2) 成本以货币为表现形式，从而实现了不同劳务的统一计量。开展每一项经济业务都要耗费一定数量的人力、物力和财力。由于这些业务的计量单位不同，无法确定耗费总量。例如，现金耗费、物质耗费和劳动耗费分别采用货币计量、实物计量和劳动计量，无法进行横向比较和综合。如果统一用货币单位进行计量，就能够比较耗费的资源的代价。

(3) 成本是为一定目的而做出的价值牺牲，从而明确了成本计算主体。成本是为经营目的而进行的有关活动所消耗的价值，这些为经营目的而开展的各项活动就构成了成本主体。

从以上三个方面可以看出，美国会计学会所定义的成本内涵非常宽泛，只要是为了经营目的而开展的活动所发生的价值牺牲都属于成本范畴。这些活动有的是为了经营目的而取得的资产，有的是为了经营目的而开展的管理活动。

美国注册会计师协会(AICPA)1957 年发布的《第 4 号会计名词公报》(*Accounting Terminology Bulletin No.4*)对成本的定义为："成本是为了获取财产或劳务而支付的现金或转移其他资产、发行股票、提供劳务或发生负债，而以货币衡量的数额。成本可以分为未耗和已耗。未耗成本可由未来的收入承担，例如，存货、预付费用、厂房、投资等；已耗成本应由当期收入承担，例如，已售产成品和其他资产的成本及当期的费用。"

广义的成本内涵包括生产产品、提供劳务所发生的各种耗费，以及为管理生产和组织经营活动而发生的各项费用。

(二)狭义的成本内涵

在我国会计学中，成本计算的理论基础是马克思的价值理论。马克思在《马克思政治经济学》一书中，从"劳动价值论"学说出发，论证了生产成本的经济实质。《马克思恩格斯全集》指出："按照资本主义方式生产的每一个商品的价值 W，用公式表示是 $W=C+V+M$。如果我们从这个产品价值中减去剩余价值 M，那么，在商品中剩余的只是一个在生产要素上耗费的资本价值 $C+V$ 的等价物或补偿价值。"

在社会主义市场经济条件下，马克思的这一理论可表述为：为生产某一产品而发生的资本耗费，用符号代替是"$C+V$"。但在实际工作中，成本的开支范围还受财务制度、行业和管理要求的约束，与理论成本不完全相符。本书认为，成本的内涵一般是指成本的经济内容，是对应于成本主体的耗费和支出。

二、费用的内涵

在明确了成本的内容之后，需要对成本与费用进行比较，以便澄清成本与费用之间的关系。

在我国 2014 年修订的基本会计准则中，对费用的定义如下：费用是指企业在日常活动中发生的、会导致所有者权益减少的、与向所有者分配利润无关的经济利益的总流出。根据费用的定义，费用具有以下特征。

1. 费用是企业日常活动中形成的

费用必须是企业在其日常活动中所形成的，这些日常活动的界定与收入定义中涉及的日常活动的界定相一致。因日常活动所产生的费用通常包括销售成本(营业成本)、管理费用等。将费用界定为日常活动所形成的，目的是为了将其与损失相区分，企业非日常活动所形成的经济利益的流出不能确认为费用，而应当计入损失。

2. 费用会导致所有者权益减少

与费用相关的经济利益的流出应当会导致所有者权益减少，不会导致所有者权益减少的经济利益的流出不符合费用的定义，不应确定为费用。例如，归还到期的借款或向股东支付股利，不能确认为费用。

3. 费用是与向所有者分配利润无关的经济利益的总流出

费用的发生应当会导致经济利益的流出，从而导致资产的减少或者负债的增加(最终也会导致资产的减少)。其表现形式包括现金或者现金等价物的流出，存货、固定资产和无形资产等的流出或者消耗等。鉴于企业向所有者分配利润也会导致经济利益的流出，而该经济利益的流出显然属于所有者权益的抵减项目，不应确认为费用，应当将其排除在费用的定义之外。

费用的确认除了应当符合定义外，也应当满足严格的条件，即费用只有在经济利益很可能流出从而导致企业资产减少或者负债增加、经济利益的流出额能够可靠计量时才能予以确认。因此，费用的确认至少应当符合以下条件：一是与费用相关的经济利益应当很可能流出企业，二是经济利益流出企业的结果会导致资产的减少或者负债的增加，三是经济利益的流出额能够可靠计量。

三、成本与费用的关系

(一)成本与费用

"成本"和"费用"这两个概念既相互联系又存在重大区别。从概念体系的科学性上讲，需要引用两个不同的概念：一个用来说明企业资产形态变化过程中的计量标准，另一个用来说明经济资源的消耗。

从概念体系的科学性和人们的使用习惯来看，用成本概念来表述资产交换过程中的耗费比较合适。不论如何表述成本定义，我们始终可以将资产形态变换过程中的耗费理解为成本。如用货币资金购买原材料，被消耗的货币资金形成所购买的原材料的成本。同理，生产产品等发生的材料、人工耗费也构成产品成本。美国会计学会(AAA)所属的"成本与标准委员会"将成本定义为"企业为实现特定目的而发生或应发生的价值牺牲"。这一定义的外延相当广泛，远远超出了产品成本(劳务成本)概念的范围而延伸到一切发生消耗的项目上。后来这一定义被 AICPA 修订为：成本是用货币计量的，为取得或即将取得的商品或劳务所支付的现金或转让的其他资产、发行的资本股票、提供的劳务或发生的负债的总额。这一定义同时为"商品和劳务"作了较为广义的解释，存货、预付费用、厂房、投资和递延费用都包括在内，使成本的概念在外延上突破了产品成本的范围。

通常可以将费用定义为企业从事盈利活动所发生的、能够引起所有者权益变动的资产的减少或者负债的增加。这一定义使成本和费用的概念明确区分开来。不引起所有者权益变动的消耗可以是成本，但不能作为费用；被消耗掉的成本要转化为费用。按照这种解释，购买资产、生产产品所发生的耗费是成本而不是费用，因为这些活动并不减少所有者权益，而只引起不同资产之间的变化。已销产品的成本是费用，所得税是费用，它们不仅会使企业的资产减少或负债增加，而且会使企业的所有者权益减少。

从以上分析可知，成本的基本特征是，成本的发生不影响所有者权益的变动。这一特征具体表现为：①用现金、其他资产等支付的成本，改变的只是资产的存在方式，不改变资产总额。②以负债方式形成的成本，使资产和负债同时以相同的金额增加，但是成本的发生不影响所有者权益的变化。而费用的基本特征表现为：在企业从事盈利活动过程中发生，能够引起所有者权益的变动。

我国目前的成本、费用概念，在功能分工上并没有做上述区分，经常用"费用"概念来表述"成本"。新会计制度尽管在定义上对成本和费用做了区分，但是概念的使用上仍然沿用老的思路。而从成本、费用的基本定义出发，成本应该是企业生产经营过程中所发生的耗费，当成本不再给企业带来未来经济利益时，则转变为费用。针对我国的成本、费用概念体系及其应用中存在的问题，建议如下。

(1) 严格区分成本和费用，并在概念使用上保持一致。在新会计制度中不仅要从定义上区分成本和费用，而且要尽可能规范其用法。如生产过程中发生的直接材料、直接人工等，到底应该称为直接费用还是直接成本？按照成本和费用的定义，还是称为直接成本为好，对应的间接费用改称为间接成本较好。

(2) 区分"成本"和"产品成本"的概念，不要用"产品成本"代替"成本"。成本比产品成本的含义更为广泛，成本不仅包括产品成本，还包括固定成本、材料采购成本、投资成本等。将成本定义为"企业为生产产品、提供劳务而发生的各种耗费"不大合适，应该将这一定义明确为产品成本的定义，也可以考虑给出比产品成本更一般的定义。为规范会计核算的会计制度，在概念术语的使用上，应尽可能做到严谨、规范。

(二)生产费用与产品成本

生产费用是指企业在一定时期内生产产品(商品)和提供劳务过程中发生的各项耗费。生产费用是按照一定期间计算的与产品生产有关的费用，不包括期间费用。

产品成本是指企业为生产一定种类和数量的产品所发生的各种耗费的总和，是按照产品的种类和数量核算的。

生产费用和产品成本是两个既互相联系又互相区别的概念。生产费用和产品成本在经济内容上是完全一致的，都是以货币表现的折旧费、材料费、人工费的物化劳动和活劳动的耗费。生产费用应当计入所生产产品的成本；产品成本是对象化的费用。从长期看，企业的生产费用等于产品成本。

二者的区别在于：生产费用与一定会计期间相联系；产品成本与一定种类和数量的产品相联系。从短期看，由于可能存在在产品，一个企业的生产费用总额与其完工产品成本不一定相等。

四、成本会计的概念及内容

(一)成本会计的概念

成本会计是运用会计的基本原理和一般原则，采用一定的技术方法，对企业生产经营过程中发生的各项费用和商品产品(劳务)成本进行连续、系统、全面、综合核算和监督的一种管理活动。

(二)成本会计的内容

1. 成本预测

成本预测是指推测与估计成本的发展，企业必须对成本的发展变化趋势进行事前预测，估计未来成本的走向及水平，为成本决策和拟定成本目标提供依据。成本预测是成本控制的首要环节，对确定目标成本、有效进行成本控制、提高经济效益有重要的作用。

2. 成本决策

成本决策是指在成本预测的基础上分析各种成本效益方案，筛选较好的方案。正确进行成本决策，形成产品的优秀方案，对于提高经济效益具有重要的意义。成本决策需要为新产品拟定目标成本，使之成为研究人员努力的目标；同时还要为老产品提供降低成本的目标，指明成本控制努力的方向。

3. 成本计划

成本计划是指根据决策所确定的目标，确定计划期内为完成计划产量所应发生的耗费和各种产品的成本水平，同时也提出为完成上述成本指标所应采取的措施和方法。成本计划是进行成本目标管理的基础，对于成本控制、成本分析和成本考核都有重要意义。

4. 成本控制

成本控制是指在日常的生产经营活动中，观察成本的动态，以便发现脱离目标成本的情况，并分析差异的性质，对于不利的差异应该及时分析产生的原因，并针对发生的问题采取措施，加以纠正；对于出现的有利差异，则应该总结经验、巩固成绩，使产品的成本能够持续降低；对于例外事项的发生，应该提请有关部门给予解决。

5. 成本核算

成本核算是指采用一定的办法，遵循规定标准，计量、记录、归集和分配企业生产经营过程中的各种耗费及支出。经过核算成本费用，可以及时正确地反映企业一定期间内发生的生产耗费。严格按照预算指标进行控制，严格执行成本的开支范围，掌握各项消耗及产品成本的形成及成本降低指标计划完成情况，有助于企业杜绝浪费，提高经济效益。

6. 成本分析

成本分析贯穿于整个成本控制过程。产品的成本分析是指对产品生产成本形成后所做的总结和评价。不断地分析成本可以及时地总结经验、吸取教训，针对发生的问题采取措施、提高成本管理水平、抑制不必要的费用发生，用以提高企业的效益。除此之外，通过成本分析也可以对各个成本岗位、控制责任、成本目标完成情况等进行考评，为实施成本奖惩提供依据。成本分析在成本控制过程中发挥着承前启后的作用。

7. 成本考核

成本考核是指在成本分析的基础上，定期对成本计划和成本控制的任务完成情况进行检查和评价，并联系责任单位的业绩给予必要的奖惩，以充分调动广大职工执行成本计划的积极性。

以上成本会计的内容是相互联系、相互补充的，它们在生产经营的各个环节、成本发生的各个阶段，相互配合地发挥作用。预测是成本会计工作的开始，是决策的前提，决策是制订计划的依据，计划是对决策的具体化，控制是对计划实施情况的监督，核算是对成本发生情况的如实记录，分析和考核是保证计划完成的手段，分为事前、事中、事后三个阶段。其中，成本核算是成本会计的最基本内容。

第二节　成本会计的产生和发展

前面介绍了成本的概念，下面将进一步介绍成本会计的产生和发展，以便读者全面了解成本会计。

一、成本会计的产生

成本会计是随着商品经济的形成而产生的。生产成本产生于资本主义的简单协作和工场手工业时期，完善于资本主义大机器工业生产阶段。随着资本主义简单协作的发展，引起了工场手工业的产生，这时各种劳动的结合表现为资本的生产力。随着生产力的发展和生产关系的完善，对生产管理提出了新的要求，资本家为了获取更多的剩余价值，对生产过程中的消耗和支出更加注意核算，因此生产成本核算提上议事日程。

二、成本会计的发展

成本会计是随商品经济的发展而发展的。20世纪初，美国和西方国家的许多企业推行泰勒制，不仅推动了生产的发展，也促进了管理和成本会计的发展，产生了用于成本控制和分析的标准成本法，使成本会计的职能从成本计算进而扩展到成本控制和分析。第二次世界大战后，科学技术高速发展，生产力水平迅速提高，企业生产经营能力高涨，市场竞争日益激烈，促使企业成本会计不仅要精打细算，还要为降低产品成本献计献策。

成本会计发展的阶段如下：

1. 第一阶段(1880—1920 年)：原始成本会计阶段

原始成本会计起源于英国，当时认为成本会计就是汇集生产成本的一种制度，主要是用来计算和确定产品的生产成本和销售成本。在这期间，英国会计学家已经设计出订单成本计算和分步成本计算的方法(当时应用的范围只限用工业企业)，后来传往美国及其他国家。

2. 第二阶段(1921—1950 年)：近代成本会计阶段

近代成本会计主要是美国会计学家提出的标准成本会计制度，在原有的成本积累的基础上增加了"管理上的成本控制与分析"的新职能。在这种情况下，成本会计就不仅是计算和确定产品的生产成本和销售成本，还要事先制定成本标准，并据以进行日常的成本控制与定期的成本分析。正因为成本会计扩大了管理职能，于是应用的范围也从原来的工业企业扩大到商业企业、公用事业以及其他服务性行业中。

3. 第三阶段(1951—1981 年)：现代成本会计阶段

今天对于成本的定义已不再局限于产品成本的范畴，成本的外延除了产品成本的概念与内容外，还可以包括劳务成本、工程成本、开发成本、资产成本、资金成本、质量成本、环保成本等。

4. 第四阶段(1981 年以后)：战略成本会计阶段

20 世纪 80 年代以来，随着计算机技术的进步、生产方式的改变、产品生命周期的缩短，以及全球性竞争的加剧，大大改变了产品成本结构与市场竞争模式。英国学者西蒙首先提出了战略成本管理。成本管理的视角应由单纯的生产经营过程管理和重股东财富，扩展到与顾客需求及利益直接相关的，包括产品设计和产品使用环节的产品生命周期管理，更加关注产品的顾客可察觉价值；同时要求企业更加注重内部组织管理，以获取市场竞争优势。此时，战略相关性成本管理信息已成为成本管理系统不可缺少的一部分。

第三节　成本会计的任务

成本会计的任务是成本会计职能的具体化，也是人们期望成本会计应达到的目的和对成本会计的要求。具体来说，成本会计的任务主要有以下几方面。

(一)为企业进行成本管理提供基本依据

在社会主义市场经济中，企业应在遵守国家的有关政策、法令和制度的前提下，按照市场经济规律的要求，正确地组织自己的生产经营活动。为此，企业必须在经营管理中加强预见性和计划性。也就是说，面对市场，企业应在分析过去的基础上，科学地预测未来，周密地对自身的各项经济活动实行计划管理。就企业的成本管理工作来说，它是一项综合性很强、涉及面很广的管理工作，仅靠财会部门和成本会计工作是难以完成的。但成本会计作为一项综合性很强的价值管理工作，应充分发挥自己的优势，在成本的计划管理中，发挥主导作用。为了使企业成本管理工作有计划地进行和对费用开支有效地进行控制,成本会计工作应在企业有关方面的配合下,根据历史成本资料、市场调查情况以及其他有关方面(如生产、技术、财务等)的资料,采用科学的方法来预测成本水平及其发展趋势,拟订各种降低成本的方案,进而进行成本决策,选出最优方案,确定目标成本;然后再根据目标成本编制成本计划,制定成本费用的控制标准以及降低成本应采取的主要措施,以作为对成本实行计划管理、建立成本管理的责任制、开展经济核算和控制费用支出的基础。

(二)严格审核控制各项费用支出

企业作为自主经营、自负盈亏的商品生产者和经营者,应贯彻增产节约的原则,加强经济核算,不断提高自己的经济效益。这是社会主义市场经济对企业的客观要求,在这方面成本会计担负着极为重要的任务。为此,成本会计必须以国家有关成本费用开支范围和开支标准,以及企业的有关计划、预算、规定、定额等为依据,严格控制各项费用的开支,监督企业内部各单位严格按照计划、预算和规定办事,并积极探求节约开支、降低成本的途径和方法,以促进企业经济效益的不断提高。

(三)为企业的经营管理提供有用的信息

按照国家有关法规、制度的要求和企业经营管理的需要,及时、正确地进行成本核算,提供真实、有用的成本信息,是成本会计的基本任务。这是因为,成本核算所提供的信息,不仅是企业正确地进行存货计价、正确地确定利润和制定产品价格的依据,同时也是企业成本预测、决策、计划、考核、分析等的依据。

(四)考核成本计划的完成情况

在企业的经营管理中,成本是一个极为重要的经济指标,它可以综合反映企业以及企业内部有关单位的工作业绩。因此,成本会计必须按照成本计划等的要求进行成本考核,肯定成绩,找出差距,鼓励先进,鞭策落后。成本是综合性很强的指标,其计划的完成情况是诸多因素共同作用的结果。因此,在成本管理工作中,还必须认真、全面地开展成本分析工作。通过成本分析,揭示影响成本升降的各种因素及其影响程度,以便正确评价企业及企业内部各有关单位在成本管理工作中的业绩和揭示企业管理工作中的问题,从而促进成本管理工作的改善,提高企业的经济效益。

第四节　成本会计工作的组织

为了完成成本会计的任务,企业应当合理设置成本会计机构,配备好专职或兼职的成本会计人员,并且严格按照与成本会计有关的法律、规章、制度等进行工作。

(一)成本会计机构的设置原则

成本会计机构是企业负责组织领导和直接从事会计工作的职能部门,是企业会计机构的重要组成部分。企业应当在保证成本会计工作质量的前提下，按照节约成本会计工作时间和费用的原则，设置相应的成本会计工作机构。

(二)成本会计机构内部的组织分工

企业成本会计机构内部的组织分工，可以按照成本会计的职能来划分。成本会计包括预测、决策、计划、控制、核算、分析、考核和检查等职能，在企业成本会计机构内部可以设置成本核算、成本分析和检查等专门小组。

企业成本会计机构内部的组织分工，也可以按照成本会计的对象来划分。成本会计的对象包括产品成本和期间费用，在企业总部成本会计机构内部也可以设置产品成本核算和分析、期间费用核算和分析等专门小组。

(三)企业内部各级成本会计机构的分工

企业总部和生产单位(分厂、车间)等各级成本会计机构之间的组织分工，既可以采用集中工作方式，也可以采用分散工作方式。

1. 集中工作方式

集中工作方式是指企业成本会计中的成本核算和分析等方面的工作，主要由总部成本会计机构集中进行。采用这种方式，分厂、车间等生产单位一般不设置专门的成本会计机构，只配备专职或兼职的成本核算人员，负责有关原始凭证的填写、审核、整理和汇总，为总部成本核算和成本分析工作提供资料。

采用集中工作方式，不但可以减少成本会计机构的层次和成本会计人员的数量，而且有利于企业总部集中使用电子计算机对成本数据进行处理，及时掌握企业有关成本的全面信息。采用这种方式，在大中型企业，不便于直接从事产品生产和劳务供应的各生产单位及时掌握本单位的成本信息，不利于调动生产单位和生产工人节约费用、控制成本方面的积极性，并且可能会影响成本管理经济责任制的实施。

2. 分散工作方式

分散工作方式是指企业会计中的核算和分析等方面的工作，由各分厂、车间等生产单位，其他有关部门和企业总部的成本机构或人员分别进行。企业总部成本会计机构负责对各生产单位和有关部门的成本会计机构和人员进行业务上的指导和监督，并对企业成本进行综合的预测、决策、计划、控制、核算、分析、考核和检查。

采用分散工作方式，增加了成本会计工作的时间和费用，但有利于成本费用的分级管理和责任成本的核算，有利于调动企业上下各方面和全体职工增产节约、降低成本的积极性。

企业应当根据自身生产经营的特点和成本管理的要求，确定企业内部各级成本会计机构的分工。一般来说，大中型企业宜采用分散工作方式，小型企业宜采用集中工作方式。企业也可以将两种方式结合使用，如重要的生产单位可采用分散工作方式，其他部门和单位则采用集中工作方式。

(四)成本会计人员

在企业成本会计机构中,配备合适的成本会计人员,提高成本会计人员的素质,是做好成本会计工作的前提。为了提高成本会计工作的效率,保证成本会计信息质量,在成本会计机构内部和会计人员中应当建立岗位责任制,定岗、定编、定责,明确分工、各司其职。企业应当重视加强成本会计人员的职业道德教育和业务培训,让每一个成本会计人员都明确自己的职责和权限,胜任自己的工作。

第五节　成本会计的法律、规章和制度

企业成本会计机构和会计人员必须严格按照有关法律、规章和制度的规定进行成本核算,实行会计监督。与成本会计有关的法律、规章和制度可以分为以下三个层次。

(一)中华人民共和国会计法

《中华人民共和国会计法》(以下简称《会计法》)是我国会计工作的基本法律,是制定会计方面其他法律、规章、制度、办法等的依据。

企业成本会计机构和人员必须依照《会计法》的规定办理会计事务。例如,《会计法》第二十五条规定,公司、企业必须根据实际发生的经济业务事项,按照国家会计标准和会计制度的规定确认、计量和记录资产、负债、所有者权益、收入、费用和利润;第二十六条规定,公司、企业不得随意改变费用、成本的确认标准或者计量方法,不得虚列、多列、不列或者少列费用、成本。这些都是企业在进行成本核算时应当严格遵守的。

(二)国家统一的会计准则和会计制度

《会计法》规定,国家实行统一的会计准则和会计制度。国家统一的会计准则和会计制度由国务院财政部门制定并公布。它包括国家统一的会计核算制度、国家统一的会计监督制度、国家统一的会计机构和会计人员制度、国家统一的会计工作管理制度等。国家统一的会计准则和会计制度属于政府规章性质。

企业进行成本核算,组织成本监督,设置成本会计机构和配备成本会计人员等,都应当遵守《会计法》和国家统一的会计准则与会计制度的规定。

(三)企业内部的会计制度和成本核算办法

企业成本会计的实务必须由企业内部会计制度和成本核算办法等来规范。也就是说,企业内部的会计制度和成本核算办法,是企业进行费用和成本核算、处理各项具体成本会计业务的直接依据。

企业制定的内部会计制度和成本核算办法,必须符合《会计法》和国家统一的会计准则与会计制度(包括《企业会计制度》和《企业会计准则》等)的要求,必须适合企业内部生产经营活动和业务活动的特点,必须满足企业加强成本管理和成本监督的要求。

第六节　成本会计的基础工作

费用成本从经济内容上来说，都是以货币形式表现的物资消耗和劳动报酬。要组织好成本会计工作，算好和管好费用成本，必须算好各项实物消耗和工时消耗，并且做好以下各项基本工作。

(一)建立和健全原始记录制度

原始记录是反映企业生产经营活动的原始资料，是企业进行费用和成本核算，分析消耗定额、费用预算和成本计划完成情况的依据。企业必须建立健全原始记录制度，及时提供真实可靠、内容完整的原始记录。原始记录制度应当明确企业各种原始记录的取得、登记、传递和保管等方面的工作程序和责任。企业原始记录主要包括以卜儿类：反映生产经营活动及其成果的原始记录，如生产通知书、产品入库单、废品报告单等；反映材料物资动态的原始记录，如领料单、退料单、材料盘点盈亏报告单等；反映劳动耗费的原始记录，如考勤记录、加班加点记录、工资结算单等。

(二)建立和健全定额制度

定额是企业根据本单位当前的生产条件和技术水平，充分考虑各方面因素，在生产经营成果的数量和质量，以及人力、物力和财力的消耗等方面所规定的应达到的标准。各项定额是企业制订成本计划、实施成本控制和进行成本分析的重要依据。企业从总部到生产单位(车间、分厂)以及班组(柜组)都应建立和健全定额管理制度。在制度中，应当明确企业定额的内容(种类)，制定和修订定额的程序，定额完成情况检查、考核和分析的方法等。

企业定额按其反映的内容，主要分为原材料消耗定额、燃料和动力消耗定额、工具模具消耗定额、设备利用定额、工时消耗定额(产量定额)和各项费用(制造费用和期间费用)定额等。企业制定的定额应当既先进又切实可行，并且要随着企业生产条件、技术水平和管理要求的变化及时修订。

(三)建立和健全计量收发制度

计量收发是对各项财产物资的收、发、领、退进行正确的数量计算，并根据技术标准鉴定其质量的方法，它是正确计算费用成本的前提。企业必须建立和健全计量验收制度，明确计量器具标准，质量验收的程序和机构，各项财产物资的收、发、领、退的程序和手续要求等。为此，企业应当根据实际情况，配备各种必要的度、量、衡具和有关的仪器、仪表等计量工具，并定期进行检修、校正；企业应当设立质量检测机构，指定专人负责计量验收工作。

财产清查是会计核算的一种专门方法，在建立和健全计量收发制度工作中，要注意做好财产清查工作。企业应当定期或者不定期地进行财产清查，及时处理财产物资的盘盈、盘亏、毁损、报废，做到账实相符。只有对原材料、自制半成品、在产品、产成品等加强

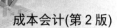

实物管理,才能保证成本费用计算的真实性和正确性。

(四)建立和健全内部结算价格制度

内部结算价格是指企业对原材料、自制零部件、半成品和内部各生产单位相互提供的劳务(如修理、运输、动力等)制定的在企业内部各部门、各生产单位之间进行结算的价格。建立和健全内部结算价格制度,以合理的内部结算价格作为企业内部结算和考核依据,可以分清内部各单位的经济责任,考核和分析内部各单位费用预算和成本计划的执行情况,并简化和加快成本核算工作。内部价格可以参考计划成本、成本加成或市场价格。

上述四个方面既是成本核算的基础工作,也是企业成本会计以及财务管理中必须加强的基础工作。在四项基础工作中,原始记录、计量验收和定额管理制度是最基本的三项。没有这三个方面的基础工作,成本会计和企业的其他管理工作就无法进行。

复习测试题

第二章 成本核算的基本原理

案例导入：

老张的电器厂生产甲、乙两种产品，本月发生的费用如下：

(1) 为生产产品耗用原材料 100 000 元，消耗的材料全部为库存材料。

(2) 支付生产工人工资 20 000 元，支付车间管理人员工资 8 000 元，支付厂部管理人员工资 9 000 元。

(3) 购买机器设备支付银行存款 200 000 元。

(4) 车间生产设备和房屋折旧 25 000 元，行政管理部门办公设备和房屋折旧 15 000 元。

(5) 对外投资支付银行存款 200 000 元。

(6) 以银行存款支付广告费 50 000 元。

(7) 向投资者分配利润 10 000 元。

(8) 支付银行贷款利息 8 500 元。

(9) 支付税务部门罚款 15 000 元。

(10) 支付车间水电费 9 800 元。

分析：上述各项费用能否全部计入甲、乙两种产品的成本？哪些费用能够计入产品成本？

成本核算是对生产经营管理费用的发生和产品成本的形成所进行的核算。成本核算是将一定时期内企业生产经营过程中所发生的费用，按其性质和发生地点，分类归集、汇总、核算，计算出该时期内生产经营管理费用发生的总额并分别计算出每种产品的实际成本和单位成本的管理活动。

第一节 成本核算的要求和一般程序

成本核算的基本任务是正确、及时地核算产品实际的总成本和单位成本，提供正确的成本数据，为企业经营决策提供科学依据，并借以考核成本计划的执行情况，综合反映企业的生产经营管理水平。

一、成本核算的要求

进行成本核算，首先审核生产经营管理费用，看其是否已经发生，是否应当发生，已发生的是否应当计入产品成本，实现对生产经营管理费用和产品成本直接的管理和控制。其次对已发生的费用按照用途进行分配和归集，计算各种产品的总成本和单位成本，为成本管理提供真实的成本资料。

(一)正确划分各种支出的界限

一个会计主体在其业务活动中，会发生多种性质的支出。除了与正常生产经营管理活动有关的支出外，还有资本性支出、福利性支出、营业外支出等。在企业支出中，只有与正常生产经营管理活动有关的支出，才称作生产经营管理费用。为了正确计算产品成本和期间费用，企业应当正确划分应计入产品成本和期间费用的生产经营管理费用与不应计入产品成本和期间费用的其他各种支出的界限。正确划分各种支出的界限，也叫作严格费用成本的开支范围。企业必须严格遵守国家统一的会计准则和会计制度规定的费用成本开支范围。

(二)正确划分各期费用成本的界限

对于可以计入生产经营管理费用的支出，企业应当根据权责发生制原则，正确划分各期费用成本的界限。按照权责发生制原则，凡是本期已经发生的费用成本，不论其款项是否已经付出，都应当作为本期费用成本入账；凡是不属于本期费用成本的支出，即使款项已经在本期付出，也不应当作为本期的费用成本处理。正确划分各期费用成本的界限，是合理确定各期(月)产品成本和期间费用、正确计算各期(月)营业损益的需要。

为了正确结算费用，计算本期产品成本和期间费用，企业对于本期(月)已经支出、应由本期和以后各期负担的费用，应当记作预付账款，分期摊入有关费用成本。企业一次支出、分期摊销的预付账款，按照费用项目的受益期限确定各期分担的数额，分摊期限一般不超过1年。企业发生的不能全部计入当年损益，应在以后年度内分期摊销的租入固定资产改良支出、固定资产修理支出以及摊销期限在1年以上的其他待摊费用，应当记作长期待摊费用，在受益期限内平均摊销。

(三)正确划分产品成本和期间费用的界限

在正确区分各种支出和各期费用成本的基础上，还应当正确划分产品成本和期间费用的界限。企业生产经营费用包括生产费用和期间费用，生产费用构成产品制造成本，期间费用直接计入当期损益。为了正确计算产品成本和营业损益，对于应当计入产品成本的费用，企业不得列为期间费用；应当作期间费用的支出，企业不得计入产品成本。

(四)正确划分各种产品成本的界限

产品成本是确定价格的基础，为了正确计算各种产品的成本，可以计入本期产品成本的各项生产费用，还必须在各种产品之间进行划分。应计入本期产品成本的各项生产费用有两种情况：一是能够直接计入某种产品成本的，二是多种产品共同发生的。正确划分各种产品成本的界限，要求凡是能够分清由某种产品成本负担的费用，应当直接计入该种产品的成本；凡是不能分清由哪种产品成本负担的费用，需进行分配之后，再计入各种产品的成本。

(五)正确划分本期完工产品成本与期末在产品成本的界限

企业本期发生的生产费用，经过在各种产品之间进行分配，确定了各种产品应负担的生产费用。企业期末计算产品成本时，除了本期已完工产品外，还可能有未完工的产品(期末在产品)。这样，为了正确计算出本期完工产品的实际总成本和单位成本，必须正确划分本期完工产品成本与期末在产品成本的界限。企业期末计算产品成本时，应当注意核实期末在产品的数量和完工程度，采用合理的分配方法，将已经计入该种产品成本的生产费用在本期完工产品和期末在产品之间进行分配，正确计算本期完工产品的实际总成本和单位成本。

二、成本核算的一般程序

成本核算的一般程序，是指对企业在生产过程中发生的各项费用，按照成本核算的要求，逐步进行归集和分配，最后计算出各种产品的成本和各项期间费用的过程。根据前述的成本核算要求和费用的分类，可将成本核算的一般程序归纳如下。

(1) 对企业的各项支出进行严格的审核和控制，要按照国家的有关规定确定其应否计入产品成本、期间费用，并要判断是计入产品成本还是期间费用。

(2) 正确处理费用的跨期摊提工作。包括将本月实际支出而应该留待以后月份摊销的费用，记作"预付账款"；将以前月份开支的"预付账款"中应由本月负担的份额，摊入本月的成本；将本月尚未开支但应由本月负担的费用，预提计入本月的成本，计入"应付账款"账户。

(3) 将应计入本月产品成本的各项生产费用，在各种产品之间按照成本项目进行分配和归集，计算出按成本项目反映的各种产品的总成本及单位成本。

(4) 对于月末既有完工产品又有在产品的产品，将该种产品的生产费用(月初在产品生产费用与本月生产费用之和)在完工产品和月末在产品之间进行分配，计算出该种产品的完工产品成本和月末在产品成本。

第二节　生产费用的分类

工业企业生产经营过程中的耗费是多种多样的，为了科学地进行成本管理，正确计算产品成本和期间费用，需要对种类繁多的费用进行合理分类。费用可以按不同的标准进行分类，其中最基本的分类是按费用的经济内容和经济用途的分类。

一、按经济内容分类

企业的生产经营过程，也是物化劳动(劳动对象和劳动手段)和活劳动的耗费过程，因而生产经营过程中发生的费用，按其经济内容分类，可划分为劳动对象方面的费用、劳动手段方面的费用和活劳动方面的费用三大类。这三类可以称为费用的三大要素。为了具体反映各种费用的构成和水平，还应在此基础上，将其进一步划分为以下九个费用要素。所谓费用要素，就是按经济内容对费用的分类。

(1) 外购材料：指企业为进行生产经营而耗用的一切从外单位购进的原料及主要材料、半成品、辅助材料、包装物、修理用备件和低值易耗品等。

(2) 外购燃料：指企业为进行生产经营而耗用的一切从外单位购进的各种固体、液体和气体燃料。

(3) 外购动力：指企业为进行生产经营而耗用的一切从外单位购进的各种动力，比如电力。

(4) 工资：指企业应计入产品成本和期间费用的职工工资。

(5) 职工福利费：指企业根据规定按工资总额的一定比例计提的、应计入产品成本和期间费用的职工福利费。

(6) 折旧费：指企业按照规定的固定资产折旧方法计算提取的折旧费用。

(7) 利息费用：指企业应计入财务费用的借入款项的利息支出减利息收入后的净额。

(8) 税金：指应计入企业管理费用的各种税金，如房产税、车船使用税、土地使用税、印花税等。

(9) 其他费用：指不属于以上各要素但应计入产品成本或期间费用的费用支出，如差旅费、租赁费、外部加工费以及保险费等。

二、按经济用途分类

下面讲述生产费用按照经济用途的分类。

计入产品成本的生产费用在产品生产过程中的用途也不尽相同，有的直接用于产品生产，有的间接用于产品生产。因此，为具体反映计入产品成本的生产费用的各种用途，提供产品成本构成情况的资料，还应将其进一步划分为若干项目，即产品成本项目，就是生产费用按其经济用途分类核算的项目。工业企业一般应设置以下几个项目。

(1) 直接材料，指直接用于产品生产、构成产品实体的原料、主要材料以及有助于产品形成的辅助材料费用。

(2) 燃料及动力，指直接用于产品生产的各种燃料和动力费用。

(3) 直接人工，指直接参加产品生产的工人工资及福利费。

(4) 制造费用，指间接用于产品生产的各项费用，以及虽直接用于产品生产，但不便于直接计入产品成本，因而没有专设成本项目的费用。制造费用包括企业内部生产单位(分厂、车间)的管理人员工资及福利费、固定资产折旧费、租赁费(不包括融资租赁费)、机物料消耗、低值易耗品摊销、取暖费、水电费、办公费、运输费、保险费、设计制图费、实验检验费、劳动保护费、季节性或修理期间的停工损失以及其他制造费用。

企业可根据生产特点和管理要求对上述成本项目作适当调整。对于管理上需要单独反映、控制和考核的费用，以及产品成本中比重较大的费用，应专设成本项目；否则，为了简化核算，不必专设成本项目。例如，如果废品损失在产品成本中所占比重较大，在管理上需要对其进行重点控制和考核，则应单设"废品损失"成本项目。又如，如果工艺上耗用的燃料和动力不多，为了简化核算，可将其中的工艺用燃料费用并入"原材料"成本项目，将其中的工艺用动力费用并入"制造费用"成本项目。

三、其他分类

(一)按与生产工艺的关系分类

按与生产工艺的关系，可将费用分为直接生产费用和间接生产费用。

(1) 直接生产费用是指由生产工艺本身引起的、直接用于产品生产的各项费用，如原料费用、主要材料费用、生产工人工资和机器设备折旧费等。

(2) 间接生产费用是指与生产工艺没有联系，间接用于产品生产的各项费用，如机物料消耗、辅助工人工资和车间厂房折旧费等。

(二)按计入产品成本的方法分类

按计入产品成本的方法，可将费用分为直接计入费用和间接计入费用。

(1) 直接计入费用是指企业为生产某种产品(成本核算对象)而发生的费用。在计算产品成本时，该类费用可以根据费用发生的原始凭证直接计入该种产品(成本核算对象)的成本。如直接用于某种产品生产的原材料、生产工人发生的薪酬等费用，可以根据领料单、职工薪酬结算单等原始凭证直接计入该种产品成本。

(2) 间接计入费用是指企业为生产几种产品(成本核算对象)共同发生的费用。这类费用不能直接计入某种产品的成本明细账，需要采用适当的方法在各种产品(成本核算对象)之间进行分配，再根据分配的结果分别计入有关产品(成本核算对象)的成本。

(三)按其与产品产量的关系分类

按与产品产量的关系分类，可将费用分为变动费用和固定费用。

(1) 变动费用是指总额随着产品产量的变动而成正比例变动的费用，如产品生产直接耗用的原材料、采用计件工资制的生产工人的薪酬等费用。就单位产品成本来看，这类费用是固定的，无论产量如何变动，单位成本应负担的这类费用不变。

(2) 固定费用是指在一定产量的范围内总额相对固定的费用，即不随着产品产量的变化而变化的费用。如车间管理人员的薪酬、车间的折旧费等。就单位产品成本来看，这类费用是变动的，随着产品产量的变化成反比例变动。

第三节　生产费用的总分类核算

为了核算和监督企业生产过程中发生的各项费用，企业需要设置成本类账户，组织生产费用的总分类核算和明细分类核算，计算产品和劳务的实际总成本和单位成本。

一、产品成本(生产费用)核算的账户设置

不同行业的企业，可以根据本行业的生产特点和成本管理的要求，确定成本类账户的

名称和核算内容。工业企业一般设置"生产成本"和"制造费用"等成本类账户，施工企业一般设置"工程施工"等成本类账户，交通运输企业一般设置"劳务成本"等成本类账户。下面主要介绍工业企业的"生产成本"和"制造费用"账户。

(一)"生产成本"账户

"生产成本"账户用来核算企业进行工业性生产，包括生产各种产品(如产成品、自制半成品和提供劳务)、自制材料、自制工具、自制设备等所发生的各项生产费用，该账户用于计算产品和劳务的实际成本。

工业企业的生产根据各生产单位任务的不同，可以分为基本生产和辅助生产。基本生产是指为完成企业主要生产任务而进行的产品生产或劳务供应。辅助生产是指为企业基本生产单位或其他部门服务而进行的产品生产或劳务供应，如企业内部的供水、供电、供气、自制材料、自制工具和运输、修理等生产。企业辅助生产单位的产品和劳务，虽然有时也对外销售一部分，但主要任务是服务于企业基本生产单位和管理部门。

由于企业生产分为基本生产和辅助生产，根据企业生产费用核算和产品成本计算的需要，一般可以在"生产成本"这一总分类账户下，分设"基本生产成本"和"辅助生产成本"两个二级账户；也可以将"生产成本"这一账户分设为"基本生产成本"和"辅助生产成本"两个总分类账户；业务量较小的企业，还可以将"生产成本"和"制造费用"两个总分类账户合并为"生产费用"一个总分类账户。本书按照一般工业企业的情况，设置"生产成本"和"制造费用"两个成本费用类总分类账户，在"生产成本"总分类账户下，设置"基本生产成本"和"辅助生产成本"两个二级账户。

"生产成本——基本生产成本"账户的借方登记企业从事基本生产活动的生产单位(如车间、分厂)所发生的直接材料费用、直接人工费用、其他直接费用和自"制造费用"账户转入的基本生产单位发生的制造费用；该账户的贷方登记结转的基本生产单位完工入库产品成本和已完成的劳务成本；该账户的期末余额在借方，表现基本生产单位期末尚未完工的在产品的成本。

"生产成本——辅助生产成本"账户的借方登记企业从事辅助生产活动的生产单位(如车间、分厂)所发生的各项直接费用和自"制造费用"账户转入的辅助生产单位发生的制造费用；该账户的贷方登记结转的辅助生产单位完工入库产品(如自制材料、工具等)的成本和分配给各受益对象的已完成劳务(如修理服务)的成本；该账户的期末余额一般在借方，表示辅助生产单位期末尚未完工的在产品(如自制材料、工具等)的成本。

为了正确计算各种产品和劳务的实际总成本，在按照企业生产单位设置的生产成本二级账下，还应按照各个生产单位的成本核算对象，设置产品(劳务)生产成本明细账。按成本核算对象设置的产品生产成本明细账，用来归集成本核算对象所发生的全部生产费用，并计算出该对象的完工产品(或劳务)实际总成本和期末在产品成本。"产品生产成本明细账"也称"产品成本计算单"。

企业按生产单位设置的基本生产成本二级账和辅助生产成本二级账，以及按成本计算对象设置的生产成本明细账(产品成本计算单)，都应当按成本项目设专栏组织生产费用的核算和产品成本的计算。期末，"生产成本"总分类账户应与所属的生产成本二级账户核对；

生产成本二级账户应与所属的生产成本明细账(产品成本计算单)核对。不设生产成本二级账的企业,"生产成本"总分类账户直接与所属的产品生产成本明细账(产品成本计算单)核对。

(二)"制造费用"账户

"制造费用"账户用来核算企业各生产单位(如分厂、车间)为生产产品和提供劳务所发生的各项间接费用。该账户的借方登记企业各生产单位为生产产品和提供劳务而发生的各项间接费用;贷方登记期末分配结转(转入"生产成本"等账户)的制造费用;除季节性生产企业外,期末结转以后该账户应无余额。

"制造费用"账户应当按照企业生产单位设置明细账,并按费用项目设专栏组织明细核算。

企业行政管理部门为组织和管理生产经营活动所发生的各项管理费用、企业在销售过程中发生的各项营业费用,以及企业为筹集生产经营资金所发生的各项财务费用,都应作为期间费用,不记入"制造费用"账户,而分别记入"管理费用""营业费用"和"财务费用"账户。

二、生产费用和期间费用总分类核算的程序

生产费用和期间费用的归集与核算应遵循自身特点,同时采取以下核算程序。

(一)登记本期发生(支付)的各项费用

企业本期发生的材料费、人工费、折旧费和其他各项费用,在贷记"原材料""应付职工薪酬""累计折旧""银行存款""现金"等资产、负债账户的同时,应当根据费用的用途和所属期间,分别记入有关成本费用账户、跨期费用账户和期间费用账户的借方。

(二)摊销和预提费用

按照权责发生制原则,企业应由本期成本费用负担,但尚未支付的费用,应当预提计入本期成本费用;已经发生或支付的费用,应当摊销计入本期成本费用。本期摊销和预提的费用,在记入"预付账款"和"应付账款"等账户贷方的同时,分别记入"制造费用""管理费用""财务费用""销售费用"等账户的借方。

(三)分配结转制造费用

期末,企业应当将本期发生的制造费用,按照受益原则,分配给各种产品和劳务。在记入"制造费用"账户贷方的同时,记入"生产成本"账户的借方,由有关成本核算对象的成本负担。分配结转后,"制造费用"账户一般应无余额。

(四)结转本期完工入库产品成本

期末,按照一定方法计算出本期完工产品的总成本以后,应当将本期完工入库产品的总成本结转到"库存商品""自制半成品"等账户。

结转本期完工入库产品成本，在记入"生产成本"账户贷方的同时，记入"库存商品"账户的借方；结转本期完工入库自制半成品成本，在记入"生产成本"账户贷方的同时，记入"自制半成品"账户的借方；结转本期辅助生产单位对外修理、运输等已实现销售的劳务总成本，在记入"生产成本"账户贷方的同时，记入"主营业务成本"(或"其他业务成本")账户的借方。

复习测试题

第二篇

成本信息的生成

第三章 生产费用的归集与分配

案例导入：

王萧大学毕业后应聘到远达设备制造公司做会计工作，该厂本月生产甲、乙、丙三种产品，共同耗用 A 材料，有关资料如表 3-1 所示。

表 3-1 产品及材料资料表

产品名称	产量/件	重量/千克	材料单位消耗定额/千克	材料单价/(元/千克)	材料单位定额成本/元
甲	1 000	30 000	20	10	200
乙	3 000	50 000	15	10	150
丙	5 000	190 000	37	10	370
合计	9 000	270 000	—	—	—

该厂以前月份采用产品产量比例对材料费用进行分配，本月份共使用 A 材料 200 000 千克，每千克单价 10 元。

财务部张经理在向王萧介绍了上述情况后，请王萧提出对材料费用分配的改进措施。王萧在车间对产品进行了细致的调查，结合原有资料，编制了分别按照产品产量、产品重量、材料定额耗用量三种方法对 A 材料费用进行分配的计算，如表 3-2 所示。

表 3-2 材料费用分配计算表

单位：元

产品名称	按产品产量比例分配	按产品重量比例分配	按材料定额耗用量比例分配
甲产品	222 220	222 300	160 000
乙产品	666 660	370 500	360 000
丙产品	1 111 120	1 407 200	1 480 000
合计	2 000 000	2 000 000	2 000 000

计算表显示，三种计算方法的结果有很大的差距。王萧指出，由于三种产品所耗用材料的单位定额不同，因此，采用产品产量比例进行分配不合理。A 材料是甲、乙、丙三种产品的主要材料，因此，产品重量越大，使用的原材料越多，建议改为按照产品重量比例进行分配。如果 A 材料是甲、乙、丙三种产品耗用的原材料中的一种，就不能采用产品重量比例分配，可以按照材料定额耗用量比例分配。王萧建议，咱们厂的产品种类较多，生产特点各不相同，可以根据实际情况选择不同的分配方法。张经理对王萧的回答十分满意，称赞说："大学不白上啊，一来就解决了我们的问题！"

请思考以下问题：

(1) 材料在各种产品之间的分配，可以采用哪些分配标准？

(2) 按照什么原则选择分配标准？

第一节　材料费用的归集和分配

材料是工业企业生产加工的劳动对象，是产品生产中必不可少的物质要素。在工业企业中，材料费用是构成产品成本的主要生产费用，因此，材料费用的核算对于正确进行产品成本核算，加强成本费用的控制和管理具有极其重要的意义。

一、材料费用的组成

材料费用包括企业在生产经营过程中实际消耗的各种原材料、辅助材料、外购半成品、修理用备品备件、燃料、动力、包装物和低值易耗品等费用。

(一)原材料

原材料是指作为主要劳动对象，经过加工以后构成产品实体的各种原料和主要材料。原料是指直接从自然界取得的劳动对象，如纺织企业纺纱耗用的原棉、冶炼企业炼铁耗用的铁矿石等；主要材料是指已经被加工过的劳动对象，如纺织企业生产布料使用的棉纱、家具厂生产家具使用的板材等。

(二)辅助材料

辅助材料是指直接用于生产过程中有助于产品形成或便于生产进行，但不构成产品实体的各种辅助性材料。辅助材料在生产中发挥的作用不同，有的为劳动工具所消耗，如维护机器设备使用的机油和防锈剂等；有的与主要材料相结合，使主要材料发生变化或给予产品某些性能，如催化剂、漂白粉、染料、油漆等；有的为创造正常劳动条件所耗用，如清洁卫生用的扫帚、抹布、清洁剂等。

(三)外购半成品

外购半成品是指为企业配套产品而耗用的外购件。例如，生产空调从外单位购入的压缩机，生产汽车从外单位购入的发动机、汽车轮胎等。

(四)修理用备品备件

修理用备品备件是指为了修理本企业的机器设备、运输设备等固定资产所专用的零件、备件及配件，如齿轮、轴承等。其他修理用材料列入辅助材料。

(五)燃料

燃料是指在生产过程中用来燃烧发热或为创造正常的劳动条件使用的各种燃料，包括固体燃料、液体燃料和气体燃料，如煤、汽油、天然气等。燃料按其在生产中所起的作用来看，属于辅助材料，但是由于它在企业生产中消耗量比较大，对现代化生产来说作用比较大，因此一般单列一类，以便于管理和核算。

(六)动力

动力是指生产经营耗用的电力、热力、风力等。

(七)包装物

包装物是指生产经营过程中用于包装本企业产品的各种包装容器，如桶、箱、瓶、坛、袋等。

(八)低值易耗品

低值易耗品是指生产经营中领用的价值低廉、容易损耗的各种物品，如各种用具物品、工具、管理用具、玻璃器皿等。

二、材料费用的归集

企业在生产活动中耗用的材料费用，是根据领料、退料凭证，按照材料的用途进行归集和分配的。

(一)发出材料的原始记录

为了有效地控制生产成本，企业必须严格办理有关材料领用和退库手续，做好相关的原始记录。在实际工作中，发出材料的原始记录主要包括领料单、限额领料单、领料登记表、退料单和材料盘点报告表等。

1. 领料单

领料单是一种由领料车间、部门按用途分别填制的一次性使用的领料凭证。它适用于领料次数不多、零星消耗、不经常使用及没有制订消耗定额材料的领发业务。领料单的格式如表 3-3 所示。

表 3-3　领料单

领料单位：　　　　　　　　　　　　　　　　　　　　　　　　　凭证编号：

用　　途：　　　　　　　　　　　年　月　日　　　　　　　发料仓库：

材料类别	材料编号	名称及规格	计量单位	数量		单价	金额/元
				请领	实发		
备注			合计				

领料单位负责人：　　　　　　　　　发料人：　　　　　　　　　领料人：

领料单可以采用一单一料或一单多料的方式，由领料单位填写，一式三联：一联留存领料单位备查；一联留存发料仓库，据以登记材料明细账；另一联送交会计部门，据以进行材料收发和材料费用核算。

2. 限额领料单

限额领料单是一种在规定时期内，按照规定的限额可以多次使用的表明领料数量的累计凭证。它是由企业的供应部门或生产计划部门，根据生产计划和产品的材料消耗定额等有关资料，分别按每一领料车间、部门、产品或工作令号开出，可以采用一单一料或一单多料的方式。限额领料单一般是一式三联，列明材料的品种和限额，经供应部门或计划部门负责人签字后，一联送交领料车间或部门；一联送交发料仓库；一联留存备查，分别作为一定期间内领发材料的依据。

领料单位领料时，在该单内注明请领数量，经负责人签章批准后，持往仓库领料。仓库发料时，根据材料的品名、规格在限额内发料，同时将实发数量及限额余额填写在限额领料单内，领发料双方在单内签章。月末在此单内结出实发数量和金额转交会计部门，据以计算材料费用，并做材料减少的核算。使用"限额领料单"领料，全月不能超过生产计划部门下达的全月领用限额量。由于增加生产量而需追加限额时，应经生产计划部门批准，办理追加限额的手续。由于浪费或其他原因超限额用料需追加限额，应由用料部门向生产计划部门提出申请，经批准后追加限额。在用另一种材料代替限额领料单内所列材料时，应另填一次"领料单"，同时相应地减少限额余额。"限额领料单"的格式和内容如表3-4所示。

表3-4　限额领料单

领料单位：　　　　　　　　　　　　　　　　　　　　　　　　　凭证编号：

领料用途：　　　　　　　　　　　　　年　月　日　　　　　　　发料仓库：

材料类别	材料编号	名称编号	计量单位	领用限额	实际领用	单价	金额	备注

供应部门负责人：　　　　　　　　　　　　　　　　计划生产部门负责人：

日期	领　用				退　料			限额结余
	请领数量	实发数量	发料人签章	领料人签章	退料数量	退料人签章	收料人签章	

限额领料单适用于大量大批生产的企业中经常使用并有消耗定额的材料。采用限额领料单，不仅节省了大量凭证，简化了核算手续，还可以有效地监督材料消耗定额的执行，

及时有效地控制材料的使用，促进使用部门合理使用材料，杜绝浪费，也便于仓库主动备料、送料，保证生产经营活动的正常进行。

3. 领料登记表

领料登记表是一种多次使用有效的(一般为一个月)领料凭证，一般采用一单一料的方式。对于生产车间、班组常用的数量零星、价值不大的消耗材料，为简化核算，平时可以不采用上述凭证进行核算，而由领料人在领料登记表上登记领用数量并签章证明，据以办理领料手续。领料登记表的格式如表3-5示。

表3-5 领料登记表

领料单位：　　　　　　　　　　　　　　　　　年　月　日　　　　　　　　　　发料仓库：

日期	材料类别	材料编号	材料名称及规格	计量单位	领用数量		发料人	领料人	备注
					当日	累计			

材料单价：　　　　　　　　　　　　　　　　　　　　　　合计金额：

4. 退料单

退料单是一种记录企业生产车间退回月终结存未使用材料的凭证。生产车间领用的材料，虽然是用于生产产品，但是领用的数量并不一定等于实际消耗的数量。为了正确反映存货价值和计算产品成本，生产车间应于月份终了时，对那些领而未用的材料，办理退料手续。下月不再使用的材料，应填制退料单并连同材料退回仓库；下月继续使用的材料，则办理假退料手续，即同时填写本月退料单和下月领料单，材料不退回仓库。退料单的格式如表3-6所示。

表3-6 退料单

退料单位：　　　　　　　　　　　　　　　　　年　月　日　　　　　　　　　　任务编号：

材料编号	材料名称	材料规格	计量单位	数量	单价	金额

备注

车间负责人：　　　　　　　退料人：　　　　　　　　收料人：

5. 材料盘点报告表

材料盘点报告表是反映企业材料盘点情况的书面证明凭证。工业企业储存的材料品种多，收发业务极为频繁，材料物资由于各种原因会造成账实不符，出现盘盈、盘亏的现象。因此企业应定期对材料进行盘点，并将盘点结果登记在材料盘点报告表上。材料盘点报告表的格式如表3-7所示。

表3-7　材料盘点报告表

仓库名称：　　　　　　　　　　　　　　　年　月　日

材料编号	材料名称及规格	计量单位	数　量		单价	盘　盈		盘　亏		盘盈或盘亏原因
			账存	实存		数量	金额	数量	金额	

仓库部门负责人：　　　　　　仓库保管员：　　　　　　盘点人：

(二)发出材料的数量核算

消耗材料数量的计算有两种方法：一是永续盘存制，二是实地盘存制。

永续盘存制也叫连续记录法，它是指每次收入、发出材料时，都要根据有关收发材料的原始凭证登记记入材料明细账，并在材料明细账中随时结出材料结存数量。

采用永续盘存制能够正确计算生产过程中材料的消耗数量，因此，企业应当建立健全原始记录和计量验收制度，严格管理材料收入和发出的凭证，保证材料消耗数量的真实性。

实地盘存制也叫盘存计算法，它是指每次材料发出时都不做记录，材料发出的数量是根据期末实地盘点确定结存数量以后倒挤处理的。材料消耗量的计算公式为

本期消耗材料数量＝期初结存材料数量＋本期收入材料数量－期末结存材料数量

采用这种方法计算材料消耗量可以减轻会计人员的工作量，但是，这种方法很难准确。如果发生材料被盗、损坏、丢失等情况，也会将其计算在材料消耗数量中，不便于发现漏洞，加强管理。因此，除了日常材料的领用难以每次都记录的情况外，企业一般不采用这种方法计算材料消耗量。

(三)发出材料的价格核算

在工业企业，从仓库发出的材料主要由生产车间和管理部门领用，企业可以将本期发出材料的领料单先按领用车间或部门进行分类，然后再按具体产品进行汇总，以归集各种产品领用的材料数量，并根据一定的计价方法计算出本期各车间、部门以及各种产品应负担的材料费用，记入相关的成本费用账户的借方和"原材料"账户的贷方。

在会计实务中，发出材料可以按实际成本计价，也可以按计划成本计价。企业采用实际成本计价组织原材料核算时，由于各批购入材料受物价波动及采购地点的影响，即使是同一品种、规格的材料，批次不同，实际单位成本也很可能不一致。因此，对发出材料，必须采用一定的方法确定其单位成本，以便正确计算各期发生的成本费用。我国《企业会计准则》明确规定，企业可以选择使用的发出材料计价方法主要有先进先出法、加权平均法、移动平均法、个别计价法等。企业对原材料的收发采用计划成本计价时，材料收发的原始凭证、各种材料的总分类核算与明细分类核算均按计划成本进行，材料的实际成本与计划成本之间的差异，通过"材料成本差异"账户进行核算。企业发出材料，应当按实际成本计算成本费用。实际成本等于计划成本加上应负担的材料成本差异。分摊的材料成本差异为超支差异时(实际成本大于计划成本)，与计划成本相加；材料成本差异为节约差异时

(实际成本小于计划成本)，与计划成本相减(即加上一个负数)。企业应当正确计算发出材料应分摊的材料成本差异，将发出材料的计划成本调整为实际成本。

(四)发出材料的账务处理

企业生产经营过程中耗用的所有材料，无论是自制材料，还是外购材料，都应根据审核无误的领、退料凭证，按材料的具体用途进行分配；产品生产直接耗用的材料，直接计入"生产成本——基本生产成本"项目；辅助生产车间耗用的材料，计入"生产成本——辅助生产成本"项目；生产车间一般消耗的材料，计入"制造费用"项目；管理部门消耗的材料，计入"管理费用"项目；专设销售机构消耗的材料，计入"销售费用"项目；专项工程消耗的材料，连同其采购时支付的增值税进项税额一并计入"在建工程"项目；对外销售的材料成本，计入"其他业务成本"项目。

三、材料费用的分配

直接用于生产产品、构成产品实体的原材料费用，在产品成本中一般占有较大的比重，按照重要性原则，规定设有单独的成本项目。领用时，如果能够按照产品品种(或成本计算对象)分别领用，如纺织生产用的原棉、冶炼用的矿石、机械生产用的钢材等，分配费用时，可以根据领料单上注明的领料用途直接计入各种产品的"直接材料"成本项目；对于不能按照产品品种(或成本计算对象)分别领用，而是几种产品共同消耗的原料及主要材料，如化工生产的多种产品所耗用的原材料费用，需要采用一定的分配方法，将所耗用的原材料在各种产品之间进行分配，并分别计入各种不同产品的"直接材料"成本项目中。

原材料费用的分配标准有很多，主要有产品产量、产品重量、材料定额耗用量、材料定额成本等。分配标准的选择要尽可能与材料费用的发生有密切关系，做到多耗用多分配，少耗用少分配。下面主要介绍材料定额耗用量比例法和定额费用比例法。

(一)定额耗用量比例法

定额耗用量比例法是以产品定额消耗量为标准，进行材料费用分配的一种方法。定额消耗量是指一定产量下，按照消耗定额计算的可以消耗的材料数量；而消耗定额是指单位产品可以消耗的材料数量限额。这种分配方法适用于各种材料消耗定额健全而且比较准确的企业。其计算公式如下。

$$(1)\quad \text{某种产品材料定额消耗量} = \text{该种产品实际产量} \times \text{单位产品材料消耗定额}$$

$$(2)\quad \text{材料消耗量分配率} = \frac{\text{材料实际耗用总量}}{\text{各种产品材料定额消耗量之和}}$$

(3)　某种产品应分配的　＝　该种产品的材　×　材料消耗
　　　材料实际消耗数量　　　　料定额消耗量　　量分配率

(4)　某种产品应分配的　＝　该种产品应分配的　×　材料
　　　实际材料费用　　　　　材料实际消耗量　　　单价

【例3-1】 某企业生产甲、乙两种产品,共同耗用某种材料1 600 kg,单价为6元/kg。甲产品的实际产量为200件,单件产品材料消耗定额为3 kg;乙产品的实际产量为100件,单件产品材料消耗定额为2 kg。试计算分配甲、乙产品各自应负担的材料费。

计算如下:

甲产品材料定额消耗量=200×3=600(kg)

乙产品材料定额消耗量=100×2=200(kg)

材料消耗量分配率=1 600÷(600+200)=2

甲产品应分配的材料实际消耗数量=600×2=1 200(kg)

乙产品应分配的材料实际消耗数量=200×2=400(kg)

甲产品应分配的材料实际材料费用=1 200×6=7 200(元)

乙产品应分配的材料实际材料费用=400×6=2 400(元)

以上方法可以考核材料消耗定额的执行情况,有利于加强原材料消耗的实物管理,但是分配工作量较大。为了简化核算工作,也可以采用按定额消耗量的比例直接分配材料费用的方法。其计算公式如下。

(1)　某种产品材料　＝　该种产品　×　单位产品材
　　　定额消耗量　　　　实际产量　　　料消耗定额

(2)　材料费用分配率　＝　$\dfrac{\text{材料实际费用总额}}{\text{各种产品材料定额消耗量之和}}$

(3)　某种产品应分配　＝　该种产品应分配的　×　材料费用分配率
　　　的实际材料费用　　　材料定额消耗量

仍以上例的资料为例计算如下:

甲产品材料定额消耗量=200×3=600(kg)

乙产品材料定额消耗量=100×2=200(kg)

材料费用分配率=(1 600×6)÷(600+200)=12

甲产品应分配的材料费用=600×12=7 200(元)

乙产品应分配的材料费用=200×12=2 400(元)

上述两种分配方法的计算结果相同,但是后一种方法不能提供各种产品原材料实际消耗量资料,不利于加强原材料消耗的实物管理。

在会计实务中,材料费用的分配通常是用分配表来完成的,其格式如表3-8所示。

表 3-8　材料费用分配表

(定额耗用量比例法)

产品名称	产品产量/件	单位消耗定额(kg/件)	定额耗用量/kg	分配率	材料实耗数量/kg	材料费用/元
甲产品	200	3	600	2	1 200	7 200
乙产品	100	2	200	2	400	2 400
合计	300		800		1 600	9 600

(二)定额费用比例法

定额费用是定额消耗量的货币表现。定额费用比例法,是指在各种产品共同耗用原材料的种类较多的情况下,为了简化分配计算工作,可以按照各种材料的定额费用的比例分配材料实际费用的方法。计算公式如下。

(1) $\dfrac{某种产品原材}{料定额费用} = \dfrac{该种产品}{实际产量} \times \dfrac{单位产品该原}{材料费用定额}$

(2) 原材料费用分配率 = $\dfrac{各种产品材料实际费用总额}{各种产品原材料定额费用总额}$

(3) $\dfrac{某种产品应分配}{的实际材料费用} = \dfrac{该种产品原材}{料定额费用} \times \dfrac{原材料费}{用分配率}$

【例 3-2】 某企业生产甲、乙两种产品,领用 A 种主要材料 3 000kg,单价为 6 元/kg,共计 18 000 元。本月生产甲产品 350 件,乙产品 620 件。甲产品单位产品耗用 A 材料定额成本为 20 元;乙产品的单位产品耗用 A 材料定额成本为 25 元。采用定额费用比例法分配计算如下:

甲产品 A 材料定额费用=350×20=7 000(元)

乙产品 A 材料定额费用=620×25=15 500(元)

原材料费用分配率=3 000×6÷(7 000+15 500)=0.8

甲产品应分配的实际材料费用=7 000×0.8=5 600(元)

乙产品应分配的实际材料费用=15 500×0.8=12 400(元)

在实际工作中,材料费用的分配一般是通过编制材料费用分配表进行的,材料费用分配表应按照材料的用途和材料类别,根据归类后的领退料凭证编制,它是材料费用分配核算的汇总原始凭证。

【例 3-3】 某企业各部门 2019 年 4 月领用材料及材料费用分配,情况见表 3-9,请根据材料费用分配表编制会计分录。

表 3-9　材料费用分配表

2019 年 4 月

应借科目			共同耗用原材料的分配					直接计入金额/元	材料费用合计/元
总账及二级科目	明细科目	成本或费用项目	产量/件	单位消耗定额/kg	定额消耗总量/kg	分配率	分配金额/元	直接计入金额/元	材料费用合计/元
生产成本	甲产品	直接材料	4 000	12	48 000		192 000	208 000	400 000
——基本	乙产品	直接材料	2 000	26	52 000		208 000	52 000	260 000
生产成本	小　计				100 000	4	400 000	260 000	660 000
生产成本	锅炉车间	直接材料						132 000	132 000
——辅助	供电车间	直接材料						68 000	68 000
生产成本	小　计							200 000	200 000
制造费用	基本车间	物料消耗						75 000	75 000
管理费用								3 000	3 000
销售费用								2 000	2 000
合　计							400 000	540 000	940 000

根据"材料费用分配表"应作如下账务处理。

借：生产成本——基本生产成本——甲产品　　　　　400 000
　　　　　　　　　　　　　　——乙产品　　　　　260 000
　　　——辅助生产成本——锅炉车间　　　　　132 000
　　　　　　　　　　　　——供电车间　　　　　68 000
　　制造费用——基本生产车间　　　　　75 000
　　管理费用　　　　　3 000
　　销售费用　　　　　2 000
　　贷：原材料　　　　　　　　　940 000

第二节　人工费用的归集和分配

按照现行的《企业会计准则》规定，把企业的人工费称为职工薪酬。

一、人工费用的归集

职工薪酬是指企业根据有关规定应该支付给职工的各种报酬，包括职工工资、奖金、津贴和补贴；职工福利费；医疗、养老、失业、工伤、生育等社会保险费；住房公积金；工会经费、职工教育经费；非货币性福利等因职工为企业提供服务而产生的义务。从广义上来讲，职工薪酬是企业必须付出的人力成本，是吸引和激励职工的重要手段。也就是说，职工薪酬既是职工为企业劳动获得的报酬，也是企业必须承担的成本费用。

(一)人工费用的构成内容

人工费用即职工薪酬主要包括以下几方面内容。

1. 工资总额

工资总额是指各单位在一定时期内直接支付给本单位全部职工的劳动报酬总额。按照国家统计局的规定，工资总额由以下几个方面的内容构成。

(1) 计时工资：是指按计时工资标准和工作时间计算应支付给职工的劳动报酬。工资标准是指每位职工在单位时间内应得的工资额。

(2) 计件工资：是指按照完成产品(或工作)的数量和计件单价支付给职工的工资。这种工资形式包括个人计件工资和集体计件工资两种。

(3) 奖金：是指支付给职工的超额劳动报酬和增收节支的劳动报酬。

(4) 津贴和补贴：是指根据国家规定，为补偿职工额外或特殊的劳动消耗，以及为了保证职工的生活水平不受特殊条件影响而支付给职工的各种津贴和补贴。津贴包括夜班津贴、高空作业津贴、野外作业津贴、井下津贴、高温津贴、职务津贴等；补贴包括粮油价格补贴、副食品价格补贴、煤气补贴等。

(5) 加班加点工资：是指按照加班加点的工作时间和加班加点的工资标准支付给职工的劳动报酬。

(6) 特殊情况下支付的工资：是指非工作时间支付的工资。如根据国家规定，按照计时工资或计件工资标准的一定比例支付给病假、产假、婚丧假、探亲假、停工学习等职工的工资。

2. 职工福利费

职工福利费是指企业为职工集体提供的福利，如给生活困难的职工发放补助。

3. 社会保险费

社会保险费是指企业按照国家规定的基准和比例计算，向社会保险经办机构缴纳的医疗保险金、养老保险金、失业保险金、工伤保险费和生育保险费等。

4. 住房公积金

住房公积金是指企业按照国家《住房公积金管理条例》规定的基准和比例，向住房公积金管理机构缴纳的住房公积金。

5. 工会经费和职工教育经费

工会经费和职工教育经费是指为了改善职工文化生活、提高职工业务素质，用于开展工会活动和职工教育及职业技能培训，根据国家规定的基准和比例，从成本费用中提取的工会经费和职工教育经费。

6. 非货币性福利

非货币性福利包括企业以自己的产品或其他有形资产发放给职工作为福利、企业向职工提供无偿使用自己拥有的资产(如提供给企业高级管理人员的汽车、住房等)、企业为职工无偿提供商品或类似医疗保健的服务等。

7. 其他职工薪酬

其他职工薪酬比如因解除与职工的劳动关系给予的补偿(又称辞退福利),即企业在职工的劳动合同到期之前解除与职工的劳动关系,或者为了鼓励职工自愿接受裁减而提出补偿建议的计划中给予职工的经济补偿。

(二)人工费用的原始记录

企业应按每个职工设置"工资卡",内含职工姓名、职务、工资等级、工资标准等资料。计算职工工资的原始记录,有"考勤记录"和"产量记录"。

1. 考勤记录

考勤记录是登记职工出勤和缺勤情况的记录,为计时工资计算提供依据。考勤记录的形式主要有考勤簿、考勤卡片(考勤钟打卡)、考勤磁卡(刷卡)等。

2. 产量记录

产量记录是登记工人或生产小组在出勤时间内完成产品的数量、质量和耗用工时的原始记录,是计件工资计算的依据,同时也是统计产量和工时的依据。常用的产量记录有派工单、加工路线单、产量通知单等。

(三)工资的计算

1. 计时工资的计算

计时工资是根据考勤记录登记的每一职工的出勤和缺勤的日数,按照企业规定的工资标准计算的人工费用。工资标准按照计算时间的不同,分为年薪制、月薪制、周薪制、日薪制、钟点工资制等。我国企业一般采用月薪制,月薪制也称为月标准工资制,是由企业依据国家有关法规,按照职工的工作岗位、工作能力、资历等条件综合确定的。

采用月薪制,不论各月日历日数是多少,职工每个月的标准工资(全勤工资)相同。下面以月薪制为例介绍计时工资的计算方法。

1) 按月标准工资扣除缺勤天数应扣工资额计算

应付计时工资=月标准工资-缺勤工资

=月标准工资-(事假天数×日标准工资)-(病假天数×日标准工资×病假扣款率)

2) 按出勤天数直接计算

应付计时工资=出勤天数×日标准工资+病假天数×日标准工资×(1-病假扣款率)

从公式中可以看出,要计算计时工资,应根据月标准工资计算日标准工资,也就是日工资率。

采用月薪制计算应付职工薪酬,由于各月日数不同,有的月份30天,有的月份31天,2月份只有28天或29天,因而同一职工各月的日工资率不尽相同。在实际工作中,为了简化日工资的计算工作，日标准工资一般按以下两种方法计算。

(1) 每月固定按 30 天计算。

$$日标准工资=月标准工资÷30$$

这样计算日标准工资，其特点是节假日计算工资，因此出勤期间的节假日，也按出勤日算工资，事假病假等缺勤期间的节假日，也算缺勤，照扣工资(简称"也计也扣")。

(2) 每月按 21.75 天"制度计薪日"计算。根据《中华人民共和国劳动法》第 51 条的规定，法定节假日用人单位应当依法支付工资，即折算日工资、小时工资时不剔除国家规定的 11 天法定节假日，所以，"制度计薪日"是用年日历天数 365 天减去 104 个双休日后除以 12 个月计算求得为 21.75 天。

$$日标准工资=月标准工资÷21.75$$

这样计算日标准工资，其特点是法定的工作日和法定节假日计算工资，双休日不计算工资，因此缺勤期间的节假日不扣工资(简称"不计不扣")。

【例 3-4】　某职工的月工资标准为 2 400 元。8 月份 31 天，事假 4 天，病假 2 天，周末休假 8 天。根据该工人的工龄，其病假工资按工资标准的 90% 计算。该工人事假期间有一个星期天。试计算该工人本月应得工资。

(1) 按 30 天计算日工资率。

日标准工资=2 400÷30=80(元)

① 按月标准工资扣除缺勤天数应扣工资额计算应付计时工资：

应付月工资=月标准工资-(事假天数×日标准工资)-(病假天数×日标准工资×病假扣款率)

$$=2 400-4×80-2×80×10\%$$
$$=2 064(元)$$

② 按出勤天数直接计算应付计时工资：

应付月工资=本月出勤天数×日标准工资+病假天数×日标准工资×(1-病假扣款率)

$$=(31-4-2)×80+2×80×90\%$$
$$=2 144(元)$$

两种方法的计算结果相差 80 元(2 144-2 064)。其原因是该月份为 31 天，而计算日标准工资用的是 30 天，按照②的计算方法，即按出勤日计算的工资刚好多了一天的工资 80 元。在日历日数为 30 天的月份，两个公式的计算结果相同，而在日历日数少于 30 天的月份，则计算结果相反。

(2) 按 21.75 天计算日工资标准。

为了计算方便，假设上例中的月标准工资为 4 350 元，其他资料不变。

日工资标准=4 350÷21.75=200(元)

① 按月标准工资扣除缺勤天数应扣工资额计算应付计时工资：

应付计时工资=月标准工资-事假天数×日标准工资-病假天数×日标准工资×病假扣款率

$$=4 350-(4-1)×200-2×200×10\%$$
$$=4 350-200×(3+0.2)$$
$$=200×(21.75-3.2)$$
$$=200×18.55$$
$$=3 710(元)$$

② 按出勤天数直接计算应付计时工资：

应付计时工资=本月出勤天数×日标准工资+病假天数×日标准工资×(1-病假扣款率)

$$=[31-8-(4-1)-2]\times200+2\times200\times90\%$$

$$=(18+1.8)\times200$$

$$=19.8\times200$$

$$=3\ 960(元)$$

两种方法的计算结果相差 250 元(3 960-3 710)。其原因是倒扣法下的天数实际是 18.55 天，正算法下的实际天数是 19.8 天，两种算法下差 1.25 天，所以按出勤日数计算的工资刚好多了 1.25 天的工资即 250 元(1.25×200)。

2. 计件工资的计算

应付给职工的计件工资，是根据产量记录登记的每一职工或班组完成的产品产量乘以规定的计件单价计算的。这里的产量包括合格品的数量和因材料质量不合格造成的废品(料废)数量，不包括因工人过失造成的废品(工废)。工废产品不仅不支付工资，而且还应查明原因追究当事人的赔偿责任。

1) 个人计件工资的计算

个人计件工资的计算有两种方法。

方法一：

$$应付计件工资=\sum(本月生产的每种产品产量\times该种产品计件单价)$$

这里的产品产量=合格品数量+料废品数量

某种产品计件单价=生产单位产品所需的工时定额×该级工人的小时工资率

方法二：

应付计件工资=某工人本月生产各种产品的定额工时之和×该工人的小时工资率

【例 3-5】 甲、乙两种产品都应由 6 级工人加工。甲产品单件工时定额为 30 分钟，乙产品单件工时定额为 45 分钟。6 级工人的小时工资率为 4 元。某 6 级工人加工甲产品 500 件，乙产品 400 件。试计算其计件工资。

方法一：

$$应付计件工资=\sum(某工人本月生产每种产品产量\times该种产品计件单价)$$

甲产品的计件单价=生产单位产品所需的工时定额×该级工人小时工资率

$$=30\div60\times4=2(元)$$

乙产品的计件单价=45÷60×4=3(元)

应付计件工资=500×2+400×3=2 200(元)

方法二：

应付计件工资=某工人本月生产各种产品定额工时之和×该工人小时工资率

$$=(500\times30\div60+400\times45\div60)\times4=2\ 200(元)$$

两种方法的计算结果相同。

2) 集体计件工资的计算

生产小组等集体计件工资的计算方法与个人计件工资的计算方法基本相同。所不同的是，在实行集体计件工资的情况下，还需将集体计件工资在集体内部按各工人的贡献大小进行分配。由于生产工人的级别和工资标准一般体现了工人劳动的质量和技术水平，工作日数一般体现劳动数量，因而集体计件工资一般按每人的工资标准和工作日数的乘积为分配标准进行分配。其计算公式如下：

$$班组内工资分配率=\frac{班组集体计件工资额}{\sum(每人日工资率\times出勤日数)}$$

$$某工人应得计件工资=该工人日工资率\times出勤日数\times班组内工资分配率$$

【例 3-6】　某生产小组集体完成若干生产任务，按一般计件工资的计算方法算出并取得集体工资 17 750 元。该小组由 3 个不同等级的工人组成，每人的姓名、等级、日工资率、出勤天数资料如表 3-10 所示。

表 3-10　生产小组员工相关资料(1)

工人姓名	等级	日工资率/元	出勤天数/天	分配标准	分配率	分配额/元
刘勇	8	80	20			
张燕	6	50	24			
李宁	5	30	25			
合计			69			17 750

试以日工资率和出勤日数计算的工资额为分配标准计算每个工人应得的工资。

班内工资分配率=17 750÷(80×20+50×24+30×25)=5

刘勇应分配计件工资=80×20×5=8 000(元)

张燕分配计件工资=50×24×5=6 000(元)

李宁分配计件工资=30×25×5=3 750(元)

根据以上计算分配过程编制表 3-11。

表 3-11　生产小组员工相关资料(2)

工人姓名	等级	日工资率/元 (1)	出勤天数/天 (2)	分配标准 (3)=(1)×(2)	分配率 (4)	分配额/元 (5)=(4)×(3)
刘勇	8	80	20	1 600		8 000
张燕	6	50	24	1 200		6 000
李宁	5	30	25	750		3 750
合计			69	3 550	5	17 750

除上述计时工资和计件工资外，职工的工资性奖金、津贴和补贴、加班加点工资，特殊情况下支付的工资等应计入工资总额，由企业按有关规定计算。

二、人工费用的分配

企业的人工费用应该按其发生的地点和用途进行归集和分配。采用计件工资形式支付的工资，可以直接计入所生产产品的成本；采用计时工资形式支付的工资，如果生产工人只生产一种产品，仍可以直接计入所生产产品的成本。如果生产多种产品，则需要选用适当的分配方法，在各种产品之间进行分配。一般以生产产品所耗用的生产工时为标准进行分配。其计算公式如下：

(1) 工资费用分配率 = $\dfrac{\text{应分配的工资费用}}{\text{各种产品的生产工时之和}}$

(2) 某种产品应分配的工资费用 = 该产品的生产工时 × 工资费用分配率

【例 3-7】 某企业 2019 年 4 月份，基本生产车间生产甲、乙两种产品，本月发生的生产工人的计时工资共计 75 000 元，甲产品的生产工时为 2 000 小时，乙产品的生产工时为 3 000 小时。试计算分配甲、乙产品各自应负担的工资费用。

计算如下：

工资费用分配率 = 75 000 ÷ (2 000 + 3 000) = 15(元/小时)

甲产品应分配的工资费用 = 15 × 2 000 = 30 000(元)

乙产品应分配的工资费用 = 15 × 3 000 = 45 000(元)

分配工资费用是通过编制工资费用分配表进行的，其格式如表 3-12 所示。

表 3-12　工资费用分配表

2019 年 4 月

产品名称	分配标准/小时	分配率/(元/小时)	分配金额/元
甲产品	2 000	15	30 000
乙产品	3 000	15	45 000
合　　计	5 000		75 000

为了总体反映职工薪酬的结算和分配业务，企业应设置"应付职工薪酬"账户。该账户核算企业应支付给职工的工资总额，包括在工资总额内的各种工资、奖金、津贴等，不论是否当月支付，都应通过该账户核算。每月支付工资时，根据实发工资额借记"应付职工薪酬"账户，贷记"银行存款"或"库存现金"账户；根据代扣款项金额和未领工资额借记"应付职工薪酬"账户，贷记"其他应收款"或"其他应付款"账户。

为了详细地反映和监督企业应付职工工资的结算情况，企业还应按职工类别、工资总额的组成内容进行明细核算，在"应付职工薪酬"账户下设置应付工资明细账。

"应付职工薪酬"账户期末一般应无余额，如果企业本月实发工资是按上月考勤记录计算的，实发工资与按本月考勤记录计算的应付工资的差额，即为本账户的期末余额。如果企业实发工资与应付工资相差不大，也可以按本月实发工资作为应付工资进行分配，这样本账户期末即无余额。如果不是由于上述原因引起的应付工资大于实发工资的，期末贷方余额反映为工资结余。

根据工资费用分配表分配工资费用时，其中直接从事产品生产和辅助生产的生产工人的职工薪酬，计入"生产成本——基本生产成本"或"生产成本——辅助生产成本"账户；生产车间的组织和管理人员的职工薪酬计入"制造费用"账户；企业行政管理人员的职工薪酬计入"管理费用"账户；销售人员的职工薪酬计入"销售费用"账户；基本建设人员的职工薪酬计入"在建工程"账户。

会计人员按照前述计算出来的职工工资和各种其他人工费用，按照车间部门分别编制工资结算单，按照职工的类别分行填列应付给每一职工的各种工资、代发款项、应付工资总额、代扣款项和实发金额等，作为与职工进行工资结算的依据。为了掌握整个企业的工资结算和支付情况，还应该根据各车间、部门的工资结算单等资料，编制整个企业的工资结算汇总表，并根据工资结算汇总表编制工资费用分配汇总表。其格式如表 3-13 所示。

【例 3-8】　某企业工资费用分配汇总表如表 3-13 所示。

表 3-13　工资费用分配汇总表

2019 年 4 月

应借科目		工　资			
总账及 二级科目	明细科目	分配标准 /小时	生产工人工资 0.5 元/小时	管理人员工资 /元	工资合计/元
生产成本	甲产品	280 000	140 000		140 000
——基本生	乙产品	320 000	160 000		160 000
产成本	小　计	600 000	300 000		300 000
生产成本	锅炉车间				120 000
——辅助生	供电车间				80 000
产成本	小　计				200 000
制造费用	基本车间			5 000	5 000
管理费用				4 500	4 500
销售费用				2 500	2 500
在建工程				8 000	8 000
合　计			300 000	20 000	520 000

表 3-13 的计算过程如下。

工资费用分配率=待分配工资费用/各产品工时之和=300 000/600 000=0.5(元/小时)

甲产品应承担的工资费用=0.5×280 000=140 000(元)

乙产品承担的工资费用=0.5×320 000=160 000(元)

根据工资费用分配汇总表进行如下账务处理。

借：生产成本——基本生产成本——甲产品　　　　　　140 000

　　　　　　　　　　　　　　——乙产品　　　　　　160 000

　　　——辅助生产成本——锅炉车间　　　　　　120 000

　　　　　　　　　　——供电车间　　　　　　80 000

　　制造费用　　　　　　　　　　　　　　5 000

　　管理费用　　　　　　　　　　　　　　4 500

　　销售费用　　　　　　　　　　　　　　2 500

　　在建工程　　　　　　　　　　　　　　8 000

　　贷：应付职工薪酬　　　　　　　　　　　　520 000

企业除了要按照各种标准给职工支付工资、发生工资费用外，还要根据国家的有关规定，按照工资总额的一定比例计算提取社会保险费、住房公积金，以及支付福利费、工会经费和职工教育经费，为职工提供非货币性福利等，这些项目也是企业人工费用的重要组成部分,企业对这些费用应该进行认真核算。《企业所得税法》规定:企业发生的职工福利费支出,不超过工资薪金总额 14%的部分,准予扣除;企业拨缴的工会经费,不超过工资薪金总额 2%的部分,准予扣除;企业发生的职工教育经费支出,不超过工资薪金总额 8%的部分,准予在计算企业所得税应纳税所得额时扣除;超过部分,准予在以后纳税年度结转扣除。

按照生产工人工资的一定比例计提的社会保险费、住房公积金以及职工福利费、工会经费、职工教育经费、非货币性福利等职工薪酬项目,应记入"生产成本——基本生产成本"账户的借方;辅助生产、制造费用、销售费用、管理费用和在建工程等方面职工发生的以上各项费用,应分别记入"生产成本——辅助生产成本""制造费用""销售费用""管理费用""在建工程"等账户的借方,同时,总额应记入"应付职工薪酬"账户的贷方。

【例 3-9】某企业按照工资总额的一定比例计算并提取社会保险费、住房公积金如表 3-14 所示。

表 3-14　社会保险费、住房公积金计算表

2019 年 4 月

应借账户		工资总额/元	社会保险费 16%+10%+0.8% +0.2%+0.8%	住房公积金 12%	合　计
生产成本 ——基本生 产成本	甲产品	140 000	38 920	16 800	55 720
	乙产品	160 000	44 480	19 200	63 680
	小　计	300 000	83 400	36 000	119 400
生产成本 ——辅助生 产成本	锅炉车间	120 000	33 360	14 400	47 760
	供电车间	80 000	22 240	9 600	31 840
	小　计	200 000	55 600	24 000	79 600
制造费用	基本车间	5 000	1 390	600	1 990
管理费用		4 500	1 251	540	1 791
销售费用		2 500	695	300	995
在建工程		8 000	2 224	960	3 184
合　计		520 000	144 560	62 400	206 960

根据表 3-14 编制会计分录如下。

借:生产成本——基本生产成本(甲产品)　　　　　　　　　55 720

　　　　　　　　　　　　　　　(乙产品)　　　　　　　　　63 680

　　　　——辅助生产成本(锅炉车间)　　　　　　　　　47 760

　　　　　　　　　　　　　　　(供电车间)　　　　　　　　　31 840

　　　制造费用　　　　　　　　　　　　　　　　　　　　　1 990

　　　管理费用　　　　　　　　　　　　　　　　　　　　　1 791

　　　销售费用　　　　　　　　　　　　　　　　　　　　　　995

　　　在建工程　　　　　　　　　　　　　　　　　　　　　3 184

贷：应付职工薪酬——社会保险费　　　　　　　　　144 560
　　　　　　　　——住房公积金　　　　　　　　　　 62 400

第三节　辅助生产费用的归集和分配

工业企业的生产按其生产任务不同，主要划分为基本生产和辅助生产。基本生产是指企业为了直接完成主要生产目的而进行的产品生产。辅助生产是指为本企业基本生产车间、企业行政管理等单位服务而进行的产品生产和劳务供应。辅助生产根据它所提供的产品、劳务和作业的种类多少，可以分为两种类型：一类是只提供一种产品、劳务或作业的辅助生产，称为单品种辅助生产，如供电、供水、供气、运输等；另一类是提供多种产品、劳务或作业的辅助生产，称为多品种辅助生产，如工具与模具制造、机械设备修理等。辅助生产提供的产品和劳务，有时也对外销售，但主要是为本企业服务。辅助生产产品和劳务成本的高低，影响到企业产品成本和期间费用的水平，因此，正确、及时地组织辅助生产费用的归集和分配，对于节约费用、降低成本有着重要意义。

一、辅助生产费用的归集

辅助生产费用是辅助生产车间(部门)在一定时期内为基本生产车间和行政管理部门等提供产品或劳务而发生的各种耗费。

(一)辅助生产费用核算的账户设置

辅助生产费用的归集和分配是通过"生产成本——辅助生产成本"账户来进行的，也可以将"辅助生产成本"作为总分类账。此外还要按辅助生产车间(部门)来进行明细核算，按照辅助生产车间的成本核算对象开设"辅助生产成本明细账"，账内按照成本项目或费用项目设置专栏，主要设"直接材料""直接人工""制造费用"三个项目。

辅助生产车间(部门)发生的制造费用有两种归集方法：一般情况是在"制造费用"总分类账户下，按照辅助生产车间(部门)设置制造费用明细账，归集辅助生产车间(部门)发生的制造费用，月末再分配转入辅助生产成本账户所属的产品生产成本明细账；如果辅助生产车间(部门)规模很小、产品或劳务单一、制造费用很少，而且辅助生产车间(部门)不对外提供产品和劳务，因而不需要按照规定的成本项目计算产品成本的情况下，为了简化核算，辅助生产车间(部门)可以不设置制造费用明细账，直接将制造费用记入"辅助生产成本"账户。在辅助生产车间(部门)不设置制造费用明细账的情况下，辅助生产成本二级账户和所属的产品生产成本明细账，应将产品和劳务的成本项目与制造费用的费用项目结合起来设置专栏，组织辅助生产费用的明细核算和产品、劳务成本的计算。

(二)辅助生产成本明细账的登记

辅助生产费用的归集与辅助生产的类型密切相关。在单品种辅助生产车间，其生产费用都是直接费用，一般可以按照成本项目直接归集计入所生产的产品或劳务成本，而这些产品或劳务,通常没有在产品,所以归集的生产费用总额就是产品或劳务的总成本。

在多品种辅助生产车间,其生产费用有直接计入费用,也有间接计入费用,需要直接或分配归集各种产品或劳务的费用(具体方法可以参照基本生产成本的核算)。

此外,辅助生产车间之间互相服务,需要按照一定程序、方法分配计算各辅助生产车间耗用其他辅助生产车间的产品或劳务的费用。

归集辅助生产费用是根据"材料费用分配表""工资及福利费用分配表""制造费用分配表"等有关凭证登记"辅助生产成本"账户及其所属明细账。辅助生产成本明细账的格式如表 3-15 所示。

表 3-15　辅助生产成本明细账(1)

车间名称: 供电车间　　　　　　　　　　2019 年 3 月 25 日

年		凭证号数	摘　要	直接材料	直接人工	制造费用	合　计
月	日						
			根据材料费用分配表	23 000			23 000
			根据工资费用分配表		12 000		12 000
			根据制造费用分配表			820	820
			合　计	23 000	12 000	820	35 820

如果辅助生产车间的制造费用不通过"制造费用"账户归集,而直接记入"生产成本——辅助生产成本"账户,则辅助生产费用的归集可根据"材料费用分配表""工资及福利费用分配表""待摊费用分配表""预提费用分配表""其他费用汇总表"等有关凭证登记"辅助生产成本"账户及其所属明细账。辅助生产成本明细账的格式如表 3-16 所示。

表 3-16　辅助生产成本明细账(2)

车间名称: 修理车间　　　　　　　　　　2019 年 3 月 25 日

年		摘　要	材料费	工资费	折旧费	水电费	办公费	其他费用	合　计
月	日								
(略)		根据材料费用分配表	5 000						5 000
		根据工资费用分配表		3 260					3 260
		根据折旧费用分配表			1 740				1 740
		根据其他费用分配表				180	500	120	800
		本月发生	5 000	3 260	1 740	180	500	120	10 800
		本月转出	−5000	−3 260	−1 740	−180	−500	−120	−10 800

二、辅助生产费用的分配

归集在"生产成本——辅助生产成本"账户借方的辅助生产费用,由于辅助生产车间生产的产品和劳务的种类不同,费用转出、分配的程序也不一样。所提供的产品,如工具、模具和修理用备件等产品成本,应该在产品完工时,从"生产成本——辅助生产成本"账户的贷方分别转入"低值易耗品"和"原材料"等账户的借方;而提供的劳务作业,如水、电、汽、修理和运输等所发生的费用,则要在各受益对象之间按照所耗用的劳务数量或其他比例进行分配,从"生产成本——辅助生产成本"账户的贷方转入"生产成本——基本生产成本""制造费用""管理费用""销售费用""在建工程"等账户的借方。辅助生产费用的分配是通过编制辅助生产费用分配表进行的。

辅助生产提供的产品和劳务主要是为基本生产车间等服务的,但是在某些辅助生产车间之间,也有相互提供劳务的情况,如供电车间为修理车间提供电力,修理车间为供电车间修理设备。为了正确计算辅助生产产品和劳务的成本,在分配辅助生产费用时,应首先在各辅助生产车间之间进行交互分配,然后才对辅助生产车间以外的各受益单位进行费用分配。

辅助生产费用的分配方法主要有直接分配法、一次交互分配法、代数分配法、计划成本分配法等。

(一)直接分配法

直接分配法是指将各辅助生产车间(部门)自身发生的费用,直接分配给辅助生产以外的受益对象,各辅助生产车间(部门)之间相互提供产品或劳务不分配费用的方法。

直接分配法简单易行,但由于各辅助生产车间(部门)之间相互提供产品或劳务而没有相互分配费用,当各辅助生产车间(部门)之间相互提供的产品或劳务成本差异较大时,会影响分配结果的准确性。因此这种方法主要适用于各辅助生产车间(部门)之间相互提供产品或劳务不多的企业。分配计算公式如下:

$$费用分配率 = \frac{某辅助生产车间(部门)待分配费用总额}{该车间(部门)提供给外部受益对象的产品(劳务)总量}$$

$$某外部受益对象应分配的费用 = 该受益对象某产品(劳务)耗用数量 \times 费用分配率$$

【例3-10】某企业设有供电和供水两个辅助生产车间。辅助生产车间的制造费用不通过"制造费用"账户核算。基本生产明细账设有"原材料""直接人工""制造费用"三个成本项目。2019年4月份各辅助生产车间发生的费用及提供的产品和劳务的数量如表3-17所示。

表3-17 辅助生产车间产品(劳务)供应量汇总表

2019年4月

辅助生产车间		供水车间	供电车间
待分配费用		17 600 元	18 000 元
提供产品和劳务数量		23 000 吨	35 000 度
耗用量	供水车间耗用动力电		4 000 度
	供水车间耗用照明电		1 000 度
	供电车间耗用水	1 000 吨	
	基本车间耗用动力电		20 000 度
	基本车间耗用水及照明电	20 000 吨	6 000 度
	行政管理部门耗用水及照明电	2 000 吨	4 000 度

根据以上资料,采用直接分配法进行分配,编制辅助生产费用分配表,如表 3-18 所示。

表 3-18 辅助生产费用分配表

(直接分配法)

2019 年 4 月

项 目	供水车间		供电车间		金额合计/元
	供应量/吨	金额/元	供应量/度	金额/元	
待分配成本/元		17 600		18 000	35 600
产品(劳务)供应总量	23 000		36 000		
其中: 对外供应劳务量	22 000		30 000		
费用分配率		0.8		0.6	
受益对象					
供水车间耗用动力电			4 000		
供水车间耗用照明电			1 000		
供电车间耗用水	1 000				
基本车间耗用动力电			20 000	12 000	12 000
基本车间耗用水及照明电	20 000	16 000	6 000	3 600	19 600
管理部门耗用水及照明电	2 000	1 600	4 000	2 400	4 000
合 计	23 000	17 600	35 000	18 000	35 600

对外供应劳务、产品数量:

供水车间=23 000-1 000=22 000(吨)

供电车间=35 000-4 000-1 000=30 000(度)

根据上表的分配结果进行账务处理,分配水费的会计分录如下。

借: 制造费用   16 000

    管理费用   1 600

      贷: 生产成本——辅助生产成本(供水车间)   17 600

分配电费的会计分录如下。

借: 生产成本——基本生产成本   12 000

    制造费用   3 600

    管理费用   2 400

      贷: 生产成本——辅助生产成本(供电车间)   18 000

(二)一次交互分配法

一次交互分配法又称为交互分配法,是指将各辅助生产车间(部门)自身发生的费用,先在辅助生产车间(部门)之间进行一次交互分配,然后再将交互分配以后归集的费用在辅助生产车间(部门)外部的各受益对象之间进行分配的方法。

一次交互分配法与直接分配法相比,提高了费用分配结果的准确性,但由于在费用分配时要计算交互分配和对外分配两个费用分配率,进行两次分配,从而也增加了分配计算的工作量。同时交互分配的费用分配率是根据交互分配前自身发生的费用计算的，没有包括从其他辅助生产车间(部门)分进来的费用，也就不是该辅助生产车间(部门)产品(劳务)的实际单位成本，其分配结果仍不很准确。一次交互分配法一般适用于辅助生产车间(部门)较少的企业。分配计算公式如下。

1. 交互分配(辅助生产内部之间的分配)

$$费用分配率 = \frac{某辅助生产车间(部门)交互分配前的费用总额}{该辅助生产车间(部门)提供的产品(劳务)总量}$$

$$某辅助生产车间(部门)应分配的费用 = \frac{该辅助生产车间}{(部门)耗用数量} \times 费用分配率$$

2. 外部分配(对辅助生产以外的各受益对象分配)

$$费用分配率 = \frac{某辅助生产车间(部门)交互分配后的费用总额}{该车间(部门)提供给外部受益对象的产品(劳务)总量}$$

公式中:

$$\begin{array}{l}某车间(部门)交互\\分配后的费用总额\end{array} = \begin{array}{l}该车间(部门)交互\\分配前的费用总额\end{array} + \begin{array}{l}内部车间\\分来的费用\end{array} - \begin{array}{l}分给内部\\车间的费用\end{array}$$

$$\begin{array}{l}某辅助生产外部某受益\\对象应分配的费用\end{array} = 该受益对象接受的产品(劳务)总量 \times 费用分配率$$

【**例 3-11**】 某企业设有供电、机修两个辅助生产车间。辅助生产车间的制造费用不通过"制造费用"账户核算。基本生产明细账设有"原材料""直接人工""制造费用"三个成本项目。2019 年 4 月份各辅助生产车间发生的费用及提供的产品和劳务的数量如表 3-19 所示。

表 3-19 辅助生产车间产品供应量汇总表

2019 年 4 月

辅助生产车间		供电车间	机修车间
待分配费用/元		45 000	480 000
供应劳务量		100 000 度	160 000 小时
辅助生产车间	供电车间		10 000 小时
	机修车间	5 000 度	
基本生产车间	一车间	51 000 度	80 000 小时
	二车间	35 000 度	50 000 小时
行政管理部门		9 000 度	20 000 小时

根据以上资料，采用一次交互分配法进行分配，编制辅助生产费用分配表如表 3-20 所示。

表 3-20　辅助生产费用分配表

(一次交互分配法)

2019 年 4 月

辅助生产车间名称			交互分配			对外分配		
			供电	机修	合计	供电	机修	合计
待分配费用/元			45 000	480 000	525 000	72 750	452 250	525 000
供应劳务量			100 000 度	160 000 小时				
分配率			0.45	3		0.7658	3.015	
辅助车间	供电	耗用数量		10 000 小时				
		分配金额/元		30 000				
	机修	耗用数量	5 000 度					
		分配金额/元	2 250					
	金额小计/元		2 250	30 000	32 250			
基本车间	一车间	耗用数量				51 000	80 000	
		分配金额/元				39 055.8	241 200	280 255.8
	二车间	耗用数量				35 000	50 000	
		分配金额/元				26 803	150 750	177 553
管理部门		耗用数量				9 000	20 000	
		分配金额/元				6 891.2	60 300	67 191.2
分配金额小计/元						72 750	452 250	525 000

分配率的小数保留四位,第五位四舍五入;分配的小数尾差计入管理部门的费用。

计算分配过程如下。

(1) 供电车间交互分配的费用分配率=45 000÷100 000=0.45。

(2) 机修车间交互分配的费用分配率=480 000÷160 000=3。

(3) 机修车间应负担电费=5 000×0.45=2 250(元)。

(4) 供电车间应负担修理费=10 000×3=30 000(元)。

编制会计分录如下。

借:生产成本——辅助生产成本(机修车间)　　　　　　　　　　　2 250

　　　　　　——辅助生产成本(供电车间)　　　　　　　　　　　30 000

　　贷:生产成本——辅助生产成本(供电车间)　　　　　　　　　　　　2 250

　　　　　　——辅助生产成本(机修车间)　　　　　　　　　　　　30 000

1) 计算应对外分配的费用

供电车间应对外分配的费用=45 000+30 000-2 250=72 750(元)

机修车间应对外分配的费用=480 000+2 250-30 000=452 250(元)

2) 对外分配的费用分配率

供电车间对外分配的费用分配率=72 750÷95 000≈0.765 8

机修车间对外分配的费用分配率=452 250÷150 000=3.015

一车间应负担电费=51 000×0.7658=39 055.8(元)

二车间应负担电费=35 000×0.7658 =26 803(元)

管理部门应负担电费=72 750−39 055.8−26 803=6 891.2(元)

一车间应负担修理费=80 000×3.015=241 200(元)

二车间应负担修理费=50 000×3.015=150 750(元)

管理部门应负担修理费=20 000×3.015=60 300(元)

编制会计分录如下。

借：制造费用——第一车间	280 255.8
——第二车间	177 553
管理费用	67 191.2
贷：生产成本——辅助生产成本(供电车间)	72 750
——辅助生产成本(机修车间)	452 250

(三)代数分配法

代数分配法是指先根据数学上解联立方程组的原理，计算出辅助生产车间(部门)产品(劳务)的实际单位成本，再按照产品(劳务)的实际供应量和实际单位成本，在全部受益对象之间分配辅助生产费用的方法。

代数分配法通过解联立方程组，求得辅助生产车间(部门)产品(劳务)的实际单位成本，计算分配结果最为准确。但当辅助生产车间(部门)较多时，手工计算工作比较复杂。因此，代数分配法适用于已经实现会计电算化并拥有相应财务软件的现代企业。

分配计算公式如下。

1. 费用分配率(实际单位成本)

(1) 设各辅助生产车间(部门)产品(劳务)的实际单位成本分别为 X、Y、Z 等未知数。

(2) 按照辅助生产车间(部门)存在的下列等量关系建立联立方程组，求得未知数(实际单位成本)。

$$单位成本×供应总量=自身发生的费用+其他辅助生产分来的费用$$

2. 费用分配额

$$某受益对象应分担的费用 = 实际单位成本 × \frac{该受益对象接受的}{产品(劳务)数量}$$

【例 3-12】 仍用例 3-11 的资料，采用代数分配法进行分配，计算分配和账务处理过程如下。

1) 计算费用分配率

设每度电的成本为 x，每个机修工时的成本为 y，列联立方程组如下：

$$\begin{cases} 45\,000+10\,000y=100\,000x \\ 480\,000+5\,000x=160\,000y \end{cases}$$

解上述方程组得(保留四位小数)：$x=0.752\,4$　　$y=3.023\,5$

2) 费用分配额

(1) 修理车间修理费的分配。

供电车间应分担的修理费=10 000×3.023 5=30 235(元)

一车间应分担的修理费=80 000×3.023 5=241 880(元)

二车间应分担的修理费=50 000×3.023 5=151 175(元)

管理部门应分担的修理费=480 000+5 000×0.752 4-30 235-241 880-151 175

=60 472(元)

(2) 供电车间电费的分配。

修理车间应分担的电费=50 00×0.752 4=3 762(元)

一车间应分担的电费=51 000×0.752 4=38 372.4(元)

二车间应分担的电费=35 000×0.752 4=26 334(元)

管理部门应分担的电费=45 000+10 000×3.023 5-3 762-38 372.4-26 334

=6 766.6(元)

编制辅助生产费用分配表如表 3-21 所示。

表 3-21　辅助生产费用分配表

2019 年 4 月

项　　目	分配修理费		分配电费		对外分配
	数量/度	金额/元	数量/度	金额/元	金额合计/元
待分配费用		480 000		45 000	525 000
劳务供应总量	160 000		100 000		
费用分配率		3.023 5		0.752 4	
受益对象					
供电车间	10 000	30 235			
修理车间			5 000	3 762	
一车间	80 000	241 880	51 000	38 372.4	280 252.4
二车间	50 000	151 175	35 000	26 334	177 509
行政管理部门	20 000	60 472	9 000	6 766.6	67 238.6
对外分配金额合计		480 000		45 000	525 000

注：供电、修理车间有分配计算尾差的调整管理费用。

3) 账务处理

借：生产成本——辅助生产成本(修理车间)　　　　　　　　　　3 762

　　生产成本——辅助生产成本(供电车间)　　　　　　　　　　30 235

　　制造费用——第一车间　　　　　　　　　　　　　　　　280 252.4

　　制造费用——第二车间　　　　　　　　　　　　　　　　177 509

　　管理费用　　　　　　　　　　　　　　　　　　　　　　67 238.6

　　贷：生产成本——辅助生产成本(机修车间)　　　　　　　　　　483 762

　　　　生产成本——辅助生产成本(供电车间)　　　　　　　　　　75 235

(四)计划成本分配法

计划成本分配法,是指辅助生产车间为生产产品或劳务发生的辅助生产费用,按照计划单位成本进行计算、分配的方法。辅助生产为各受益对象(包括辅助生产单位在内)提供的产品或劳务,一律按照产品或劳务的计划单位成本和实际供应量,在各受益对象(包括辅助生产单位在内)之间分配;辅助生产车间实际发生的费用(包括待分配费用加上辅助生产交互分配中按计划成本转入的费用)与按照计划单位成本分配转出的费用之间的差额,也就是辅助生产产品和劳务的成本差异,可以追加分配给辅助生产以外的各受益单位,为了简化计算工作,也可以将其全部记入"管理费用"账户。

【例 3-13】 仍用例 3-11 的资料,假设每一个机修工时计划成本为 3 元,每一度电的计划成本为 0.7 元,根据以上资料采用计划成本分配法分配辅助生产费用,假定将差异记入"管理费用"账户。编制辅助生产费用分配表如表 3-22 所示,计算分配和账务处理过程如下。

表 3-22 辅助生产费用分配表

2019 年 4 月

项 目	按计划成本分配				成本差异		对外分配金额合计
	供电		机修				
	数量/度	金额/元	数量/小时	金额/元	供电/元	机修/元	
待分配费用		45 000		480 000			
劳务供应总量	100 000		160 000				
计划单位成本	0.7 元/度		3 元/h				
受益对象							
供电车间			10 000	30 000			
机修车间	5 000	3 500					
一车间	51 000	35 700	80 000	240 000			275 700
二车间	35 000	24 500	50 000	150 000			174 500
行政管理部门	9 000	6 300	20 000	60 000	5 000	3 500	74 800
合计	100 000	70 000	160 000	480 000	5 000	3 500	525 000

辅助生产车间产品和劳务成本差异的计算过程如下。

供电车间实际总成本=45 000 + 30 000=75 000(元)

按计划成本分配转出的费用=100 000×0.7=70 000(元)

成本差异=75 000-70 000=5 000(元)

机修车间实际总成本=480 000 + 3 500=483 500(元)

按计划成本分配转出的费用=480 000(元)

成本差异=483 500-480 00=3 500(元)

根据辅助生产费用分配表,编制以下会计分录。

借：生产成本——辅助生产成本(修理车间)　　　　　　　　　　3 500

　　生产成本——辅助生产成本(供电车间)　　　　　　　　　30 000

　　制造费用——第一车间　　　　　　　　　　　　　　　　275 700

　　制造费用——第二车间　　　　　　　　　　　　　　　　174 500

　　管理费用　　　　　　　　　　　　　　　　　　　　　　74 800

　贷：生产成本——辅助生产成本(机修车间)　　　　　　　　483 500

　　　生产成本——辅助生产成本(供电车间)　　　　　　　　　75 000

　　除了上述四种方法外，还有一种分配辅助生产费用的方法，即顺序分配法，因其分配时主观性较强，应用不多，本教材不再赘述。

第四节　制造费用的归集和分配

　　企业在生产产品的过程中，除了产品直接耗用的各种材料费用、发生的人工费用和其他直接费用外，还会发生各种间接费用，这些间接费用通过"制造费用"账户归集和分配。制造费用是产品成本的重要组成部分，其核算是否准确，直接影响产品成本的可靠性。所以，加强制造费用的控制管理，组织好制造费用的核算，对正确计算产品成本具有重要意义。

一、制造费用的归集

　　制造费用是指企业的基本生产单位(车间、分厂)为产品生产和劳务而发生的，不能直接计入各成本计算对象的各项间接费用，包括生产单位(车间、分厂)管理人员的工资、福利费等职工薪酬、车间房屋及机器设备等固定资产的折旧费、发生的机物料消耗、低值易耗品摊销、办公费、水电费、取暖费、运输费、保险费、设计制图费、实验检验费、劳动保护费、季节性和修理期间的停工损失等。

　　制造费用属于综合费用项目，其内容比较复杂，应该按照管理的要求分别设立若干个费用项目进行计划和核算，归类反映各项费用的计划执行情况。制造费用的费用项目，可以按照费用的经济用途进行设立，如用于车间办公方面的支出设立"办公费"项目；也可以按照费用的经济内容设立，如车间的机器设备、厂房等固定资产的折旧，设立"折旧费"项目。

　　对制造费用进行核算，要设置"制造费用"总分类账户。"制造费用"账户的借方反映企业在一定时期内发生的制造费用，贷方反映分配结转到"生产成本"账户的数额。一般情况下，"制造费用"账户期末没有余额。此外，为了归集制造费用，控制制造费用总额，正确计算产品成本，在"制造费用"总分类账户下，企业应当按照生产车间(部门)设置明细账，账内按照制造费用项目设专栏，分别核算各车间、部门制造费用的发生和分配结转情况。制造费用明细账的格式如表3-23所示。

　　制造费用应当按照费用发生的地点和费用项目进行归集。根据各种费用分配表以及有关费用发生的原始凭证，借记"制造费用"账户，并按费用的项目记入所属的有关明细账中，贷记"原材料""应付职工薪酬""累计折旧""周转材料""银行存款"等账户。通过"制造费用"账户，可以把企业一定时期内车间发生的全部间接费用归集起来。

表 3-23 制造费用明细账

车间名称：铸造车间　　　　　　　　　2019 年 3 月 31 日　　　　　　　　单位：元

年		摘 要	材料费用	人工费用	折旧费用	办公费用	水电费用	修理费用	其他	合 计
月	日									
3	31	材料费分配表	15 200							15 200
		工资费用分配表		8 000						8 000
		折旧费用分配表			1 600					1 600
		其他费用分配表				1 600				1 600
		其他费用分配表					1 000			1 000
		辅助费用分配表					7 000			7 000
		辅助费用分配表						3 000		3 000
		其他费用分配表							140	140
		合 计	15 200	8 000	1 600	1 600	8 000	3 000	140	37 540

二、制造费用的分配

　　为了正确计算产品成本，必须合理地分配制造费用。在基本生产车间只生产一种产品的情况下，制造费用可以直接计入该种产品的生产成本。在生产多种产品的情况下，就要采用适当的分配方法，将制造费用分配计入各种产品的生产成本。由于企业各个生产车间或部门的生产任务、技术装备程度、管理水平和费用水平各不相同，因此，制造费用的分配一般应按生产车间或部门进行。

　　企业应当根据制造费用的性质、产品的性质以及生产方式，结合自身的实际情况，合理选择分配方法。具体来说，企业所选择的制造费用的分配方法，必须与制造费用的发生具有密切的相关性，并且使分配到每种产品的制造费用金额基本合理，同时还应当考虑成本效益原则。制造费用的分配方法有生产工时比例法、机器工时比例法、生产工人工资比例法。企业具体选用哪种分配方法，由企业根据实际情况自行确定。分配方法一经确定，不得随意变更。如果确实需要变更，变更后，要在会计报表附注中予以说明。

(一)生产工时比例法

　　生产工时比例法是指按照各种产品所用生产工人实际工时数的比例分配制造费用的一种方法。

　　按生产工时比例分配制造费用，可以使产品负担制造费用的多少与劳动生产率的高低联系起来。如劳动生产率提高，则单位产品生产工时减少，所负担的制造费用也就降低。因此，这是一种常见的、合理的方法。如果企业产品的工时定额比较准确，也可以按不同产品的定额工时比例分配制造费用。其计算公式如下：

$$费用分配率 = \frac{某生产车间应分配的制造费用总额}{该生产车间各种产品生产工时之和}$$

某产品应分配的制造费用=该产品生产工时×费用分配率

【例3-14】 某企业机加工生产车间2019年3月份制造费用明细账汇集的本月制造费用总额为55 000元。该车间本月实际完成生产工时25 000小时,其中甲产品8 000小时,乙产品10 000小时,丙产品7 000小时。采用生产工时比例法计算分配过程如下。

(1) 计算费用分配率。

费用分配率=55 000÷25 000=2.2(元/小时)

(2) 计算费用分配额。

甲产品应负担的费用分配额=8 000×2.2=17 600(元)

乙产品应负担的费用分配额=10 000×2.2=22 000(元)

丙产品应负担的费用分配额=7 000×2.2=15 400(元)

(3) 编制制造费用分配表,如表3-24所示。

表3-24 制造费用分配表

(生产工时比例法)

车间名称:机加车间　　　　　　　　　　　2019年3月

产品名称	生产工时/小时	费用分配率/(元/小时)	费用分配额/元
甲产品	8 000		17 600
乙产品	10 000	2.2	22 000
丙产品	7 000		15 400
合　计	25 000		55 000

(4) 账务处理。

借:生产成本——基本生产成本(甲产品)　　　　　　　　17 600

　　　　——基本生产成本(乙产品)　　　　　　　　22 000

　　　　——基本生产成本(丙产品)　　　　　　　　15 400

　贷:制造费用——机加车间　　　　　　　　　　　　　　　　　55 000

(二)机器工时比例法

机器工时比例法是按照各种产品生产时所用机器设备运转时间的比例分配制造费用的一种方法。这种方法适用于产品生产的机械化程度高的车间。因为在这样的车间中,制造费用中与机器设备使用有关的费用比较多,如设备的折旧费、机物料消耗等,而相应的人工费用较少。如果按生产工时比例分配法进行分配,则会造成机械化程度较低的产品由于其生产工人工时较多,负担的制造费用较大,而机械化程度较高的产品由于其生产工人工时较少,出现负担的制造费用较少的不合理分配结果。因此,在机械化程度较高的车间,其制造费用采用与设备运转的时间有密切关系的机器工时进行分配比较合理。其计算公式如下:

$$费用分配率 = \frac{某生产车间应分配的制造费用总额}{该生产车间各种产品机器工时之和}$$

某产品应分配的制造费用=该产品机器工时×费用分配率

【例 3-15】 某企业第一生产车间生产甲、乙两种产品，2019 年 3 月份制造费用明细账汇集的费用总额为 500 000 元。两种产品本月机器总工时为 125 000 小时，其中甲产品 75 000 小时，乙产品 50 000 小时。采用机器工时比例分配法计算分配过程如下。

(1) 计算费用分配率。

费用分配率=500 000÷125 000=4(元/小时)

(2) 计算费用分配额。

甲产品应负担的费用分配额=75 000×4=300 000(元)

乙产品应负担的费用分配额=50 000×4=200 000(元)

(3) 编制制造费用分配表，如表 3-25 所示。

表 3-25　制造费用分配表

车间名称：一车间　　　　　　　　　　　2019 年 3 月

产品名称	机器工时/小时	费用分配率/(元/小时)	费用分配额/元
甲产品	75 000		300 000
乙产品	50 000	4	200 000
合　计	125 000		500 000

(4) 账务处理。

借：生产成本——基本生产成本(甲产品)　　　　　　　300 000

　　　生产成本——基本生产成本(乙产品)　　　　　　　200 000

　　　贷：制造费用——车间　　　　　　　　　　　　　　　　500 000

(三)生产工人工资比例法

生产工人工资比例法是按照直接计入各种产品成本的生产工人实际工资的比例分配制造费用的方法。

生产工人工资比例法分配标准的资料(工资费用分配表)比较容易取得，计算也比较简便。这种方法适用于各种产品机械化程度大致相同的情况，否则会影响分配的合理性。例如，机械化程度低的产品，所用工资费用多，分配的制造费用也多；相反，机械化程度高的产品，所用工资费用少，分配的制造费用也少，这种情况是不合理的。如果直接人工费用本身是按照生产工时比例分配法分配计入各种产品的，则按生产工人工资比例分配制造费用，实际上也就是按生产工时比例法分配制造费用。其计算公式如下：

$$费用分配率 = \frac{某生产车间应分配的制造费用总额}{该生产车间各种产品生产工人工资之和}$$

某产品应分配的制造费用=该产品生产工人工资×费用分配率

【例 3-16】 某企业第一基本生产车间生产甲、乙、丙三种产品。2019 年 3 月份制造费用明细账汇集的本月制造费用总额为 198 600 元，该车间三种产品直接人工费用分别为

25 000 元、37 000 元、20 750 元。采用生产工人工资比例法计算分配过程如下。

(1) 计算费用分配率。

费用分配率=198 600÷(25 000+37 000+20 750)=2.4

(2) 计算费用分配额。

甲产品应负担的费用分配额=25 000×2.4=60 000(元)

乙产品应负担的费用分配额=37 000×2.4=88 800(元)

丙产品应负担的费用分配额=20 750×2.4=49 800(元)

(3) 编制制造费用分配表，如表 3-26 所示。

表 3-26　制造费用分配表

车间名称：　　　　　　　　　　　　　　2019 年 3 月

产品名称	生产工人工资/元	费用分配率	费用分配额/元
甲产品	25 000		60 000
乙产品	37 000		88 800
丙产品	20 750	2.4	49 800
合　计	87 250		198 600

(4) 账务处理。

借：生产成本——基本生产成本(甲产品)　　　　　　　　60 000

　　生产成本——基本生产成本(乙产品)　　　　　　　　88 800

　　生产成本——基本生产成本(丙产品)　　　　　　　　49 800

　　贷：制造费用——第一车间　　　　　　　　　　　　　　198 600

(四)计划分配率分配法

计划分配率分配法是指分配制造费用时，不论各月实际发生的制造费用是多少，每月均按年度计划费用分配率计算各种产品应分配的制造费用的一种方法。

在计划分配率分配法中，计划费用分配率是按计划产量考虑的，实际分配的费用是按实际产量计算的；年度实际发生的制造费用与制造费用预算也会存在差异。因此，采用计划费用率分配法的"制造费用"账户 1—11 月各月末分配结转后可能有余额，这些余额通常年内各月(1—11 月)不必调整。但如果年末仍有余额，则应调整计入 12 月份的产品成本。其计算公式如下：

$$费用分配率 = \frac{某生产车间年度制造费用预算总额}{该生产车间年度计划产量的定额总工时}$$

注：定额总工时=$\sum$ 某产品年度计划产量×该产品单位产品定额工时

某产品本月应分配费用=该产品本月实际产量×单位产品定额工时×费用分配率

【例 3-17】 某企业第一车间生产甲、乙、丙三种产品，2019 年度制造费用预算总额为 840 000 元。三种产品计划产量分别为 1 600 件、5 000 件、6 000 件，单位产品定额工时分别为 50 小时、40 小时、70 小时。2019 年 3 月份生产甲产品 300 件，乙产品 600 件，丙产品 400 件，实际发生制造费用 45 000 元。2 月末该车间制造费用明细账借方余额 400 元。采用计划分配率分配法，实务操作过程如下。

(1) 计算本年度计划产量的定额总工时。

1 600×50+5 000×40+6 000×70=700 000(小时)

(2) 计算费用分配率。

计划费用分配率=840 000÷700 000=1.2(元/小时)

(3) 计算费用分配额。

甲产品应负担的费用分配额=300×50×1.2=18 000(元)

乙产品应负担的费用分配额=600×40×1.2=28 800(元)

丙产品应负担的费用分配额=400×70×1.2=33 600(元)

(4) 编制制造费用分配表，如表 3-27 所示。

表 3-27 制造费用分配表

车间名称：第一车间　　　　　　　　　　　　　　　2019 年 3 月

应借科目	实际产量的定额工时	年度计划费用分配率/(元/小时)	分配金额/元
生产成本——基本生产成本(甲产品)	15 000		18 000
生产成本——基本生产成本(乙产品)	24 000	1.2	28 800
生产成本——基本生产成本(丙产品)	28 000		33 600
合 计	67 000		80 400

(5) 账务处理。

借：生产成本——基本生产成本(甲产品)　　　　　　18 000

　　生产成本——基本生产成本(乙产品)　　　　　　28 800

　　生产成本——基本生产成本(丙产品)　　　　　　33 600

　　贷：制造费用——某车间　　　　　　　　　　　　　　80 400

第五节　损失性费用的核算

损失性费用是指企业由于生产组织不合理、经营和管理不善、生产工人未执行技术操作规程等种种原因造成的人力、物力、财力上的损失，主要包括废品损失、停工损失和在产品盘亏和毁损等。下面主要介绍废品损失和停工损失的核算。

一、废品损失的核算

(一)废品损失的含义

1. 废品

废品是指不符合规定的技术标准，不能按原定用途使用，或者需要返工修理后才能使用的在产品、半成品和产成品，包括在生产过程中发现的废品和入库后发现的由于生产上的原因造成的废品。

废品按其消除缺陷在技术上的可能性和经济上的合理性，分为可修复废品和不可修复废品。可修复废品是指技术上可以修复，并且支付修复费用在经济上合算的废品；不可修复废品是指在技术上不能修复，或虽然能修复，但是支付修复费用在经济上不合算的废品。

废品按其产生原因，分为工废品和料废品。工废品是指由于工人操作上的问题造成的废品。工废品的产生属于工人操作的过失，应该由操作工人来承担责任。料废品是指由于被加工的原材料、半成品和零部件质量不符合要求而造成的废品。料废品的产生不是加工工人的过失，不应该由加工工人承担责任。

2. 废品损失

废品损失是指企业因产生废品而造成的损失，包括可修复废品的修复费用和不可修复废品的净损失，净损失是不可修复废品的生产成本扣除残料回收价值和过失人的赔偿后的净额。以下原因造成的废品损失不列入"废品损失"账户的核算范围。

(1) 应由过失人赔偿的损失。

(2) 可以降价出售的不合格品(次级品)。

(3) 产品入库后，由于保管不善而造成的损失。

(4) 实行"三包"的企业，产品出售后发现的废品所发生的一切损失。

(二)"废品损失"的账户设置

废品损失的核算可以通过专门设置的"废品损失"账户核算，也可以在"生产成本"账户下设置"废品损失"明细账进行核算。

"废品损失"账户的借方登记可修复废品的修复费用和不可修复废品的生产成本，贷方登记回收废品的残料价值和过失单位和个人的赔款；月末，应将废品损失净额由该账户的贷方转入"生产成本"账户的借方，由当月合格品成本负担；月末将废品损失转入生产成本后，"废品损失"账户应无余额。

"废品损失"账户应当区分生产单位按照产品品种设明细账，进行废品损失的明细核算。"废品损失"账户应按照成本项目设置栏目，以反映废品损失的构成。

(三)废品损失的核算方法

1. 可修复废品的核算

可修复废品在修复后仍可以当作合格品入库等待销售，因此，可修复废品的生产成本仍应该留在该产品的各成本项目中，不需要转入"废品损失"项目，只需要将修复费用计入"废品损失"项目。

【例 3-18】 某企业本月为修复甲产品废品领用 A 材料 5 000 元，应分配修复工人薪酬 2 000 元，分配制造费用 1 800 元，根据有关凭证和费用分配表编制会计分录。

(1) 领用原材料时。

借：废品损失——甲产品　　　　　　5 000

贷：原材料——A 材料   5 000

(2) 核算应分配工资及制造费用时。

借：废品损失——甲产品   3 800

  贷：应付职工薪酬   2 000

    制造费用   1 800

2. 不可修复废品的核算

不可修复废品的生产成本包括材料费用、人工费用和制造费用，这些费用与同种合格品是一起发生的。不可修复废品只能当作废料处理，因此，其原来的生产成本应从有关产品生产成本明细账中转出，转入"废品损失"账户。如果有残料可以回收的，残料回收的价值要冲减废品损失。

不可修复废品有的是在生产过程中发现的，有的是在完工验收入库时发现的，其生产成本在合格产品与废品之间的分配较为复杂。在实际工作中，不可修复废品的生产成本可以按照废品所耗实际费用计算，也可以按照定额或者计划成本计算出废品的成本。

【例 3-19】某企业发现不可修复废品乙产品 6 件，每件定额成本 500 元，其中，直接材料 280 元，直接人工 150 元，燃料动力 20 元，制造费用 50 元；材料回收价值 170 元。根据以上业务编制会计分录如下。

(1) 发现不可修复废品时。

借：废品损失——乙产品   3 000

  贷：生产成本——基本生产成本——乙产品   3 000

(2) 残料验收入库。

借：原材料   170

  贷：废品损失——乙产品   170

3. 计算废品净损失

发现不可修复废品时，要将废品的成本从"生产成本——基本生产成本"账户转出，转入"废品损失"账户的借方，将残料回收价值和责任人赔偿计入"废品损失"账户的贷方冲减废品损失，再将废品的净损失转入"生产成本——基本生产成本"账户，由合格品来承担废品损失。

将上述发生的业务通过登记废品损失明细账，可以计算出废品净损失并转入有关产品生产成本明细账，如表 3-28 所示。

表 3-28 废品损失明细账

| 年 | | 凭证号 | 摘 要 | 废品品种 | | |
月	日			甲产品	乙产品	合 计
6	1	略	修复废品领用材料	5 000		5 000
	5		分配工资费用	2 000		2 000
	9		分配制造费用	1 800		1 800
	10		结转不可修复废品成本		3 000	3 000

年		凭证号	摘　要	废品品种		
月	日			甲产品	乙产品	合　计
	10		残料入库		−170	−170
	30		合计	8 800	2 830	11 630
			结转废品净损失	−8 800	−2 830	−11 630

二、停工损失的核算

(一)停工损失的含义

停工损失是指企业生产单位在停工期间发生的各项费用,包括停工期间发生的燃料及动力费、损失的材料费用、应支付的生产工人薪酬以及应负担的制造费用等。

造成生产单位停工的原因有很多,按照停工的原因可以将停工分为季节性停工、机器大修理停工、原料供应不足停工、生产任务下达不及时停工、意外事故停工、自然灾害停工以及计划减产停工等。为了简化核算,一般停工不满一个工作日的,可以不计算停工损失。

(二)"停工损失"账户的设置

为了考核和控制停工期间发生的各项费用,企业可以设置"停工损失"账户,或者在"生产成本"总账下设置"停工损失"明细账,组织停工损失的核算。

"停工损失"账户的借方登记生产单位发生的各项停工损失,贷方登记责任单位和保险公司的赔偿和分配结转的停工损失;分配结转停工损失后,该账户应无余额。"停工损失"账户应当按照生产单位设置明细账,并按照费用项目设置专栏组织明细核算。

季节性生产企业在停工期间发生的费用,直接记入"制造费用"账户,由开工期间的生产成本负担,不通过"废品损失"账户核算。

(三)停工损失的核算方法

1) 计算停工损失的原始凭证

停工时,车间应该填制"停工报告单"。企业和生产单位的核算人员应当对"停工报告单"所列停工范围、时间及原因和过失单位、人员等内容进行审核,并查明原因,明确责任。"停工报告单"只有经过审核才能作为停工损失核算的原始依据。

2) 停工损失的核算

为了简化核算,辅助生产车间的停工损失,一般不单独核算,有关的会计处理如下。

发生停工损失时,会计分录为

借:停工损失

　　贷:应付职工薪酬/制造费用等

应由过失单位或保险公司赔偿的款项,会计分录为

借:其他应收款

贷：停工损失
自然灾害引起的非正常停工，会计分录为
借：营业外支出
　　贷：停工损失
其他原因引起的停工损失，会计分录为
借：生产成本(停工损失项目)
　　贷：停工损失

复习测试题

第四章 生产费用在完工产品和在产品之间的分配

案例导入:

某企业生产A、B、C、D、E、F、G七种产品。201×年9月,该企业的生产情况如下。

(1) A产品各月月末在产品数量很小而且生产稳定。本月初在产品成本为0,本月发生生产费用10 000元。

(2) B产品各月月末在产品数量较多,但是各月之间在产品数量变化较小。本月初在产品成本为2 000元,本月发生生产费用15 000元。

(3) C产品各月月末在产品数量较大,各月月末在产品数量变化也较大,但是原材料在成本中所占的比重较大。已知本月完工产品为2 500件,月末在产品为1 100件,月初在产品成本为8 500元,本月发生费用为:直接材料35 000元,直接人工2 500元,制造费用2 000元,材料在生产开始时一次性投入。

(4) D产品月末在产品已经生产完工,但是还没有验收入库。本月完工产品数量1 000件,在产品数量200件,月初在产品成本和本月生产费用合计28 000元。

(5) E产品各类消耗定额资料比较准确,而且月末在产品数量变化较小。本月初在产品成本为10 000元,本月生产费用为58 000元,已知本月完工产品定额成本为55 000元,月末在产品定额成本为9 800元。

(6) F类产品各类消耗定额资料比较准确,各月之间月末在产品数量变化较大。本月月初在产品成本为18 000元,本月生产费用为49 000元,期初在产品定额总成本为20 000元,本月完工产品定额总成本为48 000元。

(7) G类产品各月在产品数量变化较大,本月完工产品5 000件,月末在产品800件,每件在产品的投料程度和完工程度相同,均为50%。期初在产品总成本为10 000元,本月生产费用总额为80 000元。

通过上述各生产成本的归集和分配,基本生产车间在生产过程中发生的各项成本费用,已经集中反映在"生产成本——基本生产成本"账户的借方,这些成本费用都是在当月发生的,但这并不是本月完工产品的成本。要计算出本月完工产品的成本,还要将本月发生的生产成本,加上月初在产品成本,然后再将其在本月完工产品和月末在产品之间进行分配,从而计算出本月完工产品成本。

月初在产品成本、本月发生的生产成本、月末在产品成本和本月完工产品成本四项成本之间的关系可以用下列公式表达。

月初在产品成本+本月发生的生产成本=月末在产品成本+本月完工产品成本

或者

月初在产品成本+本月发生的生产成本-月末在产品成本=本月完工产品成本

由于公式中的前两项是已知数，所以，在完工产品和月末在产品之间分配成本的方法有两类：一是将前两项之和按照一定的比例在后两项之间进行分配，从而计算出完工产品成本和月末在产品成本；二是先确定月末在产品成本，再计算完工产品成本。无论采用哪一类方法，都必须先取得在产品数量的资料。

企业要想正确地计算完工产品的成本，就必须保证在产品和完工产品数量的准确性，进而将生产费用在完工产品和在产品之间进行合理的归集和分配。

第一节　在产品概述

一、在产品的含义

企业的在产品有广义和狭义之分。广义的在产品是就整个企业而言的，它是指企业已经投入生产，但尚未完成全部生产过程，不能作为商品销售的产品。广义的在产品包括正在各个生产单位加工的在制品和已经完成一个或多个生产步骤，但尚未最终完工而需要继续加工的自制半成品。狭义的在产品是就企业某一个生产单位(分厂、车间)或某一个生产步骤而言的，它是指本生产单位和本步骤正在加工的在制品，不包括该生产单位或生产步骤已经完工交付的自制半成品。另外，对外销售的自制半成品属于商品产品，验收入库后不应列入在产品之内。

二、在产品数量的核算

在产品结存的数量同其他材料物资结存的数量一样，既要有账面核算资料，又要有实际盘点资料。企业一方面要做好在产品收发结存的日常核算工作，另一方面又要做好在产品的清查盘点工作。车间在产品收发结存的日常核算工作，一般是通过"在产品收发结存"账户进行的。在实务工作中，通常是各车间按照产品的品种和在产品名称设立在产品台账，来反映车间各种在产品的转入、转出和结存数量。各车间应当认真做好在产品的计量、验收和交接工作，并在此基础上根据领料凭证、在产品内部转移凭证、产成品检验凭证和产品交库凭证，及时完整地登记在产品收发结存账。该账簿由车间核算人员登记。做好这两项工作，既可以从账面上随时掌握在产品的动态，又可以清查在产品的数量。这对于正确计算产品成本、加强资金管理、保证在产品的安全完整以及保证账实相符都具有十分重要的意义。

三、在产品的清查

为了核实在产品的数量，企业必须认真做好在产品的清查工作，可以定期进行清查，也可以不定期轮流清查。有的车间没有建立在产品的日常收发核算，则每月月末都必须进行一次清查，以便取得在产品的实际盘存资料。清查后，根据在产品的清查结果和账面资料编制在产品盘点表，列明在产品的账面数、实存数和盘盈盘亏数，并列明盈亏的原因和处理意见，对于毁损和报废的在产品，还要登记残值。

在产品发生盘盈时，根据盘盈在产品的成本，借记"生产成本"账户，贷记"待处理财产损溢"账户；按照管理权限报经批准进行处理时，借记"待处理财产损溢"账户，贷记"管理费用"账户。在产品发生盘亏和毁损时，借记"待处理财产损溢"账户，贷记"生产成本"账户，冲减在产品成本；按照管理权限报经批准进行处理时，毁损在产品的残值，借记"原材料"账户，贷记"待处理财产损溢"账户；盘亏和毁损在产品的损失，应借记"管理费用""其他应收款""营业外支出"等账户，贷记"待处理财产损溢"账户。

为了更好地记录在产品的收发结存情况，企业需填写在产品台账，在产品台账格式见表4-1。

表4-1　在产品台账

生产车间：一车间　　　　　　　　在产品名称：A-420主机　　　　　　　单位：件

月	日	摘要	收　入		转　出			结　存		备注
			凭证号	数量	凭证号	合格品	废品	完工	未完工	
8	1	结存					10		50	
	9	收入	3 006	100					150	
	15	发出			3 007	120			30	
	略									
	31	合计		500		400	50	50	50	

第二节　在产品成本的计算

每月月末，当月生产成本明细账中按照成本项目归集了某种产品的本月生产成本以后，如果该产品已经全部完工，则生产成本明细账中归集的月初在产品成本和本月发生的生产成本之和，就是该种完工产品的总成本。如果产品全部没有完工，则生产成本明细账中归集的月初在产品成本和本月发生的生产成本之和，就是该种在产品的成本。如果月末既有完工产品，又有在产品，则生产成本明细账中归集的月初在产品成本和本月发生的生产成本之和，就应当在完工产品和月末在产品之间，采用适当的分配方法进行分配，以计算完工产品成本和月末在产品成本。

企业应当根据在产品数量的多少、各月在产品数量变化的大小、各项成本比重的大小，以及定额管理基础的好坏等具体条件，采用适当的方法将生产成本在完工产品和月末在产品之间进行分配。常用的分配方法有：不计算在产品成本法、在产品按固定成本计价法、在产品按所耗原材料费用计价法、约当产量比例法、在产品按定额成本计价法、定额比例法等。

一、不计算在产品成本法

采用这种分配方法，月末虽然有在产品，但是不计算其成本。也就是说，每月发生的生产成本全部由完工产品承担，生产成本明细账中归集的全部生产费用，就是完工产品的成本。这种方法适用于月末在产品数量很小，价值很低，不计算在产品成本对于完工产品成本的影响很小的企业，为了简化核算工作，可以不计算在产品成本。

二、在产品按年初固定成本计价法

采用这种分配方法，1—11月份各月月末的在产品成本是按年初计划成本确定的，也就是说月初成本是固定不变的。某种产品本月发生的生产费用就是本月完工产品的成本。但是在年末，在产品成本不应再按固定不变的金额计价，否则会使按固定金额计价的在产品成本与其实际成本有较大差异，影响产品成本计算的准确性。因而在年末，应当根据实际盘点的在产品数量，具体计算在产品成本和12月份的完工产品成本。这种方法适用于月末在产品数量很小的产品，或者月末在产品数量虽然较多，但各月在产品数量比较均衡的产品。例如，炼钢厂等冶炼企业炼钢炉内的溶液、化工企业输送带和管道内的在产品等，数量都比较稳定，可以采用这种固定在产品成本的方法。年度内，1—11月份的月末在产品成本是固定的，简化了成本核算工作；12月份的在产品成本是通过实地盘点后重新计算的，从全年来看，完工产品的实际总成本的计算也是正确的；同时12月份计算的月末在产品成本，又可以作为下一年度1—11月份固定在产品成本。

三、在产品按所耗原材料费用计价法

采用这种分配方法，各月末的在产品只计算其所耗用的材料成本，不计算直接人工等加工成本。也就是说，产品的材料成本(月初在产品的材料成本和本月发生的材料成本之和)需要在完工产品和月末在产品之间进行分配，而本月生产产品所发生的加工成本全部由完工产品承担。这种方法适用于各月末在产品数量较多、在产品数量变化较大、材料成本在生产成本中所占比重较大且材料在生产开始时一次就全部投入的产品。例如，纺织、造纸、酿酒等行业的产品，其共性是材料费用在在产品成本中所占比重较大，就可以采用这种方法。

【例4-1】 某企业生产甲产品，该产品的材料费用在在产品成本中所占比重较大，月初在产品材料成本为6 400元，本月共发生材料费用51 600元，材料在生产开始时一次投入。本月完工产品数量为400件，月末在产品数量为100件。本月发生直接人工费3200元，制造费用3 500元。按所耗原材料成本计算月末在产品成本及完工产品成本。

分配计算过程如下。

直接材料费用分配率=(6 400+51 600)÷(400+100)=116(元/件)

完工产品原材料费用=400×116=46 400(元)

月末在产品原材料费用=100×116=11 600(元)

完工产品成本=46 400+3 200+3 500=53 100(元)

四、约当产量比例法

采用约当产量比例法，是先将月末在产品数量按照完工程度折算为相当于完工产品的数量，即约当产量，然后将产品应负担的全部成本按照完工产品数量与月末在产品约当产量的比例进行分配,以计算出完工产品成本和月末在产品成本。这种分配方法适用于月末在产品数量较大,各月末在产品数量变化也较大,产品成本中直接材料、直接人工及制造费用所占比重相差不多的产品。相关计算公式如下:

$$月末在产品约当产量=月末在产品数量×在产品完工程度$$

$$某产品成本项目费用分配率 = \frac{月初在产品成本+本月生产费用}{完工产品数量+月末在产品约当产量}$$

$$完工产品成本=完工产品产量×该产品成本项目费用分配率$$

$$月末在产品成本=月末在产品约当产量×该产品成本项目费用分配率$$

采用约当产量比例法,月末在产品需要按完工程度折算为约当产量。完工程度有不同的表现形式。在确定与原材料有关的约当产量时,称为投料率;在确定与人工及制造费用有关的约当产量时,称为加工进度。由于月末在产品的投料程度与加工程度可能不相同,所以,应分别计算用于分配直接材料、直接人工、制造费用等成本项目的在产品约当产量。

采用约当产量比例法计算分配生产成本,一般可以分为以下几个步骤进行。

1. 计算月末在产品约当产量

月末在产品约当产量是按照月末在产品数量和完工程度折算的相当于完工产品的数量,用公式表示为

$$月末在产品约当产量=月末在产品数量×在产品完工程度$$

上述公式中的月末在产品数量,可以根据"在产品台账"并通过实地盘点确定;在产品完工程度则应当视具体情况,采用一定的方法测定。如果各道工序在产品的加工程度比较均匀,后面工序多加工的可以弥补前面工序少加工的,这样全部在产品的完工程度可以平均为 50%。多数情况下加工不是均匀的,需要视具体情况而定。同理,每道工序在产品的完工程度也可以按 50%计算(仅指完成本工序的 50%,前面工序已完成的,要按 100%计算)。此外,还需确定:

1) 直接人工费和制造费用等成本项目的在产品约当产量

这类成本项目是根据月末在产品的加工程度计算约当产量,加工程度按加工时间计算确定。

(1) 如果产品生产是单工序的,则可以直接根据单位月末在产品已加工时间占单位完工产品加工时间的比例计算(也可以用工时定额)。

【例 4-2】 某产品有月末在产品 200 件,单位在产品已加工时间为 6 小时,单位完工产品加工时间为 10 小时。

要求:计算在产品加工进度及约当产量。

$$加工进度=已加工时间÷单位完工产品加工时间×100\%=6÷10×100\%=60\%$$

$$在产品约当产量=在产品数量×加工进度=200×60\%=120(件)$$

(2) 如果产品生产是多工序的,则应分工序计算各工序加工进度和在产品约当产量。

$$某道工序在产品加工进度=\frac{前面各工序累计工时定额+本工序工时定额×50\%}{完工产品工时定额}$$

月末在产品约当产量=$\sum$(每一道工序在产品数量×该道工序在产品加工进度)

【例4-3】 某产品需要经三道工序加工完成，其工时定额为50小时。第一道工序20小时，第二道工序12小时，第三道工序18小时。该产品月末在产品100件，其中，试测算各工序在产品完工率，计算在产品的约当产量。其中，第一道工序20件，第二道工序50件，第三道工序30件。各工序结存的在产品在本工序的平均加工程度按50%计算。

$$第一道工序上的在产品加工进度=\frac{20×50\%}{50}=20\%$$

$$第二道工序上的在产品加工进度=\frac{20+12×50\%}{50}=52\%$$

$$第三道工序上的在产品加工进度=\frac{20+12+18×50\%}{50}=82\%$$

月末在产品约当产量=20×20%+50×52%+30×82%=54.6(件)

2) 直接材料成本项目的在产品约当产量

在产品成本中直接材料费的完工程度也称为投料程度或投料率，是指在产品的已投材料占完工产品应投材料的百分比。原材料投料程度的确定按原材料投入形式的不同可区别以下几种情形。

(1) 如果原材料是在生产开始时一次投入，直接材料成本项目的在产品投料率为100%，即一件在产品应与一件完工产品同等分配原材料费用，月末在产品约当产量等于月末在产品数量。

(2) 如果原材料随加工进度逐步投料，投料程度与加工程度一致，则用于分配原材料的在产品约当产量，与按照分配直接人工费和制造费用等成本项目的在产品约当产量相同。

(3) 如果原材料随加工进度逐步投料，投料程度与加工程度不一致，则原材料费用分配较为复杂。

投料程度与加工进度不一致的情况下，具体又分为两种情况，即生产是单工序的还是多工序的。

① 产品生产是单工序的情况，按照实际的投料程度来计算在产品约当产量。

【例4-4】 某企业生产甲产品，生产开始时投料40%，产品加工到50%时，投料30%，产品加工到70%时投料30%。本月月末在产品300件，加工进度60%。此时实际上已经投入两次材料，投料程度为40%+30%=70%。

月末在产品约当产量=300×70%=210(件)

② 产品生产是多工序的情况，应根据各工序累计原材料消耗定额或费用定额占完工产品原材料消耗定额或费用定额的比率计算各工序投料率。

某道工序在产品投料率=

$$\frac{前面各工序累计材料消耗定额或费用定额+本工序材料消耗定额或费用定额×50\%}{完工产品材料费用定额}$$

月末在产品约当产量=$\sum$(各工序在产品数量×各工序在产品投料率)

【例4-5】 某企业生产丙产品要经过两道工序，各工序原材料费用定额、在产品数量，以及完工率和约当产量计算如表4-2所示。

表4-2 在产品投料率及约当产量计算表

工序	本工序材料费用定额/万元	投料率的计算	月末在产品数量/件	月末在产品约当产量/件
1	30	$\dfrac{30 \times 50\%}{50} \times 100\% = 30\%$	40	12
2	20	$\dfrac{30 + 20 \times 50\%}{50} \times 100\% = 80\%$	80	64
合计	50		120	76

(4) 如果原材料随着加工程度在每个工序一开始时一次投入，则计算在产品约当产量时，要将一次投料和陆续投料的计算方法相结合。

【例4-6】 沿用例4-5中的原材料费用定额和在产品数量资料，计算在产品的完工率和约当产量，如表4-3所示。

表4-3 在产品完工率及约当产量计算表

工序	本工序材料费用定额/万元	完工率计算	月末在产品数量/件	月末在产品约当产量/件
1	30	$\dfrac{30}{50} \times 100\% = 60\%$	40	24
2	20	$\dfrac{30 + 20}{50} \times 100\% = 100\%$	80	80
合计	50		120	124

【例4-7】 某产品经过三道工序加工完成，原材料于每个工序一开始时投入。月末在产品数量及原材料消耗定额资料如表4-4所示。其中，各工序结存的在产品在本工序的平均投料程度按50%计算。

表4-4 产品数量及原材料消耗定额

工 序	月末在产品数量/件	单位产品原材料消耗定额/件
1	100	70
2	120	80
3	140	100
合计	360	250

要求：计算各工序在产品的投料率及月末在产品直接材料成本项目的约当产量。

① 原材料于每个工序一开始时投入的月末在产品直接材料约当产量计算表如表4-5所示。

② 原材料于每个工序开始以后逐步投入的月末在产品直接材料约当产量计算表如表 4-6 所示。

表 4-5 月末在产品直接材料约当产量计算表(1)

工　序	月末在产品数量/件	单位产品材料消耗定额/件	投料率	在产品约当产量/件
1	100	70	70÷250×100%=28%	28
2	120	80	(70+80)÷250×100%=60%	72
3	140	100	(70+80+100)÷250×100%=100%	140
合计	360	250		240

表 4-6 月末在产品直接材料约当产量计算表(2)

工　序	月末在产品数量/件	单位产品材料消耗定额/件	投料率	在产品约当产量/件
1	100	70	70×50%÷250×100%=14%	14
2	120	80	(70+80×50%)÷250×100%=44%	52.8
3	140	100	(70+80+100×50%)250×100%=80%	112
合计	360	250		178.8

2. 计算完工产品成本和月末在产品成本

月末在产品约当产量=月末在产品数量×在产品完工程度

$$成本项目费用分配率=\frac{月初在产品成本+本月生产费用}{完工产品数量+月末在产品约当产量}$$

完工产品成本=完工产品产量×该成本项目费用分配率

月末在产品成本=月末在产品约当产量×该成本项目费用分配率

【例 4-8】某公司生产甲产品,2019 年 3 月,完工产品产量 3 000 件,月末在产品数量 400 件,加工进度为 50%,原材料在开始生产时一次投入。月初在产品成本和本月生产费用如表 4-7 所示。

表 4-7 生产费用资料

单位:元

成本项目	直接材料	直接人工	制造费用
月初在产品成本	200 000	80 000	90 000
本月生产费用	1 160 000	560 000	870 000
合　计	1 360 000	640 000	960 000

甲产品各项成本的分配计算如下。

(1) 直接材料成本的分配。

由于原材料在开始生产时一次投入,因此应按完工产品和在产品的实际生产数量比例进行分配，而不能使用约当产量。

$$完工产品应负担的直接材料成本=\frac{1\ 360\ 000}{3\ 000+400}\times3\ 000=1\ 200\ 000(元)$$

$$在产品应负担的直接材料成本=\frac{1\ 360\ 000}{3\ 000+400}\times400=160\ 000(元)$$

直接人工成本和制造费用均应该按照约当产量进行分配，在产品 400 件，加工进度为 50%，折合约当产量 200 件(400×50%)。

(2) 直接人工成本的分配。

$$完工产品应负担的直接人工成本=\frac{640\ 000}{3\ 000+200}\times3\ 000=600\ 000(元)$$

$$在产品应负担的直接人工成本=\frac{640\ 000}{3\ 000+200}\times200=40\ 000(元)$$

(3) 制造费用的分配。

$$完工产品应负担的制造费用=\frac{960\ 000}{3\ 000+200}\times3\ 000=900\ 000(元)$$

$$在产品应负担的制造费用=\frac{960\ 000}{3\ 000+200}\times200=60\ 000(元)$$

根据以上计算分配的结果，可以计算出甲产品完工产品成本和在产品成本。

甲产品完工产品成本=1 200 000 +600 000+900 000=2 700 000(元)

甲产品在产品成本=160 000+40 000+60 000=260 000(元)

根据以上计算结果，编制"产品成本计算单"如表 4-8 所示。

表 4-8　例 4-8 产品成本计算单

产品名称：甲产品

成本项目	直接材料	直接人工	制造费用	合　计
月初在产品成本/元	200 000	80 000	90 000	370 000
本月生产费用/元	1 160 000	560 000	870 000	2 590 000
生产费用合计/元	1 360 000	640 000	960 000	2 960 000
产成品数量/件	3 000	3 000	3 000	
在产品约当产量/件	400	200	200	
分配率(单位成本)/(元/件)	400	200	300	
完工产品成本/元	1 200 000	600 000	900 000	2 700 000
月末在产品成本/元	160 000	40 000	60 000	260 000

根据成本计算结果，编制结转完工产品成本的会计分录如下。

借：库存商品——甲产品　　　　　　　　　　　　　2 700 000

　　贷：生产成本——甲产品　　　　　　　　　　　　　　2 700 000

五、在产品按定额成本计价法

在产品成本按定额成本计价的方法简称定额成本法，即根据月末在产品数量及各项费用的定额资料计算出月末在产品的定额成本，将该产品实际发生的全部生产费用减去按定额成本计算的在产品成本，余额作为完工产品实际成本。这种分配方法，简化了生产费用在完工产品和月末在产品之间的分配计算工作，但是如果定额不够准确，实际费用脱离定额的差异就较大，从而会影响成本计算的正确性。因此这种分配方法适用于定额管理基础较好，各项消耗定额或费用定额比较准确、稳定，而且各月月末在产品数量波动不大的产品。

其计算公式如下：

在产品直接材料定额成本=在产品数量×单位在产品材料定额成本

　　　　　　　　=在产品数量×单位材料消耗定额×材料计划单价

在产品直接人工定额成本=在产品数量×单位工时定额×小时工资率

　　　　　　　　=在产品定额工时×小时工资率

在产品制造费用定额成本=在产品数量×单位工时定额×小时费用率

　　　　　　　　=在产品定额工时×小时费用率

在产品定额成本=在产品直接材料定额成本+在产品直接人工定额成本+在产品制造费用定额成本

完工产品成本=月初在产品定额成本+本月生产费用−月末在产品定额成本

【例 4-9】 某企业生产乙产品，生产分两道工序进行，原材料在第一道工序开始时一次投入，各道工序内在产品的平均加工进度为 50%。本月完工 B 产品 2 000 件，月末在产品 800 件，其中，第一道工序 420 件，第二道工序 380 件。月初在产品成本为直接材料 3 500元，直接人工 2 520 元，制造费用 3 125 元；本月生产费用为直接材料 86 500 元，直接人工 52 480 元，制造费用 21 875 元。

单位产品材料消耗定额 4 千克，直接材料计划单价 5 元/千克，单位产品工时定额 8 小时，其中第一道工序 5 小时，第二道工序 3 小时。B 产品小时工资率为 4 元/小时，制造费用率为 2 元/小时。

要求：月末在产品按定额成本计价法分配计算本月完工产品和月末在产品成本。

(1) 计算月末在产品定额成本。

在产品直接材料定额成本=800×4×5=16 000(元)

在产品完成的定额总工时=5×50%×420+(5+3×50%)×380=3 520(小时)

在产品直接人工定额成本=3 520×4=14 080(元)

在产品制造费用定额成本=3 520×2=7 040(元)

在产品定额成本=16 000+14 080 + 7 040=37 120(元)

(2) 计算完工产品实际总成本。

完工产品直接材料成本=3 500 + 86 500 − 16 000=74 000(元)

完工产品直接人工成本=2 520 + 52 480 − 14 080=40 920(元)

完工产品制造费用成本=3 125 + 21 875 − 7 040=17 960(元)

完工产品实际总成本=74 000 + 40 920 + 17 960=132 880(元)

产品成本计算单如表 4-9 所示。

表 4-9　例 4-9 产品成本计算单

产品名称：乙产品 　　　　　　　　　　　　　　　　　　　　　　　　　　　　单位：元

成本项目	直接材料	直接人工	制造费用	合　计
月初在产品成本	3 500	2 520	3 125	9 145
本月生产费用	86 500	52 480	21 875	160 855
生产费用合计	90 000	55 000	25 000	170 000
月末在产品成本	16 000	14 080	7 040	37 120
完工产品成本	74 000	40 920	17 960	132 880
单位成本	37	20.46	8.98	66.44

根据成本计算结果，编制结转完工产品成本的会计分录如下。

借：库存商品——乙产品　　　　　　　　　　　　132 880

　　贷：生产成本——乙产品　　　　　　　　　　　　　132 880

六、定额比例法

定额比例法是指以完工产品与月末在产品的定额消耗量或定额成本的比例来分配计算完工产品成本和月末在产品成本的一种方法。由于原材料和人工费及制造费用的定额耗用量标准不同，所以，需要按成本项目分别计算分配。其中，原材料费用按照原材料定额耗用量或原材料定额费用比例分配，直接人工费和制造费用可以按定额工时比例分配，也可以按定额费用比例分配。这种分配方法适用于各项消耗定额准确、稳定，各月月末在产品数量变化较大的产品。因为月初和月末在产品费用之间脱离定额的差异在完工产品和月末在产品之间按比例分配，从而提高了产品成本计算的正确性。

定额比例法的计算公式如下：

$$消耗量分配率 = \frac{月初在产品实际消耗量 + 本月实际消耗量}{完工产品定额消耗量 + 月末在产品定额消耗量}$$

完工产品实际消耗量 = 完工产品定额消耗量 × 消耗量分配率

完工产品成本 = 完工产品实际消耗量 × 原材料单价(或单位工时的工资、费用)

月末在产品实际消耗量 = 月末在产品定额消耗量 × 消耗量分配率

月末在产品成本 = 月末在产品实际消耗量 × 原材料单价(或单位工时的工资、费用)

按照上述公式分配，既可以提供完工产品和月末在产品的实际费用资料，还可以提供实际消耗量资料，便于考核和分析各项消耗定额的执行情况。但是，在各产品所耗原材料品种较多的情况下，采用这种分配方法工作量较大。为了简化核算工作，也可以采用下列公式计算分配。

$$直接材料成本分配率 = \frac{月初在产品实际原材料成本 + 本月实际原材料成本}{完工产品定额原材料成本 + 月末在产品定额原材料成本}$$

完工产品应负担的直接材料成本 = 完工产品定额原材料成本 × 直接材料成本分配率

月末在产品应负担的直接材料成本 = 月初在产品定额原材料成本 × 直接材料成本分配率

如果分配率为近似数，可用下面公式计算。

月末在产品应负担的直接材料成本=月初在产品的直接材料成本+本月实际原材料成本

－完工产品应负担的直接材料成本

$$直接人工成本分配率=\frac{月初在产品实际人工成本+本月实际发生直接人工成本}{完工产品定额工时+月末在产品定额工时}$$

完工产品应负担的直接人工成本=完工产品定额工时×直接人工成本分配率

月末在产品应负担的直接人工成本=月末在产品定额工时×直接人工成本分配率

$$制造费用分配率=\frac{月初在产品的制造费用+本月实际发生的制造费用}{完工产品定额工时+月末在产品定额工时}$$

完工产品应负担的制造费用=完工产品定额工时×制造费用分配率

月末在产品应负担的制造费用=月末在产品定额工时×制造费用分配率

直接人工、制造费用的分配率如果为近似数，可同在产品直接材料成本的计算一样，用倒挤的方式计算。

【例 4-10】 某企业生产丙产品，本月完工产品 500 件，月末在产品 80 件，单位完工产品材料消耗定额为 400 kg，工时定额为 100 小时。单位在产品材料消耗定额消耗为 400 kg，工时定额为 50 小时。直接人工和制造费用的核算所用工时定额相同。生产丙产品发生的费用资料如表 4-10 所示。要求按照定额比例法计算在产品成本及完工产品成本。

表 4-10 本月生产费用资料表

单位：元

项　目	直接材料	直接人工	制造费用	合　计
期初在产品成本	200 000	20 000	30 000	250 000
本期发生成本	480 000	300 000	450 000	1 230 000
合　计	680 000	320 000	480 000	1 480 000

按照完工产品定额与在产品定额各占总定额的比例，分配计算在产品成本及完工产品成本，计算分配过程如下。

(1) 计算完工产品定额指标。

完工产品直接材料定额消耗量=400×500=200 000(kg)

完工产品直接人工定额消耗工时=100×500=50 000(小时)

完工产品制造费用定额消耗工时=100×500=50 000(小时)

(2) 计算在产品定额指标。

在产品直接材料定额消耗量=400×80=32 000(kg)

在产品直接人工定额工时=50×80=4 000(小时)

在产品制造费用定额工时=50×80=4 000(小时)

(3) 计算分配率。

$$直接材料分配率=\frac{680\,00}{200\,000+32\,000}\approx2.931\,0$$

$$直接人工分配率=\frac{320\,00}{50\,000+4\,000}\approx5.925\,9$$

制造费用分配率 $=\dfrac{480\,00}{50\,000+4\,000}\approx 8.888\,9$

(4) 分配各项费用。

完工产品应负担的直接材料费用=200 000×2.931 0=586 200(元)

在产品应负担的直接材料费用=680 00-586 200=93 800(元)

完工产品应负担的直接人工费用=50 000×5.925 9=296 295(元)

在产品应负担的直接人工费用=320 000-296 295=23 705(元)

完工产品应负担的制造费用=50 000×8.888 9=444 445(元)

在产品应负担的制造费用=480 000-444 445=35 555(元)

(5) 计算完工产品成本和在产品成本。

完工产品成本=586 200+296 295+444 445=1 326 940(元)

在产品成本=93 800+23 705+35 555=153 060(元)

根据以上分配丙产品完工产品总成本编制结转完工产品入库的会计分录如下。

借：库存商品——丙产品 1 326 940

　　贷：生产成本——丙产品 1 326 940

七、在产品按完工产品成本计算法

这种方法是将在产品视同完工产品来计算、分配生产费用的一种方法。该方法适用于月末在产品已经接近完工，或产品已经加工完毕但尚未验收或包装入库的产品。这是因为在这种情况下，在产品已经接近完工，为了简化产品成本计算工作，将在产品视同完工产品，按两者的数量比例进行分配。

【例 4-11】 某产品月初在产品费用和本月发生费用为原材料 40 000 元，工资及福利费用 8 000 元，制造费用 5 600 元，本月完工产品 600 件，月末在产品 200 件。月末在产品接近完工。用在产品按完工产品成本计算法计算完工产品成本并做出结转分录。

分配过程如下。

费用分配率或单位成本=(40 000+8 000+5 600)/(600+200)=67(元)

完工产品成本=600×67=40 200(元)

在产品成本=40 000+8 000+5 600-40 200=13 400(元)

会计分录为

借：库存商品 40 200

　　贷：生产成本 40 200

复习测试题

第五章　生产特点及产品成本计算方法的形成

案例导入：

　　某服装厂大量生产各类时装，服装的品种有几十种，其中，有20种成人服装属于企业生产比较稳定的品种，产量大，卖价低，大量生产后批发给经销商；童装走系列路线，用同种原材料生产不同规格的童装，按照系列产品进行批发销售；企业还开发了高端定制系列，按照顾客或厂家的要求生产定制产品，有专门的设计师、专门的加工工人，产品的价格很高，但是，订单不太稳定。小张来到服装厂的财务科实习，科长安排小张做成本核算工作，让小张设计一下企业不同产品的成本核算方案，既要体现不同系列产品生产的特点，又要让成本计算准确、及时。如果你是小张，你准备怎样设计服装厂的成本核算方案呢？

第一节　工业企业生产特点概述

一、工业企业生产类型的分类

　　在企业的生产过程中，由于产品的生产周期不同，生产步骤不同，管理的要求不同，不同部门、行业企业的生产千差万别，对于工业企业，我们可以根据生产工艺过程和生产组织的特点划分为不同类型。

(一)按工艺过程的特点分类

　　企业的生产按照生产工艺过程的特点划分，可以分为单步骤生产和多步骤生产两种类型。

1. 单步骤生产

　　单步骤生产也叫作简单生产，是指生产工艺过程不能间断，或者由于工作场地的限制不便于分散在几个不同地点进行的生产，如发电、采掘、铸件的熔铸、玻璃制品的熔制等。单步骤生产的生产周期一般都比较短，通常没有自制半成品或者其他中间产品，这种特点决定了产品通常只能由一个企业或者车间独立完成，不需要协作完成。

2. 多步骤生产

　　多步骤生产也叫作复杂生产，是指由生产工艺过程可以间断的、分散在不同地点、分别在不同时间进行的生产步骤所组成的生产，如纺织、服装、电子产品、机械制造等的生产。这种生产可以由一个企业的各个生产单位进行生产，也可以由几个企业共同协作进行生产。多步骤生产按照其加工方式和各步骤的内在联系，可以分为连续式多步骤生产和装配式多步骤生产。

1) 连续式多步骤生产

连续式多步骤生产，是指投入生产的原材料要依次经过各个生产步骤的加工，直到最后的生产步骤，才成为产成品的生产，如冶金、纺织、造纸等生产。这种生产上一步骤的半成品转移到下一步骤作为原材料继续加工，产品的成本也不断地累加，最后形成完工产品成本。

2) 装配式多步骤生产

装配式多步骤生产，是指先将原材料分别加工为零件、部件，再将零件、部件装配为产成品的生产，如机械制造、汽车制造、电子产品制造等生产。这种生产零部件先分别在不同分厂、车间进行加工，然后再组装到一起，形成完工产品，产品成本也先分别在生产各个零部件的分厂、车间进行计算，最后按照份额汇总到产品成本中。

(二)按组织方式的特点分类

工业企业的生产，按照生产组织方式的特点划分可以分为大量生产、成批生产和单件生产三种类型。

1. 大量生产

大量生产是指不断重复品种相同的产品生产。这种生产类型的企业或车间中，产品的品种较少，而且比较稳定，生产特点是陆续投入、陆续产出、不分批别，如采掘、发电、酿酒等企业的生产。

2. 成批生产

成批生产是指按照规定的数量和规格进行批量生产。成批生产按每批生产的数量多少，又可分为大批生产和小批生产。大批生产的产品数量较多，通常在一段时期内连续不断地生产相同的产品。在这种生产类型的企业或车间中，各种产品的生产往往成批地重复进行，生产具有一定的重复性，因而其特点类似于大量生产，如日用品生产企业、食品生产企业等。小批生产的产品数量较少，价值较高，每批产品同时投产，往往也同时完工，如汽车制造企业、机械制造企业等，它的特点类似于单件生产。

3. 单件生产

单件生产是指根据客户的要求，制造个别的、性质特殊的产品生产，如飞机制造、大型机械设备制造等。在这种类型的企业或车间中，产品的品种虽然可能比较多，但是却很少重复生产，产品的生产周期长，产品价值大。

二、生产特点和管理要求对成本计算方法的影响

产品成本计算方法是指一定时期内所发生的生产费用对象化到各产品上，以求得各产品总成本的方法。生产费用的对象在成本会计中称为成本计算对象，由于成本计算方法决定于成本计算对象，因此生产类型的特点对成本计算方法的影响主要表现在成本计算对象

的确定上。除此之外，在成本计算期的确定以及生产成本在完工产品与在产品之间的分配方法等方面也产生影响。

(一)对成本计算对象的影响

在成本计算工作中，主要有三种不同的成本核算对象：产品的品种、产品的批别、产品的品种及所经过的生产步骤。

从生产工艺过程的特点来看，单步骤生产或管理上不要求分步骤计算成本的多步骤生产，通常可以将产品的品种或产品的批别作为成本核算对象；管理上要求分步骤计算成本的多步骤生产，应将产品的品种及所经过的生产步骤作为成本核算对象。

从生产组织方式的特点来看，大量大批生产的成本核算对象可以是产品的品种，也可以是产品的品种及所经过的生产步骤；单件小批生产的成本核算对象通常是产品的批别。

(二)对成本计算期的影响

成本计算期指的是生产费用计入产品成本所规定的起止时期。

在大量大批生产的情况下，由于生产不间断地进行，不间断地投入，也不间断地产出，产品的产量大，生产周期短，在会计分期原则下，只能按月定期计算产品成本，以满足分期计算损益的需要，这种产品生产，成本计算期与会计报告期一致。

在单件或小批生产的情况下，生产往往按照批次或者订单进行，各批产品的生产周期不同，产品的数量较少，生产周期较长，这种生产按照各批产品的生产周期计算产品成本，成本计算期与产品的生产周期一致，与会计报告期不一致。

(三)对生产费用是否需要在完工产品和在产品之间分配的影响

单步骤生产，生产过程不能间断，生产周期也较短，一般没有期末在产品或在产品数量很少，因此在计算产品成本时，一般不存在生产费用在完工产品和期末在产品之间进行分配的问题；在多步骤生产中，大量大批生产，由于生产连续不断地进行，经常存在期末在产品，在计算产品成本时一般需要在本期完工产品和期末在产品之间分配生产费用；单件小批生产，由于成本计算期与生产周期一致，月末如果产品没有生产完成，就是在产品，如果产品生产完工，就是产成品，因此不存在期末在产品，在计算产品成本时，一般不需要在本期完工产品和期末在产品之间分配生产费用。

第二节　产品成本计算方法

成本计算是对有关费用数据进行处理的过程，它是以一定的成本核算对象为依据，分配和归集生产费用，并计算其总成本和单位成本的过程。成本核算对象是处理各项费用数据的中心，是产品成本计算方法的核心。在实际工作中存在的各种各样的产品成本计算方法，主要是根据成本核算对象来命名的。

一、产品成本计算的基本方法

根据生产工艺过程和生产组织方法以及企业成本管理的要求，工业企业成本计算的基本方法有三种，即品种法、分批法和分步法。

(一)品种法

在大量大批单步骤生产企业，或者管理上不要求分步骤计算成本的多步骤生产企业，只需要以产品品种作为成本计算对象来归集和分配生产费用，计算出各种产品的实际总成本和单位成本，这就产生了品种法。

大量大批生产企业一般产品价值小，生产周期短，不可能按产品生产周期计算产品成本，成本计算期只能与会计报告期一致，与生产周期不一致。品种法在按月计算成本时，有些单步骤生产企业没有月末在产品，这时不需要在本月完工产品和月末在产品之间分配生产费用，本月生产费用等于本月完工产品成本；管理上不要求分步骤计算成本的大量大批多步骤生产企业，通常有月末在产品，这时要在本月完工产品和月末在产品之间分配生产费用。

(二)分批法

单件小批生产企业是按照客户的订单来组织生产的，每一批客户订单都有具体的产品型号、规格、数量、质量要求以及交货期限，需要单独组织生产，因此单件小批生产企业只能以产品的批别或订单作为成本核算对象来归集和分配生产费用，计算出各批产品的实际总成本和单位成本，这就产生了分批法。

在分批法下，由于成本核算对象是产品的批别，只有在该批产品全部完工以后，才能计算出实际总成本和单位成本，因此分批法的成本计算期是不固定的，与产品生产周期一致，与会计报告期不一致。

分批法的成本计算期与生产周期一致，在产品没有生产完工时都是在产品，因此，不需要将生产费用在本月完工产品和月末在产品之间进行分配。

(三)分步法

在大量大批多步骤生产的企业，如果企业成本管理上要求按生产步骤归集生产费用，计算各步骤的半成品成本，那么就应当把产品品种及其所经过的生产步骤作为成本核算对象，来归集和分配生产费用，计算产品成本，这就产生了分步法。

采用分步法的大量大批多步骤生产企业不可能等全部产品生产完工以后再计算产品成本，因此，需要定期按月计算成本，成本计算期与会计报告期一致，但与生产周期不一致。大量大批多步骤生产企业在月末计算产品成本时，通常会有停留在各步骤的在产品，因此需要将生产费用在本月完工产品和月末在产品之间进行分配。

上述产品成本计算的三种基本方法，其成本核算对象、成本计算期、生产费用在完工产品和在产品之间的分配方面的区别如表 5-1 所示。

表 5-1 产品成本计算三种基本方法的区别

成本计算方法	成本核算对象	成本计算期	生产费用在完工产品和在产品之间的分配	适用范围	
				生产组织类型	成本管理要求
品种法	产品品种	按月计算	单步骤生产下一般不需要分配，多步骤生产一般需要分配	大量大批单步骤或多步骤生产	管理上不要求分步骤计算产品成本
分批法	产品批别	按生产周期计算	一般不需要分配	单件小批生产	管理上不要求分步骤计算产品成本
分步法	产品品种及所经过的生产步骤	按月计算	通常有在产品，需要分配	大量大批多步骤生产	管理上要求分步骤计算产品成本

这三种方法是计算产品成本必不可少的方法。任何产品的成本计算都必然要采用其中一种方法或将三种方法结合应用，所以以将这三种方法称为成本计算的基本方法。其中，品种法是最基本的方法，是其他成本计算方法的基础。

二、产品成本计算的辅助方法

在实际工作中，由于产品生产情况比较复杂，企业管理的要求也有很大差异，为了简化成本计算工作或者加强企业成本管理，还需要采用其他一些成本计算方法，这些为解决某一特定问题而产生的其他方法，称作产品成本计算的辅助方法。

(一)分类法

产品成本计算的分类法就是在产品品种及规格繁多，但可以按照一定标准将产品分为若干类别时，为简化成本计算工作而采用的一种成本计算方法。它适用于产品品种、规格繁多，且可以按照一定的标准将产品划分为若干类别的企业或车间，如电子元件、化工、针织、服装、制鞋、塑料制品等行业。这些企业的各种产品所用原材料及生产工艺过程相同，如果都按照每一品种、规格计算成本，则成本计算的工作量非常大。为了简化工作，可将众多规格、品种归类后计算成本。

(二)定额法

对于定额管理工作有一定基础的企业，为了加强生产和产品成本的定额管理，控制和降低生产费用及其产品成本，在计算产品成本时还可采用定额法。产品成本计算的定额法是指以产品的定额成本为基础，通过调整脱离定额差异和定额变动差异来计算产品成本的一种成本计算辅助方法。

从理论上讲，无论何种类型的企业均可采用定额法计算产品成本，但由于定额法需要以原始记录和定额成本的收集和制定为基础，因此，定额法一般适用于产品生产比较成熟、产品品种比较稳定、各项定额比较完整准确、原始记录比较健全的大量大批生产企业。

(三)作业成本法

作业成本法是指以作业为基础，按成本动因来分配间接费用的成本计算方法。采用作业成本法，间接费用根据资源动因追踪到作业中心，再将作业中心的成本按作业动因分配给产品。直接费用加上按成本动因分配的间接费用，即为该产品或劳务的实际总成本。作业成本法以作业为成本中心，以成本动因为间接费用的分配标准，提高了间接费用分配的准确性，但是，成本动因分析和确定的工作量较大，制约了作业成本法的推广应用。

(四)标准成本法

标准成本法是成本控制的一种方法，也可以认为是一种特殊的成本计算方法。标准成本法与定额法不同，它只计算产品的标准成本，不计算产品的实际成本，实际成本脱离标准成本的差异直接计入当期损益。

三、产品成本计算方法的应用

(一)几种成本计算方法同时采用

一个企业往往有多个分厂或车间，各个生产单位的生产特点和管理要求并不一定相同，同一个生产单位所生产的各种产品的生产特点和管理要求也不一定相同。在工业企业中，一般既设有基本生产车间来生产企业的主要产品，又设有辅助生产车间来为基本生产车间和其他部门提供劳务或产品，基本生产车间和辅助生产车间都要计算成本，但由于基本生产车间和辅助生产车间在生产特点和管理要求上会有所不同，采用的成本计算方法也会不同。例如，钢铁生产企业的炼钢、炼铁和轧钢，属于大量大批的多步骤生产，而且各步骤所产的半成品可以对外出售，因此所产产品要采用分步法计算成本，而设立辅助生产车间则是为基本生产部门提供工具、模具等，一般属于单件小批生产，所产产品则可以采用分批法计算成本。

(二)几种成本计算方法结合使用

一个企业或企业的生产单位，除了可能同时应用几种成本计算方法以外，在计算某种产品成本时，还可以以一种成本计算方法为主，结合采用几种成本计算方法。

例如，在单件小批生产的机械制造企业，产品的生产过程由铸造、加工、装配等生产步骤组成，装配车间最终组装出完工产品。企业中，主要产品成本的计算可以采用分批法；铸造车间生产的铸件为自制半成品，可以采用品种法；加工车间需要经过几道工序将铸件加工为零部件，可以采用分步法。这样，产品成本的计算就以分批法为主，结合采用了品种法、分步法等成本计算方法。

企业采用分类法、定额法等计算产品成本时，因为它们是成本计算的辅助方法，所以必须结合品种法、分批法和分步法等成本计算的基本方法加以应用。

复习测试题

第六章 成本核算的品种法

案例导入：

李浩是某大学会计专业的学生，暑假期间来到发电厂成本会计科实习。张会计负责成本核算，也是李浩的指导老师，首先，他给李浩介绍了企业的生产特点：该发电厂属于单步骤大量生产企业，只生产电力一种产品，设有燃料、锅炉、汽机、电机四个基本生产车间和一个热处理辅助生产车间。该厂采用品种法计算产品成本，设置"生产成本明细账"和"产品成本计算单"。发电厂实习一周结束后，李浩又来到造纸厂的造纸一车间实习。造纸一车间生产打印纸和新闻纸两种产品，属于多步骤大量大批生产，管理上不要求按步骤核算产品成本，因此，采用品种法计算产品成本。

分析：

(1) 发电厂采用哪种品种法计算产品成本？

(2) 造纸厂一车间采用哪种品种法计算产品成本？

(3) 两个企业采用的品种法计算产品成本区别在哪里？

品种法是成本核算中最基本的一种方法，其他成本核算方法都是建立在品种法的基础上的。本章将完整系统地介绍品种法成本核算的详细过程，以便为学习其他成本核算方法奠定基础。

第一节　品种法概述

企业按照产品品种来计算产品成本，是成本计算的最基本要求。

一、品种法的含义

产品成本核算的品种法(Product Costing Method)，是指以产品品种作为成本核算对象，归集和分配生产费用，计算产品成本的一种方法。

工业企业进行成本核算时，为了适应产品生产工艺的特点和加强成本管理的要求，往往会采用不同的成本核算方法。但是，主管企业的上级机构一般都要求企业按照产品品种报送成本资料，而企业本身为了方便成本考核和商品定价等，客观上也需要最终按产品品种来反映成本。因此，不论工业企业生产什么类型的产品，其生产特点如何，也不论管理的要求如何，每个工业企业最终都必须按照产品品种计算出产品成本。这说明，按照产品品种计算成本是最基本的要求，品种法是最基本的成本核算方法，品种法的计算程序也是产品成本核算的一般程序。

二、品种法的特点

(一)成本核算对象是产品品种

在采用品种法计算产品成本时，成本核算对象是产品品种。如果企业只生产一种产品，计算产成品成本时，只需为这种产品设置成本明细账，账内按成本项目设立专栏或专行。企业发生的各项生产费用都是直接计入费用，可以直接计入该产品成本明细账的有关成本项目，不存在在各成本计算对象之间分配费用的问题。如果企业生产的产品不止一种，成本明细账就需要按产品品种分别设置，这时，企业发生的生产费用要区分直接费用和间接费用，直接费用可直接计入各成本核算对象的产品成本明细账，间接费用则需采用一定的分配方法，在各成本核算对象之间进行分配，然后计入各产品成本明细账的有关成本项目。

(二)成本计算期一般按月进行

由于品种法主要适用于大量大批的单步骤生产，以及不要求分步骤计算产品成本的大量大批的多步骤生产，而在大量大批生产的情况下生产总是连续不断地进行，按生产周期计算成本不仅有很大的难度，而且会造成成本核算的混乱并影响各期损益的计算，因此，在品种法下，一般按月定期进行成本核算。成本计算期与会计报告期一致，与产品的生产周期不一致。

(三)品种法下月末应分别按不同情况处理在产品成本

在月末计算产品成本时，如果某种产品没有在产品，或者虽有在产品，但数量很少，对成本影响不大，可以不计算月末在产品成本。这样，归集和分配计入该种产品成本明细账中的生产费用，即为该产品的总成本；总成本除以产品产量，就是该产品的单位成本。

如果某种产品有在产品存在，而且数量较多，则需要将该产品成本明细账中归集的生产费用，采用适当的分配方法在完工产品和月末在产品之间进行分配，计算出完工产品成本和月末在产品成本。

三、品种法的适用范围

品种法一般适用于大量大批单步骤生产的企业，如发电、供水、采掘等企业。品种法还适用于大量大批的多步骤生产，但管理上不要求分步骤计算产品成本的企业，如水泥厂、造纸厂等。另外对于企业的供水、供电、供气等辅助生产车间，计算其提供的水、电、气的成本，通常采用品种法。

四、品种法的种类

品种法按成本计算对象的数量，可区分为单一品种法和复杂品种法。采用单一品种法的企业，只生产一种产品，把生产过程中发生的费用汇总，即为该产品的生产成本。采用复杂品种法的企业，生产多种产品，生产过程中发生的费用，需按产品品种进行分配，计算各种产品的成本。

第二节　品种法的成本核算程序及应用

成本核算程序是指对产品生产过程中所发生的各项费用，按照成本会计制度的规定，进行审核、归集和分配并汇总，计算完工产品成本和月末在产品成本的过程。

一、品种法的成本核算程序

品种法作为产品成本计算的一种最基本的方法，其成本计算的一般程序，主要包括以下几个步骤。

(一)按产品品种设置有关成本明细账

企业应在"生产成本"总账下设置"基本生产成本"和"辅助生产成本"二级账，同时，按照企业确定的成本核算对象(即产品品种)，设置产品生产成本明细账(产品成本计算单)，按照辅助生产单位，设置辅助生产成本明细账，在"制造费用"总分类账户下，按生产单位(分厂、车间)设置制造费用明细账。

产品生产成本明细账(产品成本计算单)和辅助生产成本明细账应当按照成本项目设专栏，制造费用明细账应当按费用项目设专栏。

(二)归集和分配本月发生的各项费用

企业应根据各项费用发生的原始凭证和其他有关凭证归集和分配材料费用、工资费用等各项费用。按成本核算对象(即产品品种)归集和分配生产费用时，根据编制的会计分录，凡能直接记入有关生产成本明细账(产品成本计算单)的应当直接记入；不能直接记入的，应当按照受益原则分配以后，根据有关费用分配表，分别记入有关成本费用明细账。各生产单位发生的制造费用，先记入有关制造费用明细账，通过制造费用明细账归集。直接计入当期损益的管理费用、销售费用、财务费用，应分别记入有关期间费用明细账。

(三)分配辅助生产费用

根据辅助生产成本明细账归集的本月辅助生产费用总额，按照企业确定的辅助生产费用分配方法，通过编制各辅助生产单位的"辅助生产费用分配表"进行辅助生产费用的分配。根据分配结果编制会计分录，分别记入有关产品生产成本明细账(产品成本计算单)、制造费用明细账和期间费用明细账。

辅助生产单位发生的制造费用，如果通过制造费用明细账归集，应该在分配辅助生产费用前分别转入各辅助生产成本明细账，并计入该辅助生产单位费用中。

(四)分配基本生产单位制造费用

根据各基本生产单位制造费用明细账归集的本月制造费用，按照企业规定的制造费用分配方法，通过分别编制各基本生产单位的"制造费用分配表"进行制造费用分配。根据分配结果，编制会计分录，分别记入有关产品生产成本明细账(产品成本计算单)。

(五)计算本月完工产品实际总成本和单位成本

将产品生产成本明细账(产品成本计算单)归集的本月生产费用合计数(期初在产品成本加上本月生产费用)，在本月完工产品和月末在产品之间进行分配，计算出本月完工产品的实际总成本和月末在产品成本。各种完工产品实际总成本分别除以其实际总产量就是该产品本月实际单位成本。

(六)结转本月完工产品成本

根据产品成本的计算结果，编制本月"完工产品成本汇总表"据以编制本月完工产品成本结转的会计分录，并分别记入有关产品生产成本明细账(产品成本计算单)和库存商品明细账。

二、单品种的品种法应用举例

在大量大批单步骤生产的情况下，企业往往只生产一种产品，即只生产单一产品，只有一个成本计算对象。企业在生产过程中发生的各种应计入产品成本的费用，都是直接计入费用，不存在在各成本计算对象之间分配的问题。如果企业生产周期较短，没有或极少有期末在产品，也不存在在完工产品和期末在产品之间分配费用的问题。采用品种法计算产品成本，只需为这种产品开设一张生产成本明细账或成本计算单。按成本项目设专栏，发生的生产费用全部都是直接费用，可以根据原始凭证直接记入。月份终了时，一般没有在产品，或者虽有在产品，但数量很少，可以不必计算在产品成本。这样，按成本项目归集于成本明细账的本月生产费用，就是产品的总成本，用总成本除以产品的产量，就是产品的单位成本。

单品种的品种法适用于大量大批单步骤生产的企业。这种企业的生产不可间断，产品单一，生产周期较短，一般没有在产品，如采掘、发电、供水等企业。

【例 6-1】 兴旺发电厂只生产电力一种产品，该企业采用品种法计算电力产品成本，设置"生产成本明细账"(按费用项目设置)和"电力产品成本计算单"(按成本项目设置)等明细账。2019 年 10 月份电力成本明细账中归集的生产费用如表 6-1 所示。

表 6-1　生产成本明细账

2019 年 10 月　　　　　　　　　　　　　　　　单位：元

摘　　要	直接材料	直接人工	水　费	折旧费	修理费	其　他	合　计
消耗燃料	270 000						270 000
辅助材料	4 200						4 200
工资和福利费		123 000					123 000
耗用水			35 840				35 840
折旧费				5 400			5 400
修理费					660		660
其他制造费用						4 800	4 800
合　计	274 200	123 000	35 840	5 400	660	4 800	443 900

10 月份电力产量为 887 800 度，根据电力成本明细账编制电力产品成本计算单，如表 6-2 所示。

表 6-2 电力产品成本计算单

单位：元

成本项目	总成本	单位成本
直接材料	274 200	0.31
直接人工	123 000	0.14
制造费用	46 700	0.05
合 计	443 900	0.50

三、多品种的品种法应用举例

在大量大批多步骤生产的情况下，企业生产的产品品种较多，即生产多品种的产品，有多个成本计算对象。企业在生产过程中发生的应计入产品成本的费用，往往既有直接计入费用，又有间接计入费用，存在将间接计入费用在各成本计算对象之间分配的问题。由于这种企业月末一般有在产品，所以又存在完工产品和月末在产品之间费用分配的问题。采用品种法计算产品成本，需要按每种产品设置生产成本明细账或成本计算单，按成本项目设置专栏。除直接费用可以按原始凭证直接计入外，间接费用要先行归集，然后采用适当的标准在各种产品之间进行分配，记入各种产品成本明细账。月份终了时，如果有在产品，各产品成本明细账所归集的生产费用，还要按一定的方法在完工产品和月末在产品之间进行分配，以便计算出完工产品成本和月末在产品成本。这种成本计算的方法，通常称为复杂品种法。

复杂品种法适用于大量大批多步骤生产的企业，这种企业生产可以间断，规模较大，产品品种较多，管理上不要求按生产步骤计算成本，月末一般有在产品，如小型水泥厂、造纸厂、砖瓦复杂多品种的厂等。

下面以某工业企业品种 2019 年 3 月份有关资料为例，说明复杂品种法下成本计算程序和相应的账务处理。

【例 6-2】 某机械厂设有铸造和机加工两个基本生产车间，属于大量大批生产。铸造车间生产甲、乙两种产品，机加工车间生产丙产品。另设置供电车间和修理车间两个辅助生产车间，向企业基本生产车间和管理部门提供电力和修理服务。由于供电车间和修理车间都只提供单一劳务，所以辅助生产车间不设置"制造费用"账户，发生的费用全部直接计入"辅助生产成本"账户。辅助生产费用采用直接分配法进行分配。

制造费用采用生产工时比例法进行分配。生产费用在完工产品和月末在产品之间采用约当产量法进行分配。甲、乙两种产品均为生产开始时一次投料，丙产品随完工程度逐步投料，假设投料程度与加工进度一致。

该企业 3 月份有关成本费用资料如下。

(1) 3 月份期初在产品成本资料如表 6-3 所示。

表6-3　月初在产品成本

单位：元

产品名称	直接材料	直接人工	制造费用	合　计
甲产品	18 120	3 250	2 976	24 346
乙产品	6 448	5 000	4 384	15 832
丙产品	3 000	2 000	1 860	6 860

(2) 3月份产量资料如表6-4所示。

表6-4　产量资料

项　目	甲 产 品	乙 产 品	丙 产 品
月初在产品/件	80	30	80
本月投产量/件	320	260	340
本月完工产品产量/件	300	210	370
月末在产品数量/件	100	80	50
月末在产品完工程度/%	50	50	60

(3) 3月份辅助生产车间提供的劳务量资料如表6-5所示。

表6-5　劳务量资料

受益部门	供电车间/度	修理车间/小时
供电车间		100
修理车间	200	
铸造车间	14 000	1 000
机加车间	8 000	1 600
行政管理部门	800	200
合　计	23 000	2 900

(4) 3月份甲产品的机器生产工时为6 000小时，乙产品的机器生产工时为4 000小时；甲产品的人工工时为8 000小时，乙产品的人工工时为5 000小时。

根据以上资料，3月份成本计算程序及相应的账务处理如下。

1. 设置各种成本费用明细账

(1) 该企业应设置甲产品、乙产品和丙产品三张基本生产成本明细账，在明细账中按"直接材料""直接人工""制造费用"成本项目设置专栏，然后根据甲、乙、丙三种产品的上月月末在产品成本，结转本月月初在产品成本。

(2) 该企业设有两个辅助生产车间，应该设置两张辅助生产明细账。

(3) 该企业两个基本生产车间需要设置两张制造费用明细账，辅助生产车间不设制造费用明细账。

2. 归集和分配各项生产费用，编制有关费用分配表，登记总账和明细账

(1) 根据领料原始凭证，编制领料凭证汇总表(略)，按照汇总表汇总的材料费用的用途编制材料费用分配表，如表 6-6 所示。

表 6-6 材料费用分配表

2019 年 3 月 31 日

分配对象		直接耗用材料	共同耗用材料					合计/元
			本月投产量	单位消耗定额	定额耗用量/元	分配率	分配费用/元	
基本生产	甲产品	32 000	320	9.375	3 000		8 880	40 880
	乙产品	20 000	260	4.615	1 200	2.96	3 552	23 552
	小计	52 000			4 200		12 432	64 432
	丙产品	12 000						12 000
	合计	64 000						76 432
辅助生产	供电车间	5 000						5 000
	修理车间	3 000						3 000
	合计	8 000						8 000
制造费用	铸造车间	5 200						5 200
	机加工车间	3 000						3 000
	合计	8 200						8 200
企业管理部门耗用		2 000						2 000
总计		82 200					12 432	94 632

根据材料费用汇总分配表编制记账凭证，会计分录如下。

借：基本生产成本——甲产品   40 880

     ——乙产品   23 552

     ——丙产品   12 000

  辅助生产成本——供电车间   5 000

      ——修理车间   3 000

  制造费用——铸造车间   5 200

     ——机加工车间   3 000

  管理费用   2 000

  贷：原材料   94 632

(2) 根据各车间、部门的工资计算凭证编制工资结算汇总表(略)，根据工资结算汇总表汇总的工资信息编制"工资费用分配表"，如表 6-7 所示。

表 6-7　工资费用分配表

2019 年 3 月 31 日

分配对象		人工工时/小时	分 配 率	应付工资/元
基本生产	甲产品	8 000		16 000
	乙产品	5 000		10 000
	小计	13 000	2	26 000
	丙产品	3 600		8 000
	合计	16 600		34 000
辅助生产	供电车间			3 700
	修理车间			2 860
	合计			6 560
制造费用	铸造车间			8 000
	机加工车间			6 000
	合计			14 000
企业管理部门				5 000
总计				59 560

假设此例中，丙产品不参与工资费用的分配，为直接费用，工资为 8 000 元。甲、乙产品的工资费用为间接费用共 26 000 元，按工时法进行分配。其计算过程如下。

$$工资分配率=\frac{26\,000}{13\,000}=2(元/小时)$$

甲产品应分配的工资费用=8 000×2=16 000(元)
乙产品应分配的工资费用=5 000×2=10 000(元)
根据工资费用分配表编制会计分录如下。

借：基本生产成本——甲产品　　　　　　　　　　　16 000
　　　　　　　　——乙产品　　　　　　　　　　　10 000
　　　　　　　　——丙产品　　　　　　　　　　　　8 000
　　辅助生产成本——供电车间　　　　　　　　　　　3 700
　　　　　　　　——修理车间　　　　　　　　　　　2 860
　　制造费用——铸造车间　　　　　　　　　　　　　8 000
　　　　　　——机加工车间　　　　　　　　　　　　6 000
　　管理费用　　　　　　　　　　　　　　　　　　　5 000
　　贷：应付职工薪酬　　　　　　　　　　　　　　　　　59 560

(3) 根据各车间部门上月固定资产折旧计算额和上月增加、减少固定资产的折旧额，编制"固定资产折旧费用分配表"，如表 6-8 所示。

表 6-8　固定资产折旧费用分配表

2019 年 3 月 31 日　　　　　　　　　　　　　　　　　　　单位：元

分配对象		2月份固定资产折旧额	2月份增加固定资产的折旧额	2月份减少固定资产的折旧额	3月份固定资产折旧额
基本生产车间	铸造车间	1 500	200	100	1 600
	机加工车间	1 460	60	80	1 440
	合　计	2 960	260	180	3 040
辅助生产车间	供电车间	1 500	300	80	1 720
	修理车间	1 800	100	160	1 740
	合　计	3 300	400	240	3 460
企业管理部门		196	30	26	200
总　　计		6 456	690	446	6 700

根据固定资产折旧费用分配表编制会计分录如下。

借：辅助生产成本——供电车间　　　　　　　　　　　　　　　　1 720

　　　　　　　　——修理车间　　　　　　　　　　　　　　　　1 740

　　制造费用——铸造车间　　　　　　　　　　　　　　　　　　1 600

　　　　　　——机加工车间　　　　　　　　　　　　　　　　　1 440

　　管理费用　　　　　　　　　　　　　　　　　　　　　　　　 200

　　贷：累计折旧　　　　　　　　　　　　　　　　　　　　　　　　　6 700

(4) 各车间、部门为制造产品而发生的其他各项间接费用支出，根据有关付款凭证，并按费用发生地点和用途编制其他费用分配表，如表 6-9 所示。

表 6-9　其他费用分配表

2019 年 3 月 31 日　　　　　　　　　　　　　　　　　　　单位：元

分配对象		办　公　费	水　　费	其　　他	合　　计
基本生产车间	铸造车间	1 600	100	40	1 740
	机加工车间	800	80	20	900
辅助生产车间	供电车间	900	60	20	980
	修理车间	700	80	20	800
企业管理部门		1 000	100	50	1 150
总　　　计		5 000	420	150	5 570

根据其他费用分配表编制会计分录如下。

借：辅助生产成本——供电车间　　　　　　　　　　　　　　　　 980

　　　　　　　　——修理车间　　　　　　　　　　　　　　　　 800

　　制造费用——铸造车间　　　　　　　　　　　　　　　　　　1 740

　　　　　　——机加工车间　　　　　　　　　　　　　　　　　 900

　　管理费用　　　　　　　　　　　　　　　　　　　　　　　　1 150

　　贷：银行存款　　　　　　　　　　　　　　　　　　　　　　　　　5 570

3. 归集和分配辅助生产费用

(1) 根据上述各项费用分配表及有关凭证登记辅助生产费用明细账，如表6-10和表6-11所示。

表6-10 辅助生产费用明细账(1)

车间名称：供电车间　　　　　　　　　　2019 年 3 月 1 日　　　　　　　　　　单位：元

年		摘　要	材料费	工资费	折旧费	水电费	办公费	其他费用	合　计
月	日								
(略)		根据材料费用分配表	5 000						5 000
		根据工资费用分配表		3 700					3 700
		根据折旧费用分配表			1 720				1 720
		根据其他费用分配表				60	900	20	980
		本月发生	5 000	3 700	1 720	60	900	20	11 400
		本月转出	−5 000	−3 700	−1 720	−60	−900	−20	−11 400

表6-11 辅助生产费用明细账(2)

车间名称：修理车间　　　　　　　　　　2019 年 3 月 1 日　　　　　　　　　　单位：元

年		摘　要	材料费	工资费	折旧费	水电费	办公费	其他费用	合　计
月	日								
(略)		根据材料费用分配表	3 000						3 000
		根据工资费用分配表		2 860					2 860
		根据折旧费用分配表			1 740				1 740
		根据其他费用分配表				80	700	20	800
		本月发生	3 000	2 860	1 740	80	700	20	8 400
		本月转出	−3 000	−2 860	−1 740	−80	−700	−20	−8 400

(2) 根据辅助生产车间对外提供的劳务量采用直接分配法分配辅助生产费用，编制辅助生产费用分配表，如表6-12所示。

表 6-12　辅助生产费用分配表

2019 年 3 月 31 日　　　　　　　　　　　　　　　　　金额单位：元

项　目			供电车间	修理车间	合　计
待分配费用/元			11 400	8 400	19 800
对外供应劳务量			22 800 度	2 800 小时	
单位成本(分配率)			0.5	3	
基本生产车间	铸造车间	耗用数量	14 000	1 000	
		分配金额	7 000	3 000	10 000
	机加工车间	耗用数量	8 000	1 600	
		分配金额	4 000	4 800	8 800
企业管理部门		耗用数量	800	200	
		分配金额	400	600	1 000
金额合计			11 400	8 400	19 800

根据辅助生产费用分配表编制会计分录如下。

借：制造费用——铸造车间　　　　　　　　　　　10 000

　　　　——机加工车间　　　　　　　　　　　 8 800

　　管理费用　　　　　　　　　　　　　　　　 1 000

　　贷：辅助生产成本——供电车间　　　　　　　　　　　 11 400

　　　　　　——修理车间　　　　　　　　　　　　 8 400

4. 归集和分配制造费用

(1) 根据上述各项费用分配表及有关凭证登记制造费用明细账，如表 6-13 和表 6-14 所示。

表 6-13　制造费用明细账(1)

车间名称：铸造车间　　　　　　　　2019 年 3 月 1 日　　　　　　　　单位：元

2019 年		摘　要	材料费用	人工费用	折旧费用	办公费用	水电费用	修理费用	其他	合　计
月	日									
3	1	材料费用分配表	5 200							5 200
		工资费用分配表		8 000						8 000
		折旧费用分配表			1 600					1 600
		其他费用分配表				1 600				1 600
		其他费用分配表					100			100
		辅助费用分配表					7 000			7 000
		辅助费用分配表						3 000		3 000
		其他费用分配表							40	40
		合　计	5 200	8 000	1 600	1 600	7 100	3 000	40	26 540

表 6-14　制造费用明细账(2)

车间名称：机加工车间　　　　　　　　　2019 年 3 月 1 日　　　　　　　　　单位：元

2019 年		摘　要	材料费用	人工费用	折旧费用	办公费用	水电费用	修理费用	其　他	合　计
月	日									
3	1	材料费用分配表	3 000							3 000
		工资费用分配表		6 000						6 000
		折旧费用分配表			1 440					1 440
		其他费用分配表				800				800
		其他费用分配表					80			80
		辅助费用分配表					4 00			4 000
		辅助费用分配表						4 800		4 800
		其他费用分配表							20	20
		合　计	3 000	6 000	1 440	800	4 080	4 800	20	20 140

(2) 分配制造费用。铸造车间生产甲、乙两种产品，制造费用需要在两种产品之间分配，机加工车间只生产丙产品，不需要分配，编制的制造费用分配表如表 6-15 所示。

表 6-15　制造费用分配表

2019 年 3 月

应借科目		机械工时/小时	分　配　率	分配金额/元
基本生产成本	甲产品	6 000		15 924
	乙产品	4 000		10 616
	小　计	10 000	2.654	26 540
基本生产成本	丙产品			20 140
	合　计			46 680

根据制造费用分配表编制会计分录如下。

借：基本生产成本——甲产品　　　　　　　　　　　　　　15 924

　　　　　　　——乙产品　　　　　　　　　　　　　　10 616

　　　　　　　——丙产品　　　　　　　　　　　　　　20 140

　　贷：制造费用——铸造车间　　　　　　　　　　　　　　　26 540

　　　　　　　——机加工车间　　　　　　　　　　　　　　20 140

5. 计算各种完工产品和在产品成本

(1) 根据各种费用分配表及其他有关资料，登记基本生产成本明细账，分别归集甲、乙、丙三种产品的成本，并采用规定的方法计算各种产品的完工产品成本和月末在产品成本。甲、乙、丙三种产品的基本生产成本明细账如表 6-16～表 6-18 所示。

表 6-16 基本生产成本明细账(1)

完工产品：300 件

月末在产品：100 件

完工程度：50%

产品名称：甲产品 　　　　　　　　2019 年 3 月 　　　　　　　　单位：元

| 2019 年 | | 摘 要 | 成本项目 | | | 成本合计 |
月	日		直接材料	直接人工	制造费用	
3	1	月初在产品成本	18 120	3 250	2 976	24 346
		材料费用分配表	40 880			40 880
		工资费用分配表		16 000		16 000
		制造费用分配表			15 924	15 924
		本月生产费用合计	59 000	19 250	18 900	97 150
		本月完工产品成本	44 250	16 500	16 200	76 950
		月末在产品成本	14 750	2 750	2 700	20 200

$$甲产品原料费用分配率=\frac{59\,000}{300+100}=147.5(元/件)$$

完工产品的原料费用=300×147.5=44 250(元)

在产品的原料费用=100×147.5=14 750(元)

$$甲产品的人工费用分配率=\frac{19\,250}{300+100×50\%}=55(元/件)$$

完工产品的人工费用=300×55=16 500(元)

在产品的人工费用=19250-16 500=2 750(元)

$$甲产品的制造费用分配率=\frac{18\,900}{300+100×50\%}=54(元/件)$$

完工甲产品的制造费用=300×54=16 200(元)

在产品的制造费用=54×50=2 700(元)

表 6-17 基本生产成本明细账(2)

完工产品：210 件

月末在产品：80 件

完工程度：50%

产品名称：乙产品 　　　　　　　　2019 年 3 月 　　　　　　　　单位：元

| 2019 年 | | 摘 要 | 成本项目 | | | 成本合计 |
月	日		直接材料	直接人工	制造费用	
3	1	月初在产品成本	6 448	5 000	5 000	16 448
		材料费用分配表	23 552			23 552
		工资费用分配表		10 000		10 000
		制造费用分配表			10 616	10 616

2019 年		摘　要	成本项目			成本合计
月	日		直接材料	直接人工	制造费用	
		本月生产费用合计	30 000	15 000	15 616	60 616
		本月完工产品成本	21 724.13	12 600	13 117.44	47 441.57
		月末在产品成本	8 275.87	2 400	2 498.56	13 174.43

乙产品直接材料分配率$=\dfrac{30\,000}{210+80}\approx103.448\,3(元/件)$

完工产品应分配的直接材料费$=210\times103.448\,3=21\,724.13(元)$

在产品应分配的直接材料费$=30\,000-21\,724.13=8\,275.87(元)$

乙产品直接人工分配率$=\dfrac{15\,000}{210+80\times50\%}=60(元/件)$

完工产品应分配的直接人工费用$=210\times60=12\,600(元)$

在产品应分配的直接人工费用$=40\times60=2\,400(元)$

乙产品制造费用分配率$=\dfrac{15\,616}{210+80\times50\%}=62.464(元/件)$

完工产品应分配的制造费用$=210\times62.464=13\,117.44(元)$

在产品应分配的制造费用$=40\times62.464=2\,498.56(元)$

表 6-18　基本生产成本明细账(3)

完工产品：370 件

月末在产品：50 件

完工程度：60%

产品名称：丙产品　　　　　　　　　　2019 年 3 月　　　　　　　　　　单位：元

2019 年		摘　要	成本项目			成本合计
月	日		直接材料	直接人工	制造费用	
3	1	月初在产品成本	3 000	2 000	1 860	6 860
		材料费用分配表	12 000			12 000
		工资费用分配表		8 000		8 000
		制造费用分配表			20 140	20 140
		本月生产费用合计	15 000	10 000	22 000	47 000
		本月完工产品成本	13 875	9 250	20 350	43 475
		月末在产品成本	1 125	750	1 650	3 525

丙产品直接材料分配率$=\dfrac{15\,000}{370+50\times60\%}=37.5$

完工丙产品应承担的直接材料费用$=370\times37.5=13\,875(元)$

在产品的应承担的直接材料费用$=50\times60\%\times37.5=1\,125(元)$

丙产品的直接人工分配率$=\dfrac{10\,000}{370+50\times60\%}=25$

完工丙产品的人工费用=370×25=9 250(元)

在产品的人工费用=50×60%×25=750(元)

丙产品的制造费用分配率=$\dfrac{22\,000}{370+50\times60\%}=55$

完工产品的制造费用=370×55=20 350(元)

在产品的制造费用=50×60%×55=1 650(元)

(2) 根据甲、乙、丙三种产品基本生产成本明细账计算的完工产品总成本和单位成本，编制完工产品成本汇总表，如表 6-19 所示。

表 6-19　完工产品成本汇总表

单位：元

成本项目	甲产品(300 件)		乙产品(210 件)		丙产品(370 件)	
	总成本	单位成本	总成本	单位成本	总成本	单位成本
直接材料	44 250	147.5	21 724.13	103.45	13 875	37.5
直接人工	16 500	55	12 600	60	9 250	25
制造费用	16 200	54	13 117.44	62.46	20 350	55
合　计	76 950	256.5	47 441.57	225.91	43 475	117.5

根据完工产品成本汇总表，编制会计分录如下。

借：库存商品——甲产品　　　　　　　　　　　　　　76 950

　　　　　——乙产品　　　　　　　　　　　　　47 441.57

　　　　　——丙产品　　　　　　　　　　　　　43 475

　　贷：基本生产成本——甲产品　　　　　　　　　　76 950

　　　　　　　　——乙产品　　　　　　　　　　47 441.57

　　　　　　　　——丙产品　　　　　　　　　　43 475

复习测试题

第七章 产品成本计算的分批法

案例导入：

作为 1932 年和 1980 年冬季奥运会的举办地，美国的普莱西德湖以其景色美丽闻名于世，而阿迪朗达克旅行用品公司位于普莱西德湖几公里之外。公司的主要业务是生产各种独木舟和渔船，成本计算采用分批成本法。公司创始人梅格·威尔莫解释说："我们的生产是根据批别来组织的，现在我们正在生产木质上等的独木舟和铝制上等的渔船，这两种产品在美国东北部各州和加拿大东部都很畅销。"威尔莫指出，在生产过程中会用到大量机器，但所有机器都是手工操作，很多时候一名员工能够同时操作几台机器。"我们在保持竞争力、机械化生产和手工生产之间努力维持一种平衡。从本质上说，我们是一个传统的小型工作坊，从数量上来说，每一批产量都相对较小，而且各批之间的差别非常大。木制独木舟和渔船之间几乎没有什么相似点。" 当他被问到他的公司为什么会取得成功时，威尔莫回答："质量和价格"。"在当今的商业环境中，无论你是制造独木舟还是生产计算机芯片，你都不得不制定有竞争力的价格。要以合理的价格为人们提供高质量的船或独木舟，我们就必须清楚产品的成本。既然每批产品相差很远，我们就应根据批别来记录成本，就如同所有制造业务一样，我们的成本也包括材料、人工和间接费用。对每一批产品，我们将这三种成本归集在一起，与这一批的产品数量相除，就得到产品的单位成本。"

思考题：

(1) 该公司为何采用分批法计算产品成本？

(2) 结合本例说明成本计算与企业管理的关系。

(资料来源：陈云. 成本会计学案例分析[M]. 上海：立信会计出版社，2015)

同品种法一样，产品成本核算的分批法也是与某种生产或加工方式相对应的，但该种产品成本核算方法的基础仍然是品种法。

第一节 分批法概述

不同的生产类型和生产组织方式决定着产品成本核算的方法，除了以产品品种作为成本计算对象外，还有以产品批别作为产品成本计算对象的核算方法。

一、分批法的含义及特点

(一)分批法的含义

分批法是以产品批别或单件产品作为成本计算对象，来归集和分配生产费用，计算产品成本的一种方法。采用分批法计算产品成本的企业，产品的批别和每批产品的批量往往是根据客户的订单确定，所以分批法亦称为订单法。

但是，应该注意，订单和分批并不是同一概念。如果一份订货单有几种产品，或虽只有一种产品，但数量较多且要求分批交货时，就必须按品种划分为批别，或者划分为较少数量的批别；如果同一会计期间的几张订单中有相同的产品，也可以将其合并为一批，组织生产并计算成本。

(二)分批法的特点

1. 以产品的批别作为成本核算对象

分批法就是以产品的批别或单件产品作为成本计算对象，开设产品成本计算单，归集和分配生产费用，计算各批产品成本的方法。因此，以产品的批别或单件产品作为成本计算对象是分批法的主要特点，也是同其他成本计算方法相区别的主要标志。

2. 成本计算期与生产周期相一致

分批法的成本计算期是不定期的，产品的成本计算期与该批产品的生产周期相一致，而与会计报告期不一致。

3. 一般不需要在完工产品与在产品之间分配费用

这种方法从理论上来讲，只有生产费用在各批产品之间分配的问题，而不存在生产费用在完工产品与月末在产品之间分配的问题。但是在批内跨月陆续完工的情况下，月末计算成本时，一部分产品已经完工，另一部分尚未完工，这时就要在完工产品与月末在产品之间分配生产费用，以分别计算完工产品成本和月末在产品成本。

二、分批法的适用范围

分批法适用于小批单件多步骤或单步骤生产，如重型机械、船舶、精密仪器、专用设备、专用工具以及新产品试制等小批单件的多步骤生产，以及一些特殊或精密铸件的熔铸等小批单件的单步骤生产。

三、分批法成本计算程序

1. 按产品批别设置基本生产成本明细账(产品成本计算单)

分批法以产品的批别作为成本核算对象，应用分批法计算产品成本时，会计部门应根据订单或生产计划部门签发的生产任务通知单中所规定的产品批号，为每批产品开设基本生产成本明细账。

2. 按产品批别归集和分配本月发生的各种费用

企业本月发生的各种费用，能够按照批次划分的直接计入费用，包括直接材料费用、直接人工费用等，要在费用原始凭证上注明产品批号(或工作令号)，以便据以直接记入各批产品生产成本明细账(产品成本计算单)；对于多批产品共同发生的直接材料和直接人工等费

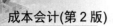

用，则应在费用原始凭证上注明费用的用途，以便按费用项目归集，按照企业确定的费用分配方法，在各批产品(各受益对象)之间进行分配以后，再记入各批产品生产成本明细账(产品成本计算单)。

3. 分配辅助生产费用

在设有辅助生产单位的企业，月末应将归集的辅助生产费用分配给各受益对象，包括直接分配给产品的生产成本和基本生产车间的制造费用等。

4. 分配基本生产车间制造费用

基本生产车间的制造费用应由该生产车间的各批产品成本负担，月末应将汇集的基本生产车间的制造费用分配给各受益对象(各批产品)。

5. 计算完工产品成本

采用分批法一般不需要在本月完工产品和月末在产品之间分配生产费用。某批产品全部完工，则该批别产品生产成本明细账(产品成本计算单)归集的生产费用合计数就是该批产品的实际总成本。如果某批产品少量跨月陆续完工，可以用完工产品实际数量乘以近期实际单位成本或计划单位成本、定额单位成本，作为完工产品的实际总成本。为了正确分析和考核该批产品成本计划的执行情况，在该批产品全部完工时，还应计算该批产品的实际总成本和单位成本。

6. 结转完工产品成本

期末，根据成本计算结果结转本期完工产品的实际总成本。

上述分批法成本计算程序，除了产品生产成本明细账的设置(第一步骤)和完工产品成本的计算(第五步骤)与品种法有所区别外，其他步骤与品种法完全一致。

第二节　一般分批法

除在投产批次较多而且月末未完工批次也较多的企业中采用简化的分批法外，其他企业均采用一般的分批法。

一、一般的分批法的含义

按发生地点归集的间接计入费用(如生产工人计时工资、制造费用)在各受益对象之间的分配有两种方法：一为当月分配法，一为累计分配法。以此作为主要标志，人们把分批法分为一般的分批法和简化的分批法。

二、一般的分批法的特点

1. 采用间接费用当月分配法

一般的分批法采用当月分配法分配间接计入费用。所谓当月分配法，是指将当月发生的间接计入费用全部分配并记入各基本生产成本明细账(产品成本计算单),而不管该基本生产成本明细账的产品是否已经完工。

2. 分批计算在产品成本

采用一般的分批法核算产品成本的企业,对间接费用要逐月在各批产品之间采用当月分配率分配计入。也就是说,各订单或生产任务通知单无论是否完工,都要登记各项生产费用。因此,一般的分批法可以分批计算在产品成本,而简化的分批法不分批计算在产品成本。

三、一般的分批法应用举例

在单件小批生产企业,各批产品的完工可能存在两种情况:一种情况是同批产品同月完工,另一种情况是同批产品跨月陆续完工。下面分别针对这两种情况,举例说明分批法的一般应用。

1. 同批产品,同月完工

【例 7-1】 企业基本情况:企业生产类型为单件小批,产品成本计算采用分批法。3月份接到订单一张,定购甲产品 100 件,生产批号为 302,3 月 8 日投产。4 月份接到订单一张,定购乙产品 80 件,生产批号为 401,4 月 2 日投产。302 批号甲产品 100 件均于 5月份完工,401 批号乙产品 80 件 5 月份均未完工。5 月份这两个批次产品的成本计算过程如下。

(1) 按产品批别设置基本生产成本明细账(产品成本计算单),如表 7-1 和表 7-2 所示。

(2)~(4)这几步按产品批别归集生产费用,登记基本生产成本明细账(产品成本计算单),如表 7-1 和表 7-2 所示。由于生产费用的归集和分配与品种法相同,故在此不再讲述。

(5) 计算完工产品成本。

由于 302 批号甲产品 5 月份全部完工,不存在跨月陆续完工情况,所以将 3—5 月份发生的各项费用按成本项目加总,即为该批产品的总成本,用总成本除以该批产品产量,即为该批产品的单位成本。而 4 月份投产的 402 批号乙产品,由于 5 月份全部未完工,所以,4—5 月份累计发生的生产费用,就是该批产品的在产品成本。

表 7-1　基本生产成本明细账(1)

生产批号:302　　　　　　　　　　　　　　　　　　　投产日期:3 月 8 日
产品名称:甲产品　　　　　　　　　　　　　　　　　　完工日期:5 月 30 日
生产批量 100 件　　　　　　　　　　　　　　　　　　　　　　单位:元

年		凭证号数	摘　要	直接材料	直接人工	制造费用	合　计
月	日						
3	31		3 月份分配转入费用	13 500	8 000	2 000	23 500
4	30		4 月份分配转入费用	21 000	10 000	2 200	33 200
4	30		累计	34 500	18 000	4 200	56 700
5	31		5 月份分配转入费用	16 000	9 000	1 800	26 800
5	31		累计	50 500	27 000	6 000	83 500
			本批完工产品总成本	50 500	27 000	6 000	83 500
			本批完工产品单位成本	505	270	60	835

表7-2 基本生产成本明细账(2)

生产批号：401 投产日期：4 月 2 日
产品名称：乙产品 完工日期：4 月 30 日
生产批量：80 件 单位：元

年		凭证号数	摘　要	直接材料	直接人工	制造费用	合　计
月	日						
4	30		4 月份分配转入费用	40 000	21 000	5 000	66 000
5	31		5 月份分配转入费用	30 000	20 000	4 800	54 800
5	31		累计	70 000	41 000	9 800	120 800

(6) 结转完工产品成本。

这一步骤也与品种法相同，在此省略。

2. 同批产品，跨月陆续完工

【例 7-2】 企业基本情况：企业生产类型为单件小批，产品成本计算采用分批法。4
月份接到订单一张，定购丙产品 20 件，生产批号为 408，4 月 20 日投产。5 月份完工 10 件，
6 月份完工另外的 10 件。本企业在每批产品全部完工前，按计划成本结转跨月陆续完工的
产品成本。5、6 两个月份该批次产品的成本计算过程如下。

(1) 按产品批别设置基本生产成本明细账(产品成本计算单)，如表 7-3 所示。

表7-3 基本生产成本明细账(3)

生产批号：408 投产日期：4 月 20 日
产品名称：丙产品 完工日期：6 月 30 日
生产批量：20 件 单位：元

年		凭证号数	摘　要	直接材料	直接人工	制造费用	合　计
月	日						
4	30		4 月份分配转入费用	8 200	7 500	1 700	17 400
5	31		5 月份分配转入费用	8 800	8 000	1 900	18 700
5	31		累计发生额	17 000	15 500	3 600	36 100
5	31		按计划成本转出 10 件成本	9 000	8 000	2 000	19 000
5	31		月末余额	8 000	7 500	1 600	17 100
6	30		6 月份分配转入费用	1 200	900	200	2 300
6	30		月末余额	9 200	8 400	1 800	19 400
6	30		结转产品全部完工后的差额	9 200	8 400	1 800	19 400
			本批完工产品总成本	18 200	16 400	3 800	38 400
			本批完工产品单位成本	910	820	190	1 920

(2)~(4)这几步的成本计算程序均同品种法，在此省略。

(5) 计算完工产品成本。

① 5 月份该批次产品完工 10 件的成本计算。丙产品计划单位成本 1 900 元，其中：直
接材料 900 元，直接人工 800 元，制造费用 200 元。10 件完工丙产品按计划单位成本计算

的总成本为 19 000 元，其中：直接材料 9 000 元，直接人工 8 000 元，制造费用 2 000 元。

② 六月份该批次产品完工 10 件的成本计算。该批次产品 4—6 月份累计生产费用扣除已按计划成本转出的余额为 19 400 元，其中：直接材料 9 200 元，直接人工 8 400 元，制造费用 1800 元，计算结果如表 7-3 所示。

(6) 结转完工产品成本(略)。

第三节　简化分批法

在有些小批单件生产的企业或车间里，订单多、生产周期长，而实际每月完工的订单并不多。在这种情况下，如果采用当月分配法分配各项费用，即将当月发生的各项生产费用全部分配给各批产品，而不论各批产品完工与否，这样，由于产品批次众多，费用分配的核算工作量将非常繁重。因而，为了简化核算工作，这类企业或车间可采用简化的分批法。

一、简化的分批法的含义

有的单件小批生产企业，同一月份内投产的产品批数非常多，如果采用一般的分批法计算各批产品成本，各种间接计入成本的费用在各批产品之间的分配和登记工作量极为繁重。在这种情况下，可以将间接计入费用在各批产品之间的分配和在完工产品与在产品之间的分配结合起来，采用简化的分批法。

采用简化的分批法，只有在各批产品完工后，才分配结转间接计入费用，对于未完工的各批产品，不计算各批产品的在产品成本，而是将其累计起来，在生产成本二级账中以总额反映。因这种方法不分批计算在产品成本，所以也称为不分批计算在产品成本的分批法。

二、简化的分批法的特点

与一般的分批法相比较，简化的分批法具有以下特点。

1. 必须设置基本生产成本二级账

采用简化的分批法，仍应按照产品批别设置基本生产成本明细账(产品成本计算单)；同时，必须按生产车间设置基本生产成本二级账。基本生产成本二级账按成本项目登记全部产品的月初在产品费用、本月生产费用和累计生产费用，同时，登记全部产品的月初在产品生产工时、本月生产工时和累计生产工时。基本生产成本二级账，将各批产品发生的生产费用，分成成本项目以直接材料、直接人工、制造费用以及生产工时进行登记。

基本生产成本明细账(产品成本计算单)要与基本生产成本二级账进行平行登记，但是平时只按月登记直接计入费用(直接材料费用)和生产工时，不按月分配和登记间接计入费用。各月发生的间接计入费用(如直接人工费用和制造费用)只有在该批产品完工的月份，才根据基本生产成本二级账记录的资料，分配计算完工产品应负担的间接计入费用，转入基本生产成本明细账(产品成本计算单)中。本月完工产品从基本生产成本二级账分配转入的间接计入费用,加上产品生产成本明细账(产品成本计算单)原登记的直接计入费用,即为本月完工产品总成本。

2. 不分批计算月末在产品成本

将本月完工的各批产品应负担的间接计入费用,分配转入各相应批次产品的基本生产成本明细账(产品成本计算单)以后,由于未完工的各批产品的间接计入费用仍保留在基本生产成本二级账中,因此在未完工的各批产品的基本生产成本明细账(产品成本计算单)中,没有在产品应负担的间接计入费用,只有在产品的累计直接计入费用和累计工时。

月末,在各基本生产成本明细账中,在产品的直接材料或生产工时之和,应该等于基本生产成本二级账中的直接材料和生产工时数额。

3. 采用间接计入费用累计分配法

采用简化的分批法,每月发生的各项间接计入费用,不是按月在各批产品之间进行分配,而是将这些间接计入费用按成本项目在基本生产成本二级账中先分别累计起来,等到批次产品完工时,才将基本生产成本二级账中累计起来的间接计入费用按照完工产品生产工时占全部累计生产工时的比例,向各批完工产品进行分配。这种间接计入费用累计分配的计算过程分为两步,先按全部工时计算分配率,然后用完工的某批次产品的累计工时乘以分配率求得分配额。

三、简化的分批法应用举例

【例 7-3】 企业基本情况:企业生产类型为单件小批,产品成本计算采用简化的分批法。五月份继续生产 401 批号甲产品、402 批号乙产品,本月投产 501 批号丙产品,三个批次产品的投产量及完工量如表 7-4 所示。简化的分批法的成本计算程序如下。

表 7-4 投产量及完工量

批　号	产品名称	投入产量/件	完工数量/件	在产品数量/件
401	甲产品	上月投产 50	50	
402	乙产品	上月投产 10	10	
501	丙产品	本月投产 35		35

1. 开设基本生产成本二级账及基本生产成本明细账

根据简化的分批法的特点,开设基本生产成本二级账及基本生产成本明细账,如表 7-5～表 7-8 所示。

表 7-5 基本生产成本二级账

单位:元

年		凭证号数	摘　要	直接材料	生产工时	直接人工	制造费用	合　计
月	日							
5	1		期初余额	300 000	66 000	190 000	106 800	596 800
			本月发生	150 000	62 000	130 000	98 000	378 000

续表

年		凭证号数	摘　要	直接材料	生产工时	直接人工	制造费用	合　计
月	日							
			累计	450 000	128 000	320 000	204 800	974 800
			累计间接费用分配率			2.5	1.6	
			本月完工产品转出	300 000	98 000	245 000	156 800	701 800
5	31		期末余额	150 000	30 000	75 000	48 000	273 000

表 7-6　基本生产成本明细账(1)

生产批号：401　　　　　　　　　　　　　　　　　　　　　投产日期：4 月 2 日
产品名称：甲产品　　　　　　　　　　　　　　　　　　　　完工日期：5 月 10 日
生产批量：50 件　　　　　　　　　　　　　　　　　　　　　　　　　单位：元

年		凭证号数	摘　要	直接材料	生产工时	直接人工	制造费用	合　计
月	日							
5	1		期初余额	250 000	56 000			
			本月发生	0	24 000			
			累计	250 000	80 000			
			累计间接费用分配率			2.5	1.6	
			本月完工产品成本	250 000	80 000	200 000	128 000	578 000
			完工产品单位成本	5 000		4 000	2 560	11 560

表 7-7　基本生产成本明细账(2)

生产批号：402　　　　　　　　　　　　　　　　　　　　　投产日期：4 月 8 日
产品名称：乙产品　　　　　　　　　　　　　　　　　　　　完工日期：5 月 20 日
生产批量：10 件　　　　　　　　　　　　　　　　　　　　　　　　　单位：元

年		凭证号数	摘　要	直接材料	生产工时	直接人工	制造费用	合　计
月	日							
5	1		期初余额	50 000	10 000			
			本月发生		8 000			
			累计	50 000	18 000			
			累计间接费用分配率			2.5	1.6	
			本月完工产品成本	50 000	18 000	45 000	28 800	123 800
			完工产品单位成本	5 000	1 800	4 500	2 880	12 380

表 7-8　基本生产成本明细账(3)

生产批号：501　　　　　　　　　　　　　　　　　　　　　投产日期：5 月 6 日
产品名称：丙产品　　　　　　　　　　　　　　　　　　　　完工日期：5 月 30 日
生产批量：35 件　　　　　　　　　　　　　　　　　　　　　　　　　单位：元

年		凭证号数	摘　要	直接材料	生产工时	直接人工	制造费用	合　计
月	日							
5	1		本月发生	150 000	30 000			
			累计	150 000	30 000			
5	31		期末余额	150 000	30 000			

2. 归集生产费用和累计工时

这一过程包括：①登记本月发生的生产费用；②分配辅助生产费用；③分配制造费用三个步骤。在此过程中，将发生的直接计入费用和工时数，按批别或订单分别计入相应的基本生产成本明细账；将发生的直接计入费用和间接计入费用以及工时数，累计计入基本生产成本二级账中。

3. 计算完工产品成本

1) 累计间接计入费用分配率

(1) 累计直接人工费用分配率=320 000÷128 000=2.5(元/小时)

(2) 累计制造费用分配率=2 048 00÷128 000=1.6(元/小时)

2) 计算完工产品应负担的间接计入费用

(1) 甲产品直接人工费用分配额=2.5×80 000=200 000(元)

(2) 甲产品制造费用分配额=1.6×80 000=128 000(元)

(3) 乙产品直接人工费用分配额=2.5×18 000=45 000(元)

(4) 乙产品制造费用分配额=1.6×18 000=28 800(元)

复习测试题

第八章　产品成本计算的分步法

案例导入：

安吉县某竹胶板厂坐落于安吉开发区，该厂是集研发、生产、销售于一体的综合性竹产品生产企业，目前已申报国家发明和实用新型专利25项，并拥有中国最大的5 200吨制砖机专用高强度竹胶托板生产线，拥有大规模的原材料生产基地，生产设备先进，采用新技术、新工艺流程，产品严格按国际质量管理认证要求进行生产，该厂的主要产品为竹胶板。

竹胶板主要在建筑工地上使用，是继木模板、钢模板之后的第三代建筑模板，产品广泛用于建筑模板、高架立交桥、水利工程。竹胶板强度高，韧性好，板面平整光滑，表面对混凝土的吸附力仅为钢模板的1/8，因而容易脱模，混凝土表面光滑平整，可以取消抹灰作业，缩短作业期。

竹胶板系用毛竹篾编制成席覆面，竹片编织作芯，经煮蒸干燥之后，用酚醛树脂在高温高压下多层黏合而成。该厂设有制胶车间和压板车间两个基本生产车间，制胶车间的主要产品为酚醛胶水，该胶水用于压板车间黏合竹片，压板车间则批量生产建筑用竹胶板。制胶车间的具体生产流程为：固态酚醛胶水→热水和蒸汽→搅拌→添加其他化学成分→搅拌→酚醛胶水产品；压板车间的生产流程为：毛竹→锯版→竹篾→竹席面→上胶压板→竹胶板。该厂另有一个辅助生产车间——配电车间，配电车间主要为基本生产车间提供配电。压板车间在锯板过程中产生的边角料作为配电车间的燃料。

酚醛胶水和竹胶板产成品都属于大量大批多步骤生产，由于该厂相对规模不大，该厂将成本核算划分为两大步骤，即胶水生产步骤和竹胶板生产步骤。酚醛胶水一部分对外销售，另一部分用于该厂竹胶板的生产。

（资料来源：陈云. 成本会计学案例分析［M］. 上海：立信会计出版社，2015）

思考题：

(1) 该厂采用何种生产组织方式？

(2) 该厂按生产工艺特点分类属于哪类？

(3) 该厂应采用何种成本计算方法？为什么？

第一节　分步法概述

分步法的成本计算对象为各种产品及其所经过的生产步骤，因此，对于生产步骤繁杂的企业而言，它具有较强的实用性。

在多步骤生产企业里，其生产工艺过程是从原材料投入生产到产成品制造完成要经过的一系列加工步骤。除最后一个步骤生产出来的是产成品外，其余各个步骤所生产完成的都是各种不同的半成品。

一、分步法的含义及特点

(一)分步法的含义

分步法是以产品的品种及其所经生产步骤作为成本计算对象,来归集和分配生产费用、计算产品成本的一种方法。

(二)分步法的特点

(1) 以产品的品种及其所经生产步骤作为成本计算对象。

(2) 产品成本计算定期按月进行,成本计算期与生产周期不一致,但与会计报告期一致。

(3) 月末需要在完工产品与在产品之间分配生产费用。

二、分步法的种类

采用分步法按照产品生产步骤来归集费用、计算产品成本时,因为各个生产步骤成本的计算和结转有逐步结转和平行结转两种不同的方法,所以产品成本计算的分步法也分为逐步结转分步法和平行结转分步法两种。

(一)逐步结转分步法

逐步结转分步法又称顺序结转分步法,它是指在分步法下,自制半成品成本随半成品在各生产步骤之间移动而顺序结转的一种方法。在这一方法下,必须按生产步骤分别计算自制半成品成本。计算各个生产步骤所产的半成品成本,是逐步结转分步法的显著特征。因此,逐步结转分步法也称为计算半成品成本的分步法。

(二)平行结转分步法

平行结转分步法又称平行汇总分步法,它是指在分步法下,自制半成品成本不在生产步骤之间结转,而是在月末将应由产品负担的各步骤的生产费用平行地汇总,以求得产成品成本的一种方法。平行结转分步法按照生产步骤归集生产费用,只计算完工产成品在各生产步骤的成本"份额",不计算和结转各生产步骤所产的半成品成本。因此,平行结转分步法也称为不计算半成品成本的分步法。

三、分步法的适用范围

分步法适用于大量大批多步骤生产,且管理上要求分步骤核算的企业,如纺织、冶金、造纸以及大量大批生产的机械制造等企业。在这些企业中,产品生产可以划分为若干生产步骤。例如,冶金企业的生产可以分为炼铁、炼钢等生产步骤;纺织企业的生产可以分为纺纱、织布、印染等生产步骤;造纸企业的生产可以分为制浆、制纸等生产步骤;机械制造企业的生产可以分为铸造、加工、装配等生产步骤等。

在这些企业中,为了加强各生产步骤的成本管理,不仅要求按照产品的品种计算各种产成品的实际总成本和单位成本,而且还要求按照生产步骤归集生产费用,计算各生产步骤的成本，以便考核产成品及其所经生产步骤的成本计划的执行情况。

(一)逐步结转分步法的适用范围

计算半成品成本的逐步结转分步法，主要适用于半成品可以加工为不同产品，或者有半成品对外销售和需要考核半成品成本的企业，特别是大量大批连续式多步骤生产的企业。

在这些企业中，从原材料投入生产到产成品制成，中间顺序要经过若干个生产步骤，前面各个生产步骤所生产的都是半成品，只有在最后生产步骤完工的才是产成品。各生产步骤所产半成品，既可以转交给下一步骤继续加工，耗用在不同产品上，又可以作为商品对外销售。例如，纺织企业生产的棉纱，既可以为本企业自用，继续加工成各种成品布，又可以作为商品，直接对外销售。在这种情况下，为了计算产品销售成本，除了需要计算各种产品成本外，还必须计算各生产步骤所产半成品成本。有的企业自制半成品不一定对外销售，但为了考核半成品成本，也需要计算半成品成本。

逐步结转分步法一般应在半成品种类不多，逐步结转半成品成本的工作量不大，管理上要求提供各生产步骤半成品成本资料的情况下采用。

(二)平行结转分步法的适用范围

不计算半成品成本的平行结转分步法，主要适用于在成本管理上要求分步骤归集费用，但不要求计算半成品的企业，特别是没有半成品对外销售的大量大批装配式多步骤生产企业。

在这些企业中，从原材料投入生产到产成品制成，是先由各生产步骤对各种原材料平行地进行加工，使之成为各种零件和部件(半成品)，然后由总装车间(最后生产步骤)装配成各种产成品。如果各生产步骤所产半成品的种类比较多，半成品对外销售的情况也很少，为了简化和加速成本核算工作，可以采用平行结转分步法。在某些连续式多步骤生产企业，如果各生产步骤所产半成品仅供本车间下一步骤继续加工，不对外销售，也可以采用平行结转分步法。

平行结转分步法一般应在半成品种类较多，逐步结转工作量较大，管理上又不要求提供各步骤半成品成本资料的情况下采用。在采用平行结转分步法时，应加强各步骤在产品收发结存的数量核算，以便为在产品的实物管理和资金管理提供资料。

四、分步法成本计算程序

分步法的成本计算程序如下。

(1) 按产品的品种及其所经生产步骤，设置基本生产成本明细账(产品成本计算单)。

分步法以产品的品种及其所经生产步骤作为成本核算对象，因此，应当按产品的品种及其所经生产步骤，设置基本生产成本明细账(产品成本计算单)，用以归集和分配生产费用，计算产品成本。

(2) 按产品的品种及其所经生产步骤归集和分配本月发生的各种费用(同品种法，在此省略)。

(3) 分配辅助生产费用(同品种法，在此省略)。

(4) 分配基本生产车间制造费用(同品种法,在此省略)。

(5) 计算完工产品成本。

分步法按照成本计算程序分为两类。

① 逐步结转分步法的完工产品成本计算。

逐步结转分步法是按产品生产步骤的顺序,逐步计算并结转半成品成本,上一步骤的半成品成本要随着半成品实物的转移而转入下一步骤相同产品的成本之中,顺此往后直接到最后生产步骤,以逐步计算半成品成本和最后一个步骤的产成品成本。

逐步结转分步法的成本计算程序,因企业各生产步骤完工的半成品是否验收入库,即半成品实物的流转程序不同而有两种情况:一是半成品不通过仓库收发,二是半成品完工和领用通过仓库收发。

② 平行结转分步法的完工产品成本计算。

在平行结转分步法下,各生产步骤不计算也不逐步结转半成品成本,只是在企业的产成品入库时,才将各步骤中应计入产成品成本的"份额",从各生产步骤基本生产成本明细账(产品成本计算单)中转出、汇总、计算出产成品成本。

(6) 结转完工产品成本(同品种法,在此省略)。

第二节　逐步结转分步法

为了计算外售半成品成本,以满足与同行业同类半成品的比较和考核,或者为了加强成本管理,必须计算各个生产步骤的半成品成本。逐步结转分步法就是为了分步计算半成品成本而采用的一种分步计算方法。

一、逐步结转分步法概述

逐步结转分步法是产品成本计算分步法中结转成本的一种方法,亦称"计算半成品成本法"。按产品的生产步骤先计算半成品成本,再随产品实物依次逐步结转,最终计算出产成品成本。

(一)逐步结转分步法的特点

除分步法的一般特点外,逐步结转分步法的主要特点表现如下。

(1) 各生产步骤的半成品成本,随着半成品实物的转移在各生产步骤之间顺序结转。

(2) 各生产步骤基本生产成本明细账(产品成本计算单)的期末余额,反映该步骤结存的在产品成本。

(3) 将各生产步骤所归集的本步骤发生的生产费用(包括上一步骤转入的半成品成本),在完工半成品与狭义在产品之间进行分配。

(二)逐步结转分步法的成本计算程序

逐步结转分步法的成本计算程序是:先计算第一步骤所产半成品成本,并将其转入第二步骤；然后将第二步骤发生的各种费用，加上第一步骤转入的半成品成本，计算出第二步骤所产半成品成本，并将其转入第三步骤；这样按照生产步骤逐步计算并且结转半成品成本以后，在最后步骤计算出完工产成品成本。在设有半成品仓库的企业，还应当在半成品仓库和有关生产步骤(生产半成品和领用半成品的生产步骤)之间，随着半成品实物的收入(生产完工验收入库)和发出(生产领用)，进行半成品成本的结转。

(三)逐步结转分步法的种类

逐步结转分步法，按照半成品成本在下一步骤基本生产成本明细账中的反映方法不同，或半成品成本结转的具体方式不同，又可分为综合结转法和分项结转法两种。

1. 综合结转法

综合结转法是指在逐步结转分步法下，半成品成本结转的一种具体方式。在这种方式下，是将上一生产步骤转入下一生产步骤的半成品成本，不分成本项目，全部计入下一生产步骤基本生产成本明细账中的"直接材料"(专设的"半成品")成本项目，综合反映各生产步骤所耗的上一生产步骤所产半成品成本。半成品成本综合结转可以按照上一生产步骤所产半成品的实际成本结转，也可以按照半成品的计划成本或定额成本结转。在实际工作中，一般按实际成本分项结转。

逐步结转分步法，采用半成品成本综合结转方式时，上一生产步骤转入的自制半成品成本，是综合了三个成本项目("直接材料""直接人工""制造费用")后，登记在下一生产步骤基本生产成本明细账的"直接材料"(专设的"半成品")成本项目。这样计算出的产品成本，不能按原始成本项目提供成本资料，不符合产成品成本项目构成的实际情况，不能据以从整个企业的角度来分析产品成本的构成和水平。因此，对于产成品成本中的"半成品"这一综合性项目的成本，必须按原规定的成本项目进行分解、还原，恢复为按原始成本项目反映的产成品成本。

成本还原一般采用的是逆还原法。具体做法是：从最后一个步骤起，将产成品中所耗上一步骤半成品的综合成本，按上一步骤所产半成品的成本结构进行比例分解；如此自后向前逐步分解、还原，直至第二生产步骤为止，再汇总各生产步骤相同成本项目的金额，从而求得按原始成本项目反映的产成品成本。

2. 分项结转法

分项结转法是指在逐步结转分步法下，半成品成本结转的又一种具体方式。在这种方式下，半成品成本按其成本项目，伴随半成品的转移而转入下一生产步骤的基本生产成本明细账内，分别列入相应的成本项目，不单独设置"半成品"项目，也不综合地列入"直接材料"成本项目中。分项结转法既可以按半成品实际成本结转，也可以按半成品计划成本或定额成本结转。在实际工作中，一般按实际成本分项结转。

二、逐步结转分步法成本核算程序图解

在大量大批连续式复杂生产的企业中，产品生产从原料投入到产品制成，中间需经过

一系列循序渐进、性质不同的生产步骤,各个步骤生产的半成品既可以作为下一步骤继续加工的对象,又可以作为商品对外销售,如钢铁厂的钢锭、纺织厂的棉纱等,还有一些半成品为企业内几种产品共同耗用。

逐步结转分步法在计算各步骤的产品成本时,由于上一步骤的半成品将作为下一步骤的加工对象,因此,上一步骤计算的半成品成本要随着半成品实物的转移一起从上一步骤的基本生产明细账转入下一步骤相同产品的基本生产明细账,以便依次计算各步骤的半成品成本和最后步骤的产成品成本。

在逐步结转分步法下,各步骤半成品成本的结转应与半成品实物的转移相适应。在设半成品库进行半成品收发的情况下,下一步骤不直接领用上一步骤的完工半成品,而是通过半成品库进行。因此,应设置自制半成品明细账,结转完工入库和生产领用的半成品成本。验收入库时,应将入库半成品成本借记"自制半成品——上一步骤"账户,贷记"基本生产成本——上一步骤"账户。下一步骤领用自制半成品时,再借记"基本生产成本——下一步骤"账户,贷记"自制半成品——上一步骤"账户。逐步结转分步法的核算程序如图8-1所示。

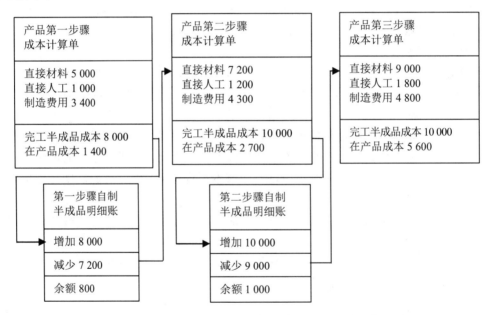

图 8-1　逐步结转分步法的核算程序(设自制半成品库)

在不设半成品库进行半成品收发的情况下,下一步骤可以直接领用上一步骤的完工半成品。各步骤半成品实物直接转入下一步骤,其半成品成本也直接转入下一步骤的成本计算单内,不必通过"自制半成品"明细账进行核算。其核算程序如图8-2所示。

根据以上所述,逐步结转分步法就是按照产品生产加工的先后顺序逐步计算并结转半成品成本,直至最后一个步骤算出产成品成本的一种方法,亦称计算半成品成本的分步法。

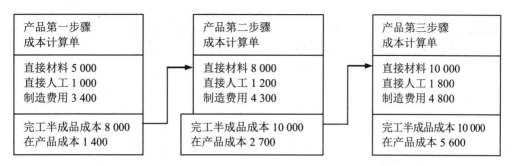

图 8-2　逐步结转分步法核算程序 (不设自制半成品库)

三、分项结转分步法

分项结转分步法是将各生产步骤所耗上一步骤的半成品成本，按其成本项目分别计入各生产步骤产品生产成本计算单相同的成本项目中，以计算按成本项目反映的各步骤产品生产成本的方法。采用这种方法时，如果半成品是通过半成品库收发，其自制半成品明细账还必须按成本项目设专栏登记。分项结转，可以按实际成本结转，也可以按计划成本结转，然后按成本项目分项调整成本差异。由于后一种做法计算工作量较大，因而一般多采用按实际成本分项结转的方法。

1. 成本计算单中采用成本项目栏目合一格式

成本计算单中的成本项目栏目合一格式，就是指成本计算单中的成本项目不分设"上步骤转入"与"本步骤发生"两个栏目进行成本计算。采用该方法进行成本计算，成本计算的工作量比较小，但计算结果的准确性会差一些。下面举例加以说明。

【例 8-1】 红星公司生产甲产品，顺序经过三个车间，一车间对原材料进行加工，生产出 A 半成品，直接被第二车间领用，第二车间完工生产出 B 半成品，直接被第三车间领用，第三车间加工出完工产品甲。原材料的投料方式采用一次性投料，各步骤在产品的加工进度为 50%。假设该公司的产品成本计算单采用成本项目栏目合一的格式。产量和成本资料分别如表 8-1 和表 8-2 所示。

表 8-1　产量资料　　　　　　　　　　　　　　　　　单位：件

项　　目	一　车　间	二　车　间	三　车　间
月初在产品数量	40	60	50
本月投产量	200	180	200
本月完工量	180	200	210
月末在产品数量	60	40	40

表8-2　各车间月初及本月费用表　　　　　单位：元

摘　要		直接材料	直接人工	制造费用	合　计
第一车间	月初在产品成本	2 000	80	100	2 180
	本月生产费用	22 000	3 320	2 500	27 820
第二车间	月初在产品成本	6 000	600	550	7 150
	本月生产费用	—	3 085.8	6 021.6	9 107.4
第三车间	月初在产品成本	5 500	1 200	1 650	8 350
	本月生产费用	—	2 000	3 000	5 000

月初B半成品结存20件，生产成本3 200元，其中：直接材料1 740元，直接人工660元，制造费用800元。根据上述有关资料，编制各车间的有关成本计算单如下。

(1) 编制第一车间的成本计算单，计算第一车间的A半成品的实际生产成本，如表8-3所示。

表8-3　产品成本计算单(1)

产品名称：A半成品　　　　　车间：第一车间　　　　　单位：元

摘　要	直接材料	直接人工	制造费用	合　计
月初在产品成本	2 000	80	100	2 180
本月发生的生产费用	22 000	3 320	2 500	27 820
生产费用合计	24 000	3 400	2 600	30 000
约当总产量合计	240	210	210	—
单位成本(分配率)	100	16.19	12.38	128.57
完工A半成品数量/件	180			
完工A半成品的生产成本	18 000	2 914.2	2 228.4	23 142.6
在产品数量/件	60	30	30	—
月末在产品成本	6 000	485.8	371.6	6 857.4

直接材料的约当产量合计=180+60=240(件)

直接人工或制造费用的约当总产量=180+60×50%=210(件)

(2) 编制第二车间的成本计算单，计算第二车间的B半成品的实际成本，如表8-4所示。

表8-4　产品成本计算单(2)

产品名称：B半成品

车间：第二车间　　　　　单位：元

摘　要	直接材料	直接人工	制造费用	合　计
月初在产品成本	6 000	600	550	7 150
本月本步骤加工费用	—	3 085.8	6 021.6	9 107.4
本月耗用上步骤半成品成本	18 000	2 914.2	2 228.4	23 142.6
生产费用合计	24 000	6 600	8 800	39 400
约当产量合计	240	220	220	—

续表

摘 要	直接材料	直接人工	制造费用	合 计
单位成本(分配率)	100	30	40	170
完工 B 半成品数量/件				200
完工 B 半成品的生产成本	20 000	6 000	8 000	34 000
月末在产品的数量/件	40	20	20	—
月末在产品成本	4 000	600	800	5 400

直接材料的约当产量合计=200+40=240(件)

直接人工或制造费用的约当总产量=200+40×50%=220(件)

根据表 8-4 的计算结果,通过仓库收发的半成品,应编制结转完工入库半成品成本的会计分录,并在半成品明细账中进行登记。

结转完工入库半成品成本的会计分录如下:

借:自制半成品——B 半成品　　　　　　　　　34 000

　　贷:基本生产成本——第二车间(B 半成品)　　　　34 000

(3) 登记 B 半成品明细账并计算第三车间领用 B 半成品的实际成本,如表 8-5 所示。该企业采用后进先出法计算领用 B 半成品成本。

表 8-5　自制半成品明细账

品名:B 半成品　　　　　　　　　　　2019 年　　　　　　　　　　　单位:元

2019 年		摘 要	数 量	金 额	成本项目		
月	日				直接材料	直接人工	制造费用
8	31	月初结存	20	3 200	1 740	660	800
9	30	本月二车间交库	200	34 000	2 000	6 000	8 000
	30	本月三车间领用	200	34 000	2 000	6 000	8 000
	30	月末结存	20	3 200	1 740	660	800

根据自制半成品明细账有关三车间领用 B 半成品成本的计算结果,编制第三车间领用 B 半成品的会计分录如下。

借:基本生产成本——第三车间　　　　　　　　34 000

　　贷:自制半成品——B 半成品　　　　　　　　　34 000

(4) 编制第三车间的成本计算单,计算甲产品的生产成本,如表 8-6 所示。

表 8-6　第三车间成本计算单

车间:第三车间

产品名称:甲产品　　　　　　　　　　　　　　　　　　　　　　　单位:元

摘 要	直接材料	直接人工	制造费用	合 计
月初在产品成本	5 500	1 200	1 650	8 350
本月本步骤加工费用		2 000	3 000	5 000
本月耗用上步骤半成品费用	20 000	6 000	8 000	34 000

续表

摘　要	直接材料	直接人工	制造费用	合　计
生产费用合计	25 500	9 200	12 650	47 350
约当总产量合计	250	230	230	—
单位成本(分配率)	102	40	55	197
完工产品数量/件			210	—
完工产品成本	21 420	8 400	11 550	41 370
月末在产品数量/件	40	20	20	—
月末在产品成本	4 080	800	1 100	5 980

直接材料的约当产量合计=210+40=250(件)

直接人工或制造费用的约当总产量=210+40×50%=230(件)

根据产品成本计算单和产成品入库单，编制结转完工入库产品生产成本的会计分录如下。

借：库存商品——甲产品　　　　　　　　　　　41 370

　　贷：基本生产成本——三车间　　　　　　　　413 70

2. 成本计算单中采用成本项目分设格式

采用分项结转法时，对于上步骤转入的半成品成本，也可以在成本计算单的成本项目栏单独设置"上步骤转入"栏目，即成本项目分为"上步骤转入"与"本步骤发生"两个栏目。这样，对于月末在产品成本来说，上步骤转入的半成品成本已经全部投入，应当与本月完工半成品或产品同等分配生产费用；本步骤发生的生产费用尚未全部投入，应当按约当产量进行分配。这样，成本计算结果会更准确，但计算工作量比较大。下面举例加以说明。

【例8-2】　某企业大量生产A产品，依次经过三个车间生产才能完成，第二车间在第一车间生产的甲半成品的基础上生产出乙半成品，第三车间将乙半成品加工成产成品。采用逐步结转分步法计算成本，半成品成本按成本项目分项结转。半成品在各个生产步骤之间直接结转，直接材料在第一车间一次性投入。各生产步骤采用约当产量比例法在完工半成品与期末在产品之间分配成本。9月份的有关成本计算资料如表8-7和表8-8所示。

表8-7　产量资料

单位：件

项　目	第一车间	第二车间	第三车间
月初在产品	70	90	30
本月投产	180	150	200
本月完工	150	200	180
月末在产品	100	40	50

表8-8 成本资料 单位：元

项 目			直接材料	直接人工	制造费用	费用合计
月初成本资料	一车间	半成品成本				
		本步骤成本	350	140	60	550
	二车间	半成品成本	450	150	60	660
		本步骤成本		180	160	340
	三车间	半成品成本	150	310	250	710
		本步骤成本		120	50	170
本月本步骤发生的费用	一车间		900	400	300	1 600
	二车间			700	500	1 200
	三车间			300	160	460

各车间的在产品完工率分别为30%、50%、60%。

要求：按半成品实际成本分项结转分步法计算A产品成本。

(1) 计算第一车间成本，计算结果如表8-9所示。

表8-9 成本计算单(1)

完工产量：150件

产品：甲半成品

在产品量：100件

车间：第一车间 2019年9月 单位：元

	直接材料	直接人工	制造费用	生产费用合计
月初在产品成本	350	140	60	550
本月发生费用	900	400	300	1 600
生产费用合计	1 250	540	360	2 150
半成品数量	150	150	150	—
在产品约当产量	100	30	30	—
分配率	5	3	2	—
半成品成本	750	450	300	1 500
单位成本	5	3	2	10
在产品成本	500	90	60	650

计算过程如下。

一步骤半成品原材料的分配率=1 250÷(150+100)=5(元/件)

半成品的原材料费用=5×150=750(元)

一步骤半成品的人工费用分配率=540÷(150+100×30%)=3(元/件)

半成品的人工费用=3×150=450(元)

一步骤半成品的制造费用分配率=360÷(150+100×30%)=2(元/件)

半成品的制造费用=2×150=300(元)

一步骤的甲半成品直接被二步骤领用。

根据成本计算单作如下会计处理：

借：生产成本——基本生产成本——二步骤(直接材料) 750

(直接人工) 450

(制造费用) 300

贷：生产成本——基本生产成本——一步骤(直接材料) 750

(直接人工) 450

(制造费用) 300

(2) 计算第二车间成本，其计算过程如表8-10所示。

由第一车间转入的甲半成品成本总额1 500元，应分成本项目一一对应转到第二车间成本计算单的各成本项目中，并与第二车间追加发生的成本分开列示。即由第一车间转入的半成品成本在各成本项目下的"半成品成本"一行中列示；第二车间追加发生的成本在各成本项目下的"本生产步骤成本"一行中列示。计算结果如表8-10所示。

表8-10 成本计算单(2)

车间：第二车间   完工产量：200件

产品：乙半成品   2019年9月   在产品量：40件

单位：元

项　目	直接材料		直接人工			制造费用			合　计		
	半产品成本	本步费用	半产品成本	本步费用	小计	半产品成本	本步费用	小计	半产品成本	本步骤发生费用	小计
期初在产品成本	450		150	180	330	60	160	220	660	340	1 000
本步骤费用	750		450	700	1 150	300	500	800	1 500	1 200	2 700
生产费用合计	1 200		600	880	1 480	360	660	1 020	2 160	1 540	3 700
完工半成品数量	200		200	200		200	200		200		
在产品约当产量	40		40	20		40	20				
分配率	5		2.5	4		1.5	3				16
完工半成品成本	1 000		500	800	1 300	300	600	900	1800	1 400	3 200
单位成本											
在产品成本	200		100	80	180	60	60	120	360	140	500

首先将各成本项目的半成品成本在本月完工半成品与月末在产品之间分配。本步骤所耗上步骤的半成品成本是一次投入的费用，将本步骤所耗上步骤的半成品成本采用约当产量比例法在本期完工半成品(或产成品)与期末在产品之间分配时，在产品按实际产量计算。

直接材料成本项目的分配：

半成品成本分配率=1 200÷(200+40)=5(元/件)

完工半成品应分配的半成品成本=200×5=1 000(元)

期末在产品应分配的半成品成本=40×5=200(元)

直接人工成本项目的分配：

半成品成本分配率=600÷(200+40)=2.5(元/件)

完工半成品应分配的半成品成本=200×2.5=500(元)

期末在产品应分配的半成品成本=40×2.5=100(元)

制造费用成本项目的分配：

半成品成本分配率=360÷(200+40)=1.5(元/件)

完工半成品应分配的半成品成本=200×1.5=300(元)

期末在产品应分配的半成品成本=40×1.5=60(元)

其次将各成本项目的本生产步骤成本在本月完工半成品与月末在产品之间分配。

本步骤发生的费用(陆续发生时)由于与本步骤半成品的完工程度相关，在产品应按约当产量计算。但若本步骤发生的费用是在本步骤开始时一次性投入的，在产品应按实际产量计算。这里，各车间在产品完工率分别为30%、50%、60%，因此第二车间月末在产品应按完工率(50%)折合为约当产量计算。

直接人工成本项目的分配：

本生产步骤成本分配率=880÷(200+40×50%)=4(元/件)

完工半成品应分配的本生产步骤成本=200×4=800(元)

期末在产品应分配的本生产步骤成本=40×50%×4=80(元)

制造费用成本项目的分配：

本生产步骤成本分配率=660÷(200+40×50%)=3(元/件)

完工半成品应分配的本生产步骤成本=200×3=600(元)

期末在产品应分配的本生产步骤成本=40×50%×3=60(元)

二步骤的乙半成品被三步骤领用，按成本项目转入三步骤的成本计算单。

根据二步骤成本计算单进行如下会计处理。

借：生产成本——基本生产成本——三步骤(直接材料)　　　1 000

　　　　　　　　　　　　　　　　(直接人工)　　　　1 300

　　　　　　　　　　　　　　　　(制造费用)　　　　　900

　　贷：生产成本——基本生产成本——二步骤(直接材料)　　　1 000

　　　　　　　　　　　　　　　　　(直接人工)　　　　1 300

　　　　　　　　　　　　　　　　　(制造费用)　　　　　900

(3) 计算第三车间成本。

第三车间成本的计算原理与第二车间完全相同。计算结果如表8-11所示。

表8-11　成本计算单(3)

车间：第三车间　　　　　　　　　　　　　　　　　　　　　完工产量：180 件

产品：A 产品　　　　　　　　　　　　　　　　　　　　　　在产品量：50 件

2019 年 9 月　　　　　　　　　　　　　单位：元

项　目	直接材料		直接人工			制造费用			合　计		
	半成品成本	本步骤费用	半成品成本	本步骤费用	小计	半成品成本	本步骤费用	小计	半成品成本	本步骤发生费用	小计
期初在产品成本	150		310	120	430	250	50	300	710	170	880
本步骤费用	1 000		1 300	300	1 600	900	160	1 060	3 200	460	3 660

项　目	直接材料		直接人工			制造费用			合　计		
	半成品成本	本步骤费用	半成品成本	本步骤费用	小计	半成品成本	本步骤费用	小计	半成品成本	本步骤发生费用	小计
生产费用合计	1 150		1 610	420	2 030	1 150	210	1 360	3 910	630	4 540
完工半成品数量	180		180	180		180	180				
在产品约当产量	50		50	30		50	30				
分配率	5		7	2	9	5	1	6	17	3	20
完工半成品成本	900		1 260	360	1 620	900	180	1 080	3 060	540	3 600
单位成本	5		7	2	9	5	1	6	17	3	20
在产品成本	250		350	60	410	250	30	280	850	90	940

　　首先将各成本项目的半成品成本在本月完工半成品与月末在产品之间分配。本步骤所耗上步骤的半成品成本是一次投入的费用，将本步骤所耗上步骤的半成品成本采用约当产量比例法在本期完工半成品(或产成品)与期末在产品之间分配时，在产品按实际产量计算。

　　直接材料成本项目的分配：

　　半成品成本分配率=1150÷(180+50)=5(元/件)

　　完工半成品应分配的半成品成本=180×5=900(元)

　　期末在产品应分配的半成品成本=50×5=250(元)

　　直接人工成本项目的分配：

　　半成品成本分配率=1610÷(180+50) =7(元/件)

　　完工半成品应分配的半成品成本=180×7=1260(元)

　　期末在产品应分配的半成品成本=50×7=350(元)

　　制造费用成本项目的费用分配：

　　半成品成本分配率=1150÷(180+50) =5(元/件)

　　完工半成品应分配的半成品成本=180×5=900(元)

　　期末在产品应分配的半成品成本=50×5=250(元)

　　其次将各成本项目的本生产步骤成本在本月完工半成品与月末在产品之间分配。

　　本步骤发生的费用(陆续发生时)由于与本步骤半成品的完工程度相关，在产品应按约当产量计算。但若本步骤发生的费用是在本步骤开始时一次投入的，在产品应按实际产量计算。这里，各车间在产品完工率分别为 30%、50%、60%，因此第三车间月末在产品应按完工率(60%)折合为约当产量计算。

　　直接人工成本项目的分配：

　　本生产步骤成本分配率=420÷(180+50×60%)=2(元/件)

　　完工半成品应分配的本生产步骤成本=180×2=360(元)

　　期末在产品应分配的本生产步骤成本=420-360=60(元)

　　制造费用成本项目的分配：

　　本生产步骤成本分配率=210÷(180+50×60%)=1(元/件)

　　完工半成品应分配的本生产步骤成本=180×1=180(元)

期末在产品应分配的本生产步骤成本=210-180=30(元)

三步骤的完工产品 A 应入库。

最后进行会计处理，具体如下。

借：库存商品——A 产品　　　　　　　　　　　　　3 600

　　贷：生产成本——基本生产成本——二步骤(直接材料)　　900

　　　　　　　　　　　　　　　　　(直接人工)　　1 620

　　　　　　　　　　　　　　　　　(制造费用)　　1 080

四、综合结转分步法

综合结转分步法是指各生产步骤耗用上一步骤的半成品成本，以其综合成本(不分成本项目)计入下一步骤成本计算单的"直接材料"项目中，或是设立"半成品"项目。采用综合结转法结转半成品成本时，可按实际成本结转，也可按计划成本结转。

【例 8-3】　明鑫公司生产的甲产品经过三个基本生产车间连续加工制成，第一车间生产完工的 A 半成品，不经过仓库收发，直接转入第二车间加工制成 B 半成品，B 半成品通过仓库收发入库，三车间向半成品仓库领用 B 半成品继续加工成甲产品。其中，1 件甲产品耗用 1 件 B 半成品，1 件 B 半成品耗用 1 件 A 半成品。生产甲产品所需的原材料于第一车间生产开始时一次投入，第二、三车间不再投入材料。此外，该公司由于生产比较均衡，各基本生产车间的月末在产品完工率均为50%。

各车间的生产费用在完工产品和在产品之间的分配，采用约当产量法。三车间领用的 B 半成品成本结转，采用后进先出法进行计算。月初 B 半成品的数量为 20 件，单位成本为 135 元，共计 2 700 元。明鑫公司 2019 年 9 月生产甲产品的有关成本计算资料如下。

本月各车间产量资料如表 8-12 所示。

表 8-12　各车间产量资料表

单位：件

摘　　要	第一车间	第二车间	第三车间
月初在产品数量	20	50	40
本月投产数量或上步转入	180	160	180
本月完工产品数量	160	180	200
月末在产品数量	40	30	20

各车间月初及本月费用资料如表 8-13 所示。

表 8-13　各车间月初及本月费用表

单位：元

摘　　要		直接材料	半成品	直接人工	制造费用	合　计
第一车间	月初在产品成本	1 000		60	100	1 160
	本月的生产费用	18 400		2 200	2 400	23 000
第二车间	月初在产品成本		6 172.50	200	120	6 492.50
	本月的生产费用			3 200	4 800	8 000

摘　要		直接材料	半成品	直接人工	制造费用	合　计
第三车间	月初在产品成本		6 644.80	180	160	6 984.80
	本月的生产费用			3 450	2 550	6 000

要求：根据上述资料，编制各步骤成本计算单，采用综合结转法计算各步骤半成品成本及产成品成本。计算过程如下。

(1) 编制第一车间的成本计算单，计算第一车间的 A 半成品的实际生产成本，如表 8-14所示。

表 8-14　产品成本计算单(1)

车间：第一车间

产品名称：A 半成品　　　　　　　　　　　　　　　　　　　　　　　　单位：元

摘　要	直接材料	直接人工	制造费用	合　计
月初在产品成本	1 000	60	100	1 160
本月发生的生产费用	18 400	2 200	2 400	23 000
生产费用合计	19 400	2 260	2 500	24 160
约当产量合计	200	180	180	
单位成本	97	12.56	13.89	123.45
完工的 A 半成品的生产成本	15 520	2 009.60	2 222.40	19 752
月末在产品成本	3 880	250.40	277.60	4 408

直接材料的约当产量合计=160+40=200(件)

直接人工、制造费用的约当产量合计=160+40×50%=180(件)

(2) 编制第二车间的成本计算单，计算第二车间的 B 半成品的实际成本，如表 8-15所示。

表 8-15　产品成本计算单(2)

车间：第二车间

产品名称：B 半成品　　　　　　　　　　　　　　　　　　　　　　　　单位：元

摘　要	半成品	直接人工	制造费用	合　计
月初在产品成本	6 172.50	200	120	6 492.50
本月发生的生产费用	19 752	3 200	4 800	27 752
生产费用合计	25 924.50	3 400	5 920	34 244.50
约当产量合计	210	195	195	
单位成本(分配率)	123.45	17.44	25.23	166.12
完工的 B 半成品的生产成本	22 221	3 139.20	4 541.40	29 901.60
月末在产品成本	3 703.50	260.80	378.60	4 342.90

自制半成品的约当产量合计=180+30=210(件)

直接人工、制造费用的约当产量合计=180+30×50%=195(件)

根据表 8-15 的计算结果，通过仓库收发的半成品，应编制结转完工入库半成品成本的会计分录,并在半成品明细账中进行登记。

结转完工入库半成品成本的会计分录如下。

借:自制半成品——B半成品   29 901.60
   贷:基本生产成本——第二车间(B半成品)   29 901.60

(3) 登记B半成品明细账并计算第三车间领用B半成品的实际成本,如表8-16所示。该企业采用后进先出法计算领用B半成品成本。

表8-16 自制半成品明细账

品名:B半成品   2019年9月

2019年		凭证	摘 要	收 入			发 出			结 存		
月	日			数量	单价	金额	数量	单价	金额	数量	单价	金额
8	31		本月合计							20	135	2 700
9	30	略	二车间交库	180	166.12	29 901.60				20	135	2 700
										180	166.12	29 901.60
	30		三车间领用				180	166.12	29 901.60	20	135	2 700
	30		本月合计	180	166.12	29 901.60	180	166.12	29 901.60	20	135	2 700

由于采用后进先出法进行发出半成品的计价,第三车间本月领用180件B半成品,单位成本166.12元,共计29 901.60元。根据自制半成品明细账有关三车间领用B半成品成本的计算结果,编制第三车间领用B半成品的会计分录如下。

借:基本生产成本——第三车间   29 901.60
   贷:自制半成品——B半成品   29 901.60

(4) 编制第三车间的成本计算单,计算甲产品的生产成本,如表8-17所示。

表8-17 产品成本计算单(3)

车间:第三车间

产品名称:甲产品   单位:元

摘 要	半成品	直接人工	制造费用	合 计
月初在产品成本	6 644.80	180	160	6 984.80
本月发生的生产费用	29 901.60	3 450	2 550	35 901.60
生产费用合计	36 546.40	3 630	2 710	42 886.40
约当产量合计	220	210	210	
单位成本(分配率)	166.12	17.29	12.90	196.31
完工甲产品的生产成本	33 224	3 458	2 580	39 262
月末在产品成本	3 322.40	172	130	3 624.40

自制半成品的约当产量合计=200+20=220(件)

直接人工、制造费用的约当产量合计=200+20×50%=210(件)

根据产品成本计算单和产成品的入库单,编制结转完工入库产品生产成本的会计分录如下。

借：库存商品——甲成品　　　　　　　39 262
　　贷：基本生产成本——三车间　　　　39 262

综合结转分步法在大量大批多步骤的企业应用广泛。它具有计算简便的优点，而且可以在各步骤的产品成本明细账中反映各该步骤完工产品所耗用半成品费用的水平和本步骤加工费用的水平，有利于各个步骤的成本管理。但它也有一定的缺陷，综合成本反映在下一步"直接材料"项目下，不能真实地反映成本项目的比重，无法进行后续的成本分析，所以为了从整个企业的角度反映产品成本的构成，加强企业综合的成本管理，还要进行成本还原，从而增加了核算的工作量。

五、成本还原

所谓成本还原(Cost Recovery)，就是将产成品耗用各步骤半成品的综合成本，逐步分解还原为原来的成本项目。成本还原的方法是从最后步骤开始，将其耗用上步骤半成品的综合成本逐步分解，n 步骤的生产，需要还原 $n-1$ 次。

成本还原与工业企业成本的计算过程互为逆运算。其还原的方法根据计算程序的不同可以分为项目比重还原法和还原率法。

(一)项目比重还原法

项目比重还原法是根据本月产成品耗用上步骤半成品的成本乘以还原分配率计算半成品成本还原的方法。其成本还原的计算程序如下。

(1) 计算上一步骤完工半成品各部分成本比重。其计算公式如下：

各成本项目比重=上步骤完工半成品各成本项目的金额÷上步骤完工半成品各成本合计
×100%

(2) 将半成品的综合成本进行分解。分解的方法是用产成品成本中半成品的综合成本乘以上一步骤生产的该种半成品的各成本项目的比重。其计算公式如下：

半成品成本还原=本月产成品耗用上步骤半成品的成本×各成本项目比重

(3) 计算还原后各成本项目成本。还原前成本加上半成品还原后的各成本项目成本就是还原后成本，其计算公式如下：

还原后某成本项目的成本=还原前某成本项目的成本+各步骤还原后的该成本项目的
成本

(4) 如果成本计算有两个以上的步骤，第一次成本还原后，用还原后的半成品成本，乘以前一步骤该种半成品的各个成本项目的比重。后面的还原步骤和方法同上，直到还原到第一步骤为止，才能将本成品成本还原为原来的成本项目。

(5) 将各成本项目汇总后应该与最终的完工产品的成本有恒等关系，即：完工产品成本=还原后的各成本项目成本合计。

(二)还原率法

还原率法是将本月产成品耗用上一步骤半成品的综合成本，按本月所生产这种半成品的成本结构进行还原。采用这种方法进行成本还原的计算程序如下。

(1) 计算成本还原分配率。它是指产成品成本中半成品成本占上一步骤所产该种半成品总成本的比重，其计算公式如下：

$$成本还原分配率=\frac{本月产成品耗用上步骤半成品成本合计}{本月生产该种半成品成本合计}\times100\%$$

(2) 计算半成品成本还原。它是用成本还原分配率乘以本月生产该种半成品成本项目的金额，其计算公式如下：

$$半成品成本还原=成本还原分配率\times本月生产该种半成品成本项目金额$$

(3) 计算还原后产品成本。它是用还原前产品成本加上半成品成本还原计算的，其计算公式如下：

$$还原后产品成本=还原前产品成本+半成品成本还原$$

(4) 如果成本计算需经两个以上的步骤，则需重复(1)至(3)步骤进行再次还原，直至还原到第一步骤为止。

(三)两种方法的比较

项目比重还原法需要计算本步骤耗用的上一步骤半成品的各个成本项目的比重，而后分别用比重乘以待还原的成本，直至还原完成；还原率法需要计算每次还原的还原率，待还原的成本与上一步骤完工自制半成品的比值即为还原率。两种方法实际上是一种方法，只是计算程序不同而已。经过成本还原，可以反映产品真实的成本构成，便于进一步的成本分析。

(四)综合结转分步法及成本还原案例分析

【例 8-4】 红旗工厂大量生产甲产品，顺序经过三个生产步骤，分设三个车间进行加工。该企业采用逐步结转分步法计算产品成本。原材料在生产开始时一次性投入，其他费用陆续发生，各步骤完工的半成品不通过半成品库。半成品成本按实际成本综合结转，各步骤产品成本采用约当产量法计算，在产品完工率均为 50%。甲产品本月产量及有关费用的资料分别如表 8-18 和表 8-19 所示。

表 8-18　产品产量记录

2019 年 1 月　　　　　　　　　　　　　　　　　　　　单位：件

摘　　要	一 车 间	二 车 间	三 车 间	产 成 品
月初在产品	160	20	140	
本月投入	440			
上步转入		500	400	
本月完工	500	400	480	480
月末在产品	100	120	60	

表8-19 综合逐步结转分步法费用资料

单位：元

摘　要	车　间	直接材料	自制半成品	直接人工	制造费用	合　计
月初在产品成本	一车间	1 600		80	240	1 920
	二车间		280	50	70	400
	三车间		3 640	140	280	4 060
本期发生费用	一车间	4 400		470	1 410	6 280
	二车间			2 250	3 150	5 400
	三车间			880	1 760	2 640

1. 计算各步骤完工半成品及产成品的成本

综合结转分步法的计算过程如表8-20～表8-22所示。

表8-20 一车间成本计算单

2019年1月　　　　　　　　完工产量：500件　　　　　　　　产品名称：A半成品

单位：元

摘　要	直接材料	直接人工	制造费用	合　计
月初在产品成本	1 600	80	240	1 920
本月生产费用	4 400	470	1 410	6 280
生产费用合计	6 000	550	1 650	8 200
完工半成品成本	5 000	500	1 500	7 000
半成品单位成本	10	1	3	14
月末在产品成本	1 000	50	150	1 200

一车间原材料的分配率=(1 600+4 400)÷(500+100)=10(元/件)

一车间人工费用的分配率=(80+470)÷(500+100×50%)=1(元/件)

一车间制造费用分配率=(240+1 410)÷(500+100×50%)=3(元/件)

一车间自制半成品的综合成本=(10+1+3)×500=7 000(元)

表8-21 二车间成本计算单

2019年1月　　　　　　　　完工产量：400件　　　　　　　　产品名称：B半成品

单位：元

摘　要	自制半成品	直接人工	制造费用	合　计
月初在产品成本	280	50	70	400
本月生产费用	7 000	2 250	3 150	12 400
生产费用合计	7 280	2 300	3 220	12 800
约当产量	520	460	460	
完工半成品成本	5 600	2 000	2 800	10 400
半成品单位成本	14	5	7	26
月末在产品成本	1 680	300	420	2 400

二车间原材料的分配率=(280+7 000)÷(400+120)=14(元/件)

二车间人工费用的分配率=(50+2 250) ÷(400+120×50%)=5(元/件)

二车间制造费用分配率=(70+3 150) ÷(400+120×50%)=7(元/件)

二车间自制半成品的综合成本=(14+5+7)×400=10 400(元)

表 8-22　三车间成本计算单

2019 年 1 月　　　　　　　　完工产量：480 件　　　　　　产品名称：甲产品

单位：元

摘　　要	自制半成品	直接人工	制造费用	生产费用合计
月初在产品成本	3 640	140	280	4 060
本月生产费用	10 400	880	1 760	13 040
生产费用合计	14 040	1 020	2 040	17 100
约当总产量	540	510	510	
完工产品成本	12 480	960	1 920	15 360
完工产品单位成本	26	2	4	32
月末在产品成本	1 560	60	120	1 740

三车间原材料的分配率=(3 640+10 400)÷(480+60)=26(元/件)

三车间人工费用的分配率=(140+880)÷(480+60×50%)=2(元/件)

三车间制造费用分配率=(280+1 760) ÷(480+60×50%)=4(元/件)

三车间自制半产品的综合成本=(26+2+4)×480=15 360(元)

2. 根据上述成本计算资料进行成本还原

1) 还原率法

第一次还原的还原率=12 480÷10 400=1.2

第一次还原结果：

自制半成品的成本=1.2×5 600=6 720(元)

直接人工=1.2×2 000=2 400(元)

制造费用=1.2×2 800=3 360(元)

第二次对 6 720 进行还原，还原率=6 720÷7 000=0.96。

还原结果：

直接材料=0.96×5 000=4 800(元)

直接人工=0.96×500=480(元)

制造费用=0.96×1 500=1 440(元)

分项目进行汇总：

直接材料=4 800(元)

直接人工=960+2 400+480=3 840(元)

制造费用=1 920+3 360+1 440=6 720(元)

成本合计=4 800+3 840+6 720=15 360(元)，与第三步骤成本计算单甲产品总成本相符。

根据计算过程填制成本还原计算表，如表 8-23 所示。

表 8-23 产品成本还原计算表   金额单位：元

行　次	项　目	成本还原率	自制半成品	直接材料	直接人工	制造费用	合　计
1	还原前产成品成本		12 480		960	1 920	15 360
2	第二步半成品成本		5 600		2 000	2 800	10 400
3	第一次成本还原	1.2	6 720		2 400	3 360	12 480
4	第一步半成品成本			5 000	500	1 500	7 000
5	第二次成本还原	0.96		4 800	480	1 440	6 720
6	还原后产成品成本			4 800	3 840	6 720	15 360
7	产品单位成本			10	8	14	32

2) 项目比重还原法

此种方法关键在于计算出各步骤完工自制半成品各个成本项目的比重。

二步骤成本比重如下：

自制半成品比重=5 600÷10 400×100%≈53.85%

直接人工比重=2 000÷10 400×100%≈19.23%

制造费用比重=2 800÷10 400×100%≈26.92%

成本还原金额=各成本项目的比重×本步骤耗用上一步的自制半成品的综合成本

自制半成品成本=12 480×53.85%=6 720.48(元)

直接人工=12 480×19.23%=2 399.90(元)

制造费用=12 480×26.92%=3 359.62(元)

一步骤成本项目比重计算如下：

直接材料比重=5 000÷7 000×100%≈71.43%

直接人工比重=500÷7 000×100%≈7.14%

制造费用比重=1 500÷7 000×100%≈21.43%

第二次成本还原金额=本次还原率×本步骤耗用一步骤的自制半成品的综合成本

直接材料=6 720.48×71.43%=4 800.44(元)

直接人工=6 720.48×7.143%=480(元)

制造费用=6 720.48×21.43%=1 440(元)

分项目进行汇总：

直接材料=4 800.44(元)

直接人工=960+2 399.90+479.84=3 839.74(元)

制造费用=1 920+3 359.62+1 440.20=6 719.82(元)

计算结果如表 8-24 所示。

表 8-24 产品成本还原计算表

行　次	项　目	自制半成品	直接材料	直接人工	制造费用	合　计
1	还原前产成品成本/元	12 480		960	1 920	15 360
2	第二步半成品成本/%	53.85		19.23	26.92	100

续表

行　次	项　目	自制半成品	直接材料	直接人工	制造费用	合　计
3	第一次成本还原/元	6 720.48		2 399.90	3 359.62	12 480
4	第一步半成品成本/%		71.43	7.14	21.43	100
5	第二次成本还原/元		4 800.44	479.84	1 440.20	6 720.48
6	还原后产成品成本/元		4 800.44	3 839.74	6 719.82	15 360
7	产品单位成本/元		10	8	14	32

第三节　平行结转分步法

平行结转分步法是指半成品成本不随半成品实物的转移而结转，而是在哪一步骤发生就留在该步骤的成本明细账内，直到最后加工成产成品，才将其从各步骤的成本明细账中转出的方法。

一、平行结转分步法的特点及成本核算程序

(一)平行结转分步法的特点

平行结转分步法相对于逐步结转分步法来说，具有以下几个特点。

(1) 在生产过程中，上一步骤的半成品实物转入下一步骤时，其半成品成本不随实物的转移而结转，仍保留在原步骤内，不要求计算各步骤的半成品成本，只要求计算各步骤发生的各项费用中应计入完工产品成本的份额，并于产品完工进入产成品库时，平行汇总计入完工产成品成本。所以，此法又可以称为"不计算半成品成本的分步法"。

(2) 为了正确计算各步骤应计入产成品成本的份额，各步骤应将本步骤月初在产品成本与本期生产费用(不包括耗用的上一步骤半成品成本)的合计数在最终产成品与广义在产品之间进行分配。广义在产品是从全厂的角度出发，相对于最终产成品而言的在产品，而不是各步骤本身结存的在产品。它包括各步骤正在加工中的在制品、本步骤已完工转入半成品库的半成品，以及已转移到以后各步骤进一步加工，但尚未最后形成产成品的一切半成品。分配方法可采用约当产量比例法或定额比例法等方法。

(3) 由于不计算各步骤的半成品成本，因而半成品无论是在各步骤之间直接转移，还是通过半成品库收发，均不通过"自制半成品"账户进行价值核算，只需进行自制半成品的数量核算。

(4) 由于产成品成本一般是按照成本项目平行结转汇总各步骤中应计入产成品成本的份额得出的，因而不存在成本还原的问题。各步骤也可以同时计算成本，不需要等待上一步骤的成本计算结果，成本计算更为及时。

(二)平行结转分步法的计算程序

平行结转分步法的基本计算程序如下。

(1) 分步骤、按产品品种设置"基本生产成本明细账"或成本计算单，归集生产费用。

(2) 各步骤(或车间)根据各种费用分配表，登记各步骤(或车间)产品成本计算单，以确定不包括耗用上一步骤半成品费用在内的其他各项费用的数额。

(3) 采用约当产量比例法或定额比例法等方法，按成本项目将各步骤月初在产品成本与本期归集的生产费用的合计数在最终产成品与广义在产品之间进行分配，以确定各步骤应计入产成品成本的份额和各步骤的广义在产品成本。

(4) 产成品入库时，将各步骤应计入产成品成本的份额平行汇总，编制"产成品成本计算单"，以确定产成品的实际总成本及单位成本。

平行结转分步法的成本结转程序如图 8-3 所示。

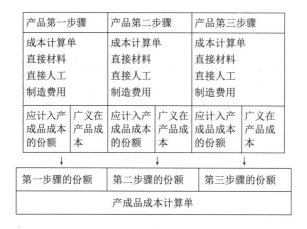

图 8-3　平行结转分步法的程序

二、平行结转分步法应用举例

【例 8-5】 巨星工厂大量生产的乙产品顺序经过三个车间制造完成。原材料在第一车间一次投入，在生产过程中第二车间单位产品(半成品、在产品)耗用第一车间半成品 2 件，第三车间单位产品(在产品、产成品)耗用第二车间半成品 2 件。该企业采用平行结转分步法计算产品成本，月末在产品成本按约当产量法计算，在产品完工程度均为 50%。该企业 2019 年 1 月份有关产量及成本费用的资料分别如表 8-25 和表 8-26 所示。

表 8-26 中月初在产品成本根据上月成本计算单资料取得，本月发生费用根据本月各项费用分配表取得。根据上述资料，乙产品的成本计算过程如表 8-27～表 8-30 所示。

表 8-25　产量记录

2019 年 1 月　　　　　　　　　　　　　　　　　　单位：件

摘　要	一 车 间	二 车 间	三 车 间	产 成 品
月初在产品	40	100	80	
本月投入或上步骤转入	560	250	150	
本月完工	500	300	150	150
月末在产品	100	50	80	

表8-26 成本费用资料

2019 年 1 月　　　　　　　　　　　　　　　单位：元

摘　要	车间别	直接材料	直接人工	制造费用	合　计
月初在产品成本	一车间	31 740	7 120	5 600	44 460
	二车间		3 157	6 930	10 087
	三车间		5 040	2 408	7 448
本期发生费用	一车间	324 300	97 280	77 920	499 500
	二车间		15 785	34 650	50 435
	三车间		15 120	7 224	22 344

表8-27 第一车间成本计算单

完工产成品：150 件

产品名称：乙产品　　　　　　　2019 年 1 月　　　　　　　　单位：元

摘　要	直接材料	直接人工	制造费用	合　计
月初在产品成本	31 740	7 120	5 600	44 460
本月生产费用	324 300	97 280	77 920	499 500
本月费用合计	356 040	104 400	83 520	543 960
单位产品成本	317.89	97.57	78.06	493.52
计入产成品成本份额	190 734	58 542	46 836	296 112
月末在产品成本	165 306	45 858	36 684	247 848

表8-28 第二车间成本计算单

完工产成品：150 件

产品名称：乙产品　　　　　　　2019 年 1 月　　　　　　　　单位：元

摘　要	直接人工	制造费用	合　计
月初在产品成本	3 157	6 930	10 087
本月生产费用	15 785	34 650	50 435
本月费用合计	18 942	41 584	60 526
单位产品成本	39.06	85.73	124.79
计入产成品成本份额	11 718	25 719	37 437
月末在产品成本	7 224	15 861	23 085

表8-29 第三车间成本计算单

完工产成品：150 件

产品名称：乙产品　　　　　　　2019 年 1 月　　　　　　　　单位：元

摘　要	直接人工	制造费用	合　计
月初在产品成本	5 040	2 408	7 448
本月生产费用	15 120	7 224	22 344

续表

摘　要	直接人工	制造费用	合　计
本月费用合计	20 160	9 632	29 792
单位产品成本	106.105	50.695	156.80
计入产成品成本份额	15 916	7 604	23 520
月末在产品成本	4 244	2 028	6 272

表 8-30　产品制造成本汇集

完工产成品：150 件

产品名称：乙产品　　　　　　　　　　2019 年 1 月　　　　　　　　　　单位：元

摘　要	直接材料	直接人工	制造费用	合　计
一车间份额	190 734	58 542	46 836	296 112
二车间份额		11 718	25 719	37 437
三车间份额		15 916	7 604	23 520
产成品总成本	190 734	86 176	80 159	357 069
产品单位成本	1 271.56	574.507	534.393	2 380.46

1. 第一车间成本计算单中有关项目的计算

1) 单位产品成本项目的计算

单位产品直接材料成本=356 040÷(150×4+80×4+50×2+100×100%)

$$≈317.89(元)$$

单位产品直接人工成本=104 400÷(150×4+80×4+50×2+100×50%)

$$≈97.57(元)$$

单位产品制造费用=83 520÷(150×4+80×4+50×2+100×50%)

$$≈78.06(元)$$

2) 计入产成品成本的份额的计算

直接材料成本份额=150×4×317.89=190 734(元)

直接人工成本份额=150×4×97.57=58 542(元)

制造费用份额=150×4×78.06=46 836(元)

3) 月末在产品成本的计算

月末在产品成本，是指月末广义在产品成本，总计 247 848 元，其中：

直接材料成本=356 040-190 734=165 306(元)

直接人工成本=104 400-58 542=45 858(元)

制造费用=83 520-46 836=36 684(元)

2. 第二车间成本计算单中有关项目的计算

1) 单位产品成本的计算

单位直接人工成本=18 942÷(150×2+80×2+50×50%)≈39.06(元)

单位制造费用=41 580÷(150×2+80×2+50×50%)≈85.73(元)

2) 计入产成品成本的份额的计算

直接人工成本份额=150×2×39.06=11 718(元)

制造费用份额=150×2×85.73=25 719(元)

3) 月末在产品成本的计算

月末在产品成本，是指广义在产品成本，总计 23 085 元，其中：

直接人工成本=18 942-11 718=7 224(元)

制造费用=41 584-25 719=15 861(元)

3. 第三车间成本计算单中部分项目的计算

1) 单位产品成本的计算

单位产品直接人工成本=20 160÷(150+80×50%)≈106.105(元)

单位产品制造费用=9 632÷(150+80×50%)≈50.695(元)

2) 应计入产成品成本的份额的计算

直接人工成本=150×106.105=15 916(元)

制造费用份额=150×50.695=7 604(元)

3) 月末在产品成本的计算

月末在产品成本总计 6 272 元，其中：

直接人工成本=20 160-15 916=4 244(元)

制造费用=9 632-7 604=2 028(元)

4. 根据三个车间的成本计算单，作会计处理

借：库存商品——甲产品　　　　　　　　357 069

　　贷：基本生产成本(一步骤)　　　　　　　296 112

　　　　　　　　(二步骤)　　　　　　　　37 437

　　　　　　　　(三步骤)　　　　　　　　23 520

复习测试题

第九章　产品成本计算的辅助方法

案例导入：

某塑料厂有几百个品种、规格的塑料制品，其中甲种塑料盆有大小不等 5 个型号，乙种塑料桶有大小不等 3 个型号，如果按照每种产品设置明细账核算产品成本，成本核算工作量太大，于是采用分类法核算产品成本。会计人员先按类别计算出本月 5 种塑料盆的总成本为 12 000 元，3 种塑料桶的总成本为 18 000 元，再将各自的成本采用系数分配法分别在塑料盆和塑料桶内部进行分配。5 种塑料盆的售价分别为 6 元、8 元、10 元、12 元、14 元；3 种塑料桶的售价分别为 20 元、25 元、30 元。5 种塑料桶的产量分别为 800 件、900 件、1 000 件、850 件、600 件；3 种塑料桶的产量分别为 500 件、600 件、420 件。现在要把塑料盆和塑料桶的总成本进行分配，就要确定分配标准，我们可以首先在一类产品中选择一个标准产品，把它的系数定为 1，其他产品根据售价折合成系数，然后用实际产量乘以系数计算出标准产量，最后以标准产量作分配标准对该类产品进行分配。

思考题：

1. 塑料厂计算成本的方法是不是基本的成本计算方法？
2. 每类产品的总成本是不是用基本的成本计算方法得到的？
3. 每类产品的总成本在类内产品之间的分配都可以用什么方法？

在企业生产中，不同行业不同企业的加工工艺相差很大，要求的生产组织方式不同，而且管理要求也各不相同，如果仅用品种法、分批法或分步法核算，有的情况下成本核算会变得很复杂，核算工作量很大，为了能在满足加工工艺、生产组织方式和管理要求的同时，简化成本计算工作量，于是便产生了分类法和定额法等多种成本核算辅助方法。

第一节　分　类　法

一、分类法的概念及特点

(一)分类法的概念

分类法是以类别作为成本核算对象来归集费用，计算出各类产品的实际成本，然后再采用一定的标准在类内各种产品之间进行分配，计算出类内各种产品生产成本的方法。

(二)分类法的特点

(1) 以产品的类别作为成本核算对象，归集各类产品的生产费用。
将各种品种、规格、型号的产品归为一类，以产品类别作为成本核算对象，简化了成本计算工作。在计算各类产品的成本时，要运用品种法、分批法或分步法等成本计算的基本方法计算该类产品的成本，因此分类法不是成本计算的基本方法，而是辅助方法。

(2) 需要采用一定方法在类内产品之间进行成本分配。

采用分类法以产品类别作为成本核算对象，计算出各类产品的成本以后，还应选择适当方法，将成本在各种产品之间进行分配，计算出各种品种、规格、型号产品的实际总成本和单位成本。采用分类法计算产品成本时，首先应当注意产品分类的合理性，分类过少，类内产品过多，会影响计算结果的准确性；分类过细，类内产品过少，则会加大成本计算的工作量，失去分类法的意义。其次，应当注意类内产品成本分配方法的合理性，选定的分配标准应当与各种产品成本的发生有比较密切的联系，体现产品成本费用分配中的受益原则。

(3) 成本计算期取决于生产特点及管理要求。

分类法并不是一种独立的成本计算方法，需要与基本成本计算方法结合使用。成本计算期的选择要看采用哪种基本成本计算方法，如果是大批量生产，采用品种法或分步法进行成本计算，则应选择会计期间作为成本计算期；如果是单件小批生产，采用分批法计算产品成本，成本计算期可不固定而与生产周期一致。

二、分类法的适用范围

分类法主要适用于品种、规格繁多，并且可以按照一定要求和标准划分为不同类别的企业或企业的生产单位。分类法与企业生产类型没有直接联系，只要企业的产品可以按照其性质、用途、生产工艺过程和原材料消耗等方面的特点划分为一定类别，如同类产品、联产品及副产品等，都可以采用分类法进行成本核算。

(1) 同类产品，是指产品的结构、性质、用途以及使用的原材料、生产工艺过程等大体相同，规格和型号不一的产品。例如，食品厂生产的各种饼干、面包等。

(2) 联产品，是指企业利用相同的原材料，在同一生产过程中，同时生产出的几种产品，并且这些产品都是企业的主要产品。例如，炼油企业在生产过程中，用原油加工、提炼，生产出来的汽油、煤油、柴油、机油和石蜡、沥青等。

(3) 副产品，是指企业在生产主要产品的过程中附带生产出的一些非主要产品。例如，榨油过程中产生的豆渣、制造肥皂过程中产生的甘油等都称为副产品。

(4) 等级品，是指品种相同，但在质量上有差别的产品。由于产生产品质量差别的原因不同，等级品可以分为两种：一种是由于材料的质量工艺过程不同，或由于自然的原因造成的等级品；另一种是由于经营管理或技术操作的原因造成的等级品。

三、分类法成本计算程序

1. 按产品类别设置生产成本明细账，计算各类产品的实际总成本

采用分类法计算成本时，要根据产品的性质、结构、所耗用原材料及工艺技术过程等因素，将产品划分为若干类别，按照产品类别设置生产成本明细账，根据生产经营的特点和管理的要求，选择品种法、分批法、分步法等成本计算的基本方法归集生产费用，计算出该类产品的实际总成本。

2. 选择合理的标准分配，计算出类内各种产品的实际总成本和单位成本

每类产品的总成本在类内分配采用的标准可以是产品的体积、长度、重量，也可以是定额消耗量、定额费用、售价等。分配标准的选择要力求合理准确，各成本项目可以采用同一分配标准，也可以按照成本项目的性质分别采用不同的标准。例如，直接材料可以按材料定额消耗量比例分配，直接人工和制造费用可以按定额工时比例分配。

四、类内各种产品成本的分配方法

分类法下各类别产品总成本在类内各种产品之间分配的方法是根据产品生产特点确定的，常用的分配方法有系数法和定额比例法。

(一)系数法

系数分配法是运用系数分配计算类内各规格产品成本的一种方法。这里的系数是指各种规格产品之间的比例关系。为了简化分配工作，在实际工作中常常将分配标准折合成系数，系数一经确定可以在较长时间内使用。按系数分配生产费用的方法称为系数分配法，又称为标准产量法。

系数分配法的计算步骤如下。

(1) 确定标准产品。

采用系数分配法时，要在类内产品中选择一种产量大、生产稳定、规格适中的产品作为标准产品，把标准产品的单位系数定为1。

(2) 确定各规格产品系数。

将类内其他产品与标准产品相比较，分别求出其他产品与标准产品的比例系数。

(3) 计算总系数(标准产量)。

每种产品的系数确定以后，将类内各种产品的实际产量分别乘以该种产品的系数折算为总系数(标准产量)，以总系数作为系数分配法的分配标准。

(4) 将类内总成本进行分配。

用类内实际总成本除以总系数(标准产量)之和计算出分配率，然后用每种产品的总系数(标准产量)乘以分配率就计算出类内各种产品的实际总成本。

系数分配法的有关计算公式如下：

$$某产品系数=\frac{该种产品售价(或定额消耗量、体积等)}{标准产品售价(或定额消耗量、体积等)}$$

$$某产品总系数(标准产量)=该种产品实际产量×该产品系数$$

$$费用分配率=\frac{应分配成本总额}{各种产品总系数之和}$$

$$某种产品应分配费用=该种产品总系数×费用分配率$$

【例 9-1】 某塑料厂生产 101、102、103 三种规格的塑料制品，因三种产品所用的原材料相同，生产工艺相近，因此合为 A 类产品，采用分类法计算产品成本。2019 年 5 月费用、产量及定额资料如下。

(1) 本月费用资料如表 9-1 所示。

表 9-1 产品成本计算单

类别：A 类 　　　　　　　　　　2019 年 5 月　　　　　　　　　　单位：元

2019 年		摘　　要	直接材料	直接人工	制造费用	合　　计
月	日					
5	1	月初在产品成本	21 800	12 000	10 000	43 800
5	31	本月发生费用	61 000	31 300	23 800	116 100
		合计	82 800	43 300	33 800	159 900

(2) 产量及定额资料如表 9-2 所示。

表 9-2　产量及定额资料表 　　　　　　　　　　　　　金额单位：元

品　　名	完工产品数量	在产品数量	单位产品原材料消耗定额/千克	单位产品工时定额/小时
101	3 000	400	2	1
102	1 800	100	2.6	1.3
103	1 200	160	1.8	0.8

要求：三种规格的产品原材料均在生产开始时一次性投入，期末在产品的完工程度按 50% 计算，采用品种法计算 A 类产品的总成本，生产费用在完工产品和在产品之间分配采用定额比例法，以 101 产品为标准产品，采用系数法计算类内各完工产品成本。

计算过程如下。

(1) 系数及标准产量的计算。

系数及标准产量的计算分别如表 9-3 和表 9-4 所示。

表 9-3　系数计算表

产品：A 类产品　　　　　　　　　　2019 年 5 月　　　　　　　　　　金额单位：元

产品名称	原材料消耗定额/千克	系数	工时消耗定额/小时	系　　数
101	2	1	1	1
102	2.6	1.3	1.5	1.5
103	1.8	0.9	0.8	0.8

表 9-4　标准产量计算表

产品：A 类产品　　　　　　　　　　2019 年 5 月　　　　　　　　　　金额单位：元

产品名称	完工产品数量/件	系数	直接材料			其他费用				标准产量合计	
			完工产品折合标准产量/件	在产品数量/件	在产品折合标准产量/件	系数	完工产品折合标准产量/件	在产品折合约当产量/件	在产品折合标准产量/件	直接材料	其他费用
	1	2	3=1×2	4	5=4×2	6	7=1×6	8=4×50%	9=8×6	10=3+5	11=7+9
101	3 000	1	3 000	400	400	1	3 000	200	200	3 400	3 200
102	1 800	1.3	2 340	100	130	1.5	2 700	50	75	2 470	2 775
103	1 200	0.9	1 080	160	144	0.8	960	80	64	1 224	1 024
			6 420		674		6 660		339	7 094	6 999

(2) 计算 A 类产品的总成本，如表 9-5 所示。

表 9-5 A 类产品成本计算单

产品：A 类产品　　　　　　　　　　　2019 年 5 月　　　　　　　　　　　单位：元

摘　要	直接材料	直接人工	制造费用	合　计
月初在产品成本	21 800	12 000	10 000	43 800
本月生产费用	61 000	31 300	23 800	116 100
合计	82 800	43 300	33 800	159 900
标准产品总量	7 094	6999	6999	
分配率	11.671 9	6.1866	4.8293	
完工产品成本	74 933.60	41 202.76	32 163.13	148 299.49
月末在产品成本	7 866.40	2 097.24	1 636.87	11 600.51

(3) 分配 A 类完工产品成本，如表 9-6 所示。

表 9-6 A 类产品成本分配表

产品：A 类产品　　　　　　　　　　　2019 年 5 月　　　　　　　　　　　单位：元

摘　要	标准产量		直接材料 (11.671 9)	直接人工 (6.186 6)	制造费用 (4.829 3)	合　计
	直接材料	其他费用				
101 产品成本	3 000	3 000	35 015.70	18 559.80	14 487.90	68 063.40
102 产品成本	2 340	2 700	27 312.25	16 703.82	13 039.11	57 055.18
103 产品成本	1 080	960	12 605.65	5 939.14	4 636.12	23 180.91
合　计	6 420	6 660	74 933.60	41 202.76	32 163.13	148 299.49

(二)定额比例法

按定额比例法进行类内产品成本分配，是指在计算出类内产品的总成本后，按类内各种产品的定额比例进行成本分配，从而计算出该类每一种产品成本的一种方法。

这种方法一般适用于定额比较健全稳定的企业。具体计算时，材料费用可按各种产品的材料定额耗用量比例分配，加工费用可采用定额工时比例进行分配。

【例 9-2】 某厂生产 201、202、203 三种规格的产品，根据生产的特点归为 B 类产品，采用分类法计算产品成本。2019 年 5 月费用、产量及定额资料如下。

(1) 本月费用资料如表 9-7 所示。

表 9-7 产品成本计算单

类别：B 类　　　　　　　　　　　2019 年 5 月　　　　　　　　　　　单位：元

20××年		摘　要	直接材料	直接人工	制造费用	合　计
月	日					
5	1	月初在产品成本	6 912	1 080	1 672	9 664
5	31	本月发生费用	52 488	34 920	31 328	118 736
		合计	59 400	36 000	33 000	128 400

(2) 本月定额及产量资料如表 9-8 所示。

表 9-8　B 类产品产量及定额资料

2019 年 5 月

产品类别	产品名称	数量/件	材料定额成本/元		定额工时/小时	
			单　位	合　计	单　位	合　计
B 类	201	1 000	10	10 000	4	4 000
	202	2 000	13	26 000	5	10 000
	203	1 200	15	18 000	6	7 200
小　计				54 000		21 200
期末在产品		（略）	（略）	12 000		8 800
合　计				66 000		30 000

要求：运用定额比例法在 B 类产品完工产品和在产品之间进行费用分配，并把完工产品成本在 B 类三种产品之间进行分配，直接材料按材料定额成本分配，其他费用按工时定额分配。

具体分配结果如表 9-9 所示。

表 9-9　产品成本计算单

类别：B 类　　　　　　　　　　2019 年 5 月　　　　　　　　　　单位：元

项　目		直接材料		定额工时/小时	直接人工	制造费用	合　计
		定额成本	实际成本				
月初在产品成本			6 912		1 080	1 672	9 664
本月发生生产费用			52 488		34 920	31 328	118 736
合计		66 000	59 400	30 000	36 000	33 000	128 400
费用分配率			0.9		1.2	1.1	
月末在产品成本		12 000	10 800	8 800	10 560	9 680	31 040
完工产品成本	总成本	54 000	48 600	21 200	25 440	23 320	97 360
	201	10 000	9 000	4 000	4 800	4 400	18 200
	202	26 000	23 400	10 000	12 000	11 000	46 400
	203	18 000	16 200	7 200	8 640	7 920	32 760

五、联产品、副产品、等级品的成本计算

(一)联产品

1. 联产品的成本计算特点

联产品的生产是联合生产，它的特点是同一资源在同一生产过程中分离出两种或两种以上的主要产品，其中个别产品的产出必然伴随联合产品同时产出。联产品分离出来时的生产步骤称为"分离点"，分离点是联产品的联合生产程序结束，各种产品可以辨认的生产交界点。我们把分离点前联合生产过程中发生的各项费用归集在一起，称为联合成本。然后，我们要采用一定的方法，把联合成本在各联产品之间分配，计算出各联产品应负担的联合成本。有些联产品在分离后需要进一步加工，可按照分离后的联产品品种归集加工费

用，计算出分离后的成本，称为可归属成本。用分离后的成本加上所负担的联合成本，便构成了该种产品的整个生产过程成本。

2. 联产品的分配方法

分离点前计算联产品的联合成本，分离点后计算产品可归属成本，都应根据生产类型和管理要求选用适当的成本计算基本方法。联产品之间联合成本的分配常用的方法有实物量分配法、系数分配法和销价分配法等。

1) 实物量分配法

实物量分配法是将联合成本按照各种联产品的重量、长度和容积等实物量比例进行分配的一种方法。

【例9-3】 某企业生产甲、乙、丙三种联合产品，本期发生的联合成本为256 000元。根据各种联产品重量可进行联合成本分配，计算结果如表9-10所示。

表9-10 联产品成本计算单(实物量分配法)

单位：元

产品名称	重量/千克	分配率/%	应分配成本
甲产品	400		102 400
乙产品	370		94 720
丙产品	230		58 880
合计	1 000		256 000

2) 系数分配法

系数分配法又称标准产量比例法，它是根据各种联产品实际产量按系数将其折算为标准产量来分配联合成本的一种方法。

【例9-4】 某厂以相同原材料，经过同一生产过程，同时生产出甲、乙、丙三种联合产品。该月发生的联合成本为：直接材料60 000元，直接人工24 800元，制造费用36 200元。甲、乙、丙三种产品的产量分别为2 180千克、3 000千克、1 900千克，假定期初、期末没有在产品。三种产品的售价分别为每千克270元、300元、330元，全部产品均已售出。企业以乙产品为标准产品，以产品售价计算系数，用系数法分配联合成本的计算过程如表9-11所示。

表9-11 联产品成本计算单(系数分配法)

单位：元

产品名称	产量/千克	系数	标准产量	分配比例/%	应负担的成本			
					直接材料	直接人工	制造费用	合　计
甲产品	2 180	0.9	1 962	27.83	16 698	6 901.84	10 074.46	33 674.30
乙产品	3 000	1	3 000	42.5	25 530	10 552.40	15 403.10	51 485.50
丙产品	1 900	1.1	2 090	29.62	17 772	7 345.76	10 722.44	35 840.20
合计			7 052	100	60 000	24 800	36 200	121 000

3) 销价分配法

销价分配法是指将各种联产品的销售价值作为分配标准来分配联合成本的一种联产品

成本分配方法。销售价值指的是产品销售收入，这里的产品销售收入不是按照产品销售量计算的，而是按照产品产量计算的，产品销售价值不止包括已售出产品的价值，还包括未售出产品的价值。

这种方法强调经济价值，认为既然联合生产过程中的联产品是同时产出的，那么从销售中所获得的收益理应在各种联产品之间按比例进行分配。也就是说售价较高的联产品应负担较高份额的联合成本，售价较低的联产品应负担较低份额的联合成本，其结果是各种联产品的毛利率相同。但是产品成本的高低并非都与产品售价有关，售价高的产品其成本未必一定就高，因此销价分配法只适用于成本高低与售价关系紧密的联产品的成本分配。

【例9-5】　依上例，按照销价分配法进行分配。

以销价分配法进行分配的计算结果如表9-12所示。

表9-12　联产品成本计算单(销价分配法)

单位：元

产品名称	产量/千克	销售单价	销售价值	分配比例/%	应负担的成本			
					直接材料	直接人工	制造费用	合　计
甲	2 180	270	588 600	27.83	16 698	6 901.84	10 074.46	33 674.30
乙	3 000	300	900 000	42.55	25 530	10 552.40	15 403.10	51 485.50
丙	1 900	330	627 000	29.62	17 772	7 345.76	10 722.44	35 840.20
合计			2 115 600	100	60 000	24 800	36 200	121 000

(二)副产品

副产品不是企业生产的主要目的，其价值与主要产品相差很多，但它仍具有一定的经济价值。副产品有的可以直接对外销售，有的需要经过加工后对外销售。由于副产品和主要产品用相同的原材料，经过同一生产过程生产，一般将副产品和主要产品归为一类，按照分类法归集费用计算其总成本，主、副产品分离前的成本可视为联合成本。可采用简单的方法，确定副产品的成本，然后从分离前的联合成本中扣除，就得到主要产品的成本。

1. 副产品成本计算方法

1) 副产品不计算产品成本法

对于分离后不再加工，而且价值较低的副产品，可采用简化的方法，即副产品不负担联合成本，联合成本都计入主要产品成本，将副产品的销售收入直接作为收益处理。这种方法手续简便，易于操作，但由于副产品成本由主要产品成本负担，从而影响了主要产品成本计算的准确性。

2) 副产品只计算加工成本法

对于需要进一步加工才能出售的副产品，如果分离前的价值较低，可以简化为只计算进一步加工的成本，不包括分离前的成本费用。

3) 副产品按计划单位成本计价

副产品也可以按照计划单位成本计价，然后从联合成本中扣除。采用计划单位成本计价时，如果副产品进一步加工处理所需的时间不多，并且与主要产品是在同一车间内进行

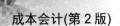

的，为了简化核算工作，副产品进一步加工所发生的费用也可以全部归集在主产品生产成本明细账中。这种方便简化了核算工作，但是当副产品成本变动较大，市价不稳时，计划成本计价会影响成本计算的准确性。

4) 副产品按照售价减去销售税费和销售利润后的余额计价法

副产品按销售价格减去销售税费和销售利润后，一般就是正常的产品成本，以此作为在分离前的联合成本中副产品应负担的部分，从联合成本中扣除。这种方法适用于副产品价值较高的情况，如果副产品在分离后还需进一步加工才能出售，需要支付加工费用，那么按这一方法对副产品计价时，还应从售价中扣除分离后的加工费用。

从联合成本中扣除副产品成本有两种方法：一是将副产品成本从联合成本的"直接材料"成本项目中扣除，二是按副产品的成本占联合成本的比例分别从各个成本项目中扣除。

2. 副产品成本计算举例

【例9-6】 2019年5月，某工厂在生产甲产品的同时产生A副产品，本月甲产品产量为10 000千克，A副产品产量为2 000千克。根据有关生产费用资料，本月甲产品生产成本明细账归集的生产费用合计为98 000元，其中，直接材料50 000元，直接人工30 000元，制造费用18 000元。A副产品不能直接出售，需要进一步加工为乙产品后才能出售。乙产品的加工过程中发生材料费用500元，直接人工费用1 000元，应负担制造费用800元，乙产品售价为每千克4元，每千克应交销售税费0.9元，同类产品正常销售利润为10%，为了简化核算，A副产品的成本从联合成本的"直接材料"成本项目中扣除。根据以上资料，乙产品和甲产品的成本计算过程如下。

乙产品的单位成本=4−0.9−4×10%=2.7(元/千克)

乙产品的总成本=2 000×2.7=5 400(元)

A副产品的总成本=5 400−(500+1 000+800)=3 100(元)

甲产品和A副产品的成本计算见表9-13所示。乙产品的成本计算见表9-14所示。

表9-13　产品成本计算单

产品：甲产品

产量：10 000千克　　　　　　　　　　　2019年5月　　　　　　　　　　　金额单位：元

摘　要	直接材料	直接人工	制造费用	合　计
生产费用合计	50 000	30 000	18 000	98 000
结转A副产品成本	3 100			3 100
甲产品总成本	46 900	30 000	18 000	94 900
甲产品单位成本	4.69	3.00	1.80	9.49

表9-14　产品成本计算单

产品：乙产品

产量：2 000千克　　　　　　　　　　　2019年5月　　　　　　　　　　　金额单位：元

摘　要	直接材料	直接人工	制造费用	合　计
结转原材料费用	3 100			3 100
进一步加工费用	500	1 000	800	2 300
生产费用合计	3 600	1 000	800	5 400

续表

摘　要	直接材料	直接人工	制造费用	合　计
乙产品总成本	3 600	1 000	800	5 400
乙产品单位成本	1.8	0.5	0.4	2.7

(三)等级品

等级品与联产品、副产品的相同之处在于，它们都是使用同种原材料，经过同一生产过程而产生的。它们的不同之处在于联产品、副产品之间性质用途不同，属于不同种产品，而等级品是性质、用途相同的同种产品。

等级品可以分为两种：一种是由于材料质量、工艺过程不同或由于自然原因造成的等级品；另一种是由于经营管理或技术操作原因造成的等级品。等级品应视造成其质量差别的原因，确定成本计算方法。

由于所用原材料的质量或受目前技术水平限制等原因而产生的，可采用系数分配法计算各等级品成本。通常以单位售价比例确定出系数，再用系数乘以产量计算出标准产量，采用标准产量分配联合成本，计算出不同等级应负担的联合成本。这样不同等级品具有不同的单位成本，等级高、售价高的产品负担的成本多，等级低、售价低的产品负担的成本少。这种做法符合收入与成本费用配比的原则。

如果等级品是由于工人操作不当、技术不熟练等原因造成的，可采用实际产量比例法分配成本，以使各等级产品的单位成本相同。因为各产品虽然等级不同，但使用的原材料、经过的生产过程都相同，所以各等级的单位成本理应没有差别，在成本相同的情况下低等级品由于售价较低而使其毛利降低，从而能够反映出质量管理中的问题，促使企业加强管理提高经济效益。

第二节　定　额　法

一、定额法的概念

定额法，是为了反映产品实际成本脱离定额成本的差异，配合企业加强定额管理和进行成本控制所采用的一种成本计算方法。产品成本计算的定额法是以产品定额成本为基础，加上或减去脱离定额差异、材料成本差异和定额变动差异，来计算产品实际成本的方法。采用定额法计算产品成本时，实际成本的计算公式如下：

产品实际成本=按现行定额计算的产品定额成本±脱离定额差异±材料成本差异±月初在产品定额变动差异

1. 定额成本

定额成本是指根据企业现行材料消耗定额、工时定额、费用定额及其他有关资料计算的一种成本控制目标。产品定额成本的制定过程也是对产品成本事前控制的过程。定额成本是计算产品实际成本的基础，也是企业对生产费用进行事中控制和事后分析的依据。

企业制定的定额成本和计划成本都是成本控制的目标。定额成本和计划成本的制定过程都是对产品成本进行事前控制的过程。但定额成本和计划成本有不同之处。

定额成本是根据企业现行消耗定额制定的，随着生产技术的进步和劳动生产率的提高，需要不断调整。计划成本是根据企业计划期(通常为年度)内的平均消耗定额制定的。在计划期内计划成本通常是不变的。同时计划成本是企业计划年度内成本控制的目标，是考核和分析企业成本计划完成与否的依据。定额成本是计算产品实际成本的基础，是生产费用日常(事中)控制的依据。

2. 脱离定额差异

脱离定额差异是指产品生产过程中各项实际发生的生产费用脱离现行定额的差异。

脱离定额差异反映了企业各项生产费用支出的合理程度和执行现行定额的工作质量。从含义来看，脱离定额差异应当包括材料成本差异，但在实际工作中，为了便于产品成本的分析和考核，一般单独计算产品成本应负担的材料成本差异。

3. 材料成本差异

材料成本差异也是产品生产费用脱离定额差异的一部分。因为采用定额法计算产品成本的企业，原材料的日常核算总是按计划成本价来组织的，所以原材料项目的脱离定额差异仅只消耗数量的差异(量差)，其金额为原材料消耗数量差异与其计划单位成本的乘积，不包括材料成本差异(价差)。因此应当单独计算材料成本差异，其金额是该产品实际消耗量按计划单位成本计算的材料总成本与材料成本差异率的乘积。

4. 定额变动差异

定额变动差异是指由于修订定额而产生的新旧定额之间的差异。它是定额自身变动的结果，与生产费用支出的节约和超支无关。只有月初在产品的定额成本是按旧定额计算的，因此，定额变动差异是指月初在产品账面定额成本与按新定额计算的定额成本之间的差异。

二、定额法的适用范围

定额法是为了加强成本管理进行成本控制而采用的一种成本计算与管理相结合的方法。它不是成本计算的基本方法，与企业的生产类型没有直接联系。

定额法主要适用于定额管理制度比较健全、定额管理基础工作比较好、产品生产已经定型、各项消耗定额比较准确稳定的企业。定额法最早应用于大量大批生产的机械制造企业，后来逐渐扩大到具备上述条件的其他企业。

三、定额法的特点

1. 事前制定产品的定额成本

定额法与产品成本计算的品种法、分批法、分步法和分类法不同，它是以产品的定额成本为基础来计算产品实际成本的。采用定额法计算产品成本，企业必须事前制定产品的各项消耗定额和费用定额，并以现行消耗定额和费用定额为依据制定产品的定额成本，作为降低产品成本节约费用支出的目标。

2. 分别核算符合定额的费用和脱离定额的差异

采用定额法计算产品成本，在生产费用发生的当时，就应当将符合定额的费用和脱离定额的差异分别核算，及时揭示实际生产费用脱离定额的差异，加强生产费用和产品成本的日常核算、分析和控制。

3. 以定额成本为基础加减各种成本差异来求得实际成本

定额法是成本计算和成本管理相结合的一种方法，作为成本计算方法，它应当计算出产品的实际成本。在品种法、分批法、分步法和分类法下，本月完工产品的实际成本是月初在产品实际成本加上本月实际发生的生产费用，再减去月末在产品实际成本来求得的。而在定额法下，本月完工产品的实际成本是以本月完工产品定额成本为基础，加上或减去本月完工产品应负担的脱离定额差异、材料成本差异、定额变动差异等成本差异求得的。

四、定额法的成本计算程序

1. 制定定额成本

采用定额法计算产品成本，应当根据企业现行消耗定额和费用定额，按照企业确定的成本项目分产品品种(企业确定的成本核算对象)分别制定产品的定额成本。定额成本确定后，要编制出各种产品的定额成本表。为了便于进行成本分析和考核，定额成本采用的成本项目和计算方法，应当与计划成本、实际成本采用的成本项目和计算方法一致。

制定定额成本依据的现行定额是指企业从月初起采用的定额。在有定额变动的月份，应当根据变动以后的定额调整月初在产品的定额成本，计算定额变动差异。

2. 核算脱离定额差异

在生产费用发生时，企业应将实际生产费用区分为符合定额的费用和脱离定额的差异，将符合定额的费用和脱离定额的差异分别核算予以汇总。

3. 在本月完工产品和月末在产品之间分配成本差异

月末企业应将月初结转和本月发生的脱离定额差异、材料成本差异和定额变动差异分别汇总，按照企业确定的成本计算方法，在本月完工产品和月末在产品之间进行分配。为了简化成本核算工作，材料成本差异和定额变动差异可以全部由本月完工产品成本负担，月末在产品只负担脱离定额差异。

4. 计算本月完工产品的实际总成本和单位成本

以本月完工产品的定额成本为基础加上或减去各项成本差异，计算出本月完工产品的实际总成本。本月完工产品的实际总成本除以完工产品总产量，即为本月完工产品的实际单位成本。

五、定额法的应用

(一)定额成本的制定

计算产品的定额成本，必须首先制定产品的原材料、动力、工时等消耗定额，产品的消耗定额一般由企业的财会部门会同企业计划技术生产等部门共同制定。由于各个企业产品生产工艺过程不同，产品定额成本的计算程序也不尽相同。例如，机械制造企业的产品一般由许多零件、部件组成，如果产品的零件、部件不多，一般可以先计算各种零件、部件的定额成本，最后汇总计算产成品的定额成本。如果产品的零件、部件比较多，为了简化成本计算工作，也可以不逐一计算各种零件的定额成本，而是根据记录各种零件原材料消耗定额和工时定额的零件定额卡，以及原材料计划单价、计划小时人工费用率和计划小时制造费用率先计算各部件的定额成本，然后再汇总计算产成品的定额成本。

编制定额成本计算表所采用的成本项目和成本计算方法，应该与编制计划成本、计算实际成本所采用的成本姓名和成本计算方法一致，以便于成本差异的计算，以及成本的考核与分析。

【例 9-7】 金源工厂大量生产甲、乙、丙三种产品，采用定额法计算产品成本。产品定额成本根据零件定额卡、部件定额卡直接计算，本月有关零件定额卡、部件定额卡、产品消耗定额计算表和产品定额成本计算汇总表分别如表 9-15～表 9-18 所示。

表 9-15　零件定额卡

零件名称、编号：L101

材料名称、编号	计量单位	材料消耗定额
A101	千克	2
A102	千克	8
工序	工时定额(小时)	累计工时定额(小时)
1	1.5	1.5
2	2.5	4
3	4	8

表 9-16　部件定额卡

部件名称、编号：B101　　　　　　　　　　　　　　　　　　　　　　　金额单位：元

零件名称、编号	零件数量	材料定额成本						金额合计	工时定额/小时
		A101			A102				
		数量	计划单价	金额	数量	计划单价	金额		
L101	4	8	50	400	32	8	256	656	8
	2	6	10	60	8	4	32	92	4
装配									2
合计				460			288	748	14

表 9-17　产品消耗定额计算表

产品名称、编号：C101　　　　　　　　　　　　　　　　　　　　　　　金额单位：元

部件名称、编号	部件数量	材料定额		工时定额	
		部件	产品	部件	产品
B101	1	748	748	14	14
B102	2	200	400	10	20
装配					5
合计			1 148		39

表9-18 产品定额成本汇总表

金额单位：元

产品名称	直接材料定额成本	工时定额	直接人工		制造费用		定额成本合计
			计划工资率	定额成本	计划费用率	定额成本	
甲产品	1 148	39	20	780	15	585	2 513
乙产品	略						
丙产品	略						

(二)脱离定额差异的计算

脱离定额差异是指在生产过程中，各项生产费用的实际支出脱离现行定额或预算的数额。计算、分析生产费用脱离定额的差异，控制生产费用支出，是定额成本法的重要内容，也是增强企业管理、提高经济效益的有效途径。在生产费用发生时，对符合定额的费用和脱离定额的差异，分别编制定额凭证和差异凭证，并在有关的费用分配表和生产成本明细账中予以登记。差异凭证填制以后，应当履行审批手续才能入账。

1. 直接材料脱离定额差异的计算

定额法下，原材料是按计划成本计价的，因此直接材料费用脱离定额的差异主要指材料耗用量差异，即生产过程中产品实际耗用材料数量与其定额耗用量之间的差异。其计算公式表示为

材料费用脱离定额差异＝$\sum$[(材料实际耗用量－材料定额耗用量)×材料计划单价]

在实际工作中，计算直接材料费用脱离定额差异一般有限额领料单法、切割法和盘存法等方法。

1) 限额领料单法(差异凭证法)

采用限额领料单法核算直接材料脱离定额差异时，企业应当建立与实施限额领料制度。符合定额的原材料应当根据限额领料单领用，因为增加产品产量而需要增加用料时，应按规定程序办理追加限额手续，然后根据限额凭证领用。

超过限额的部分，应填制超额领料单等差异凭证，差异凭证需经过一定的审批手续。超额领料单上的材料数额，属于材料脱离定额的超支差异，退料单上所列的材料数额和限额领料单中的材料余额，都属于材料脱离定额的节约差。

代用材料或利用废料时，应在限额领料单中注明，并在原定限额中扣除。生产任务完成后办理退料手续或假退料手续。需要指出的是，直接材料脱离定额差异是产品实际用料和现行定额之间的差异，但是，退料单和限额领料单上的差异只是领料差异，因为车间期初、期末有可能存在余料，原材料领用的数量不一定是实际耗费的数量，并且投产的数量并不一定是产品数量。

【例9-8】 本月限额领料单规定本月产品数量为3 000件，每件产品的原材料消耗定额为10千克，本月领料限额为30 000千克，本月实际领料28 500千克。

要求：采用限额领料单法计算原材料脱离定额差异。

【解析】

(1) 本月投产数量符合限额领料单规定的产品数量，且期初、期末无余料。

直接材料脱离定额差异=30 000-28 500=1 500(千克)

(2) 若本月投产产品数量为3 000件，期初余料500千克，期末余料800千克。

直接材料实际消耗量=28 500+500-800=28 200(千克)

直接材料脱离定额差异=28 200-30 000=-1 800(千克)(节约差)

(3) 若本月投产2 500件，期初余料500千克，期末余料800千克。

直接材料消耗定额=2 500×10=25 000(千克)

直接材料实际消耗量=28 500+500-800=28 200(千克)

直接材料脱离定额差异=28 200-25 000=3 200(千克)(超支差)

2) 切割法

为了更好地核算用料差异，控制用料，对于某些需要切割才能使用的材料，如板材、棒材等，除采用限额法外，还可采用切割核算法，即通过材料切割核算单来计算脱离定额的差异。

切割核算单应按切割材料的批别开立，单中要填列切割材料的种类、数量、消耗定额以及应切割的毛坯数量，切割完成后，填列实际切割成毛坯的数量和材料的实际消耗量，然后根据切割的毛坯数量和消耗定额，计算出材料的定额耗用量，再将定额耗用量与实际耗用量相比较，确定脱离定额的差异。材料定额消耗量、脱离定额的差异，应填入材料切割核算单中，并填入脱离定额差异以及差异发生的原因，由主管人员签字。材料切割核算单的格式如表9-19所示。

表9-19 材料切割核算单

材料编号或名称：×××　　　　　材料计量单位：千克　　　　　材料计划单价：8元
产品名称：××　　　　　　　　　零件编号或名称：×××　　　　图纸号：×××
切割工人姓名：×××　　　　　　　　　　　　　　　　　　　　　机床编号：×××
交发切割日期：20××年×月×日　　　　　　　　　　　　　　　　完工日期：20××年×月×日

发料数量	退回余料数量		材料实际消耗量		废料实际回收量
250	10		240		11
单位产品消耗定额	单位回收废料定额	应切割成毛坯数量	实际切割成毛坯数量	材料定额消耗量	废料定额回收量
12	0.5	20	19	228	9.5
材料脱离定额差异		废料脱离定额差异			脱离差异原因	责任者
数量	金额	数量	单价	金额	由于技术不熟练，未按照图纸要求切割，导致边角料增加	×××
12	96	-1.5	8	-12		

注：回收废料超过定额的差异可以冲减材料费用，列为负数。

退回余料数量=250-240=10(千克)

应切割件数=(250-10)÷12=20(件)

实际产量耗用额=19×12=228(千克)

废料定额回收量=19×0.5=9.5(千克)

材料脱离定额差异=(240-228)×8=96(元)

废料脱离定额差异=(11-9.5)×8=12(元)

3) 盘存法

盘存法是指通过定期盘存的方法来核算材料脱离定额差异。在大量生产不能按照上述方法核算原材料脱离定额差异的情况下，除仍要使用限额领料单、超额领料单等凭证控制日常材料的实际消耗外，还要定期(如每周、每旬、每月)通过盘存的方法核算差异。

材料脱离定额差异是材料实际消耗量与定额消耗量的差异，材料实际消耗量是被本期投产产品消耗的材料数量，定额消耗量也应当按本期投产的产品数量来计算。

盘存法的核算程序如下。

首先，根据产品入库单等凭证记录的完工产品数量和实地盘存(或账面结存)确定的在产品数量，计算出本期投产产品数量。

本期投产产品数量=本期完工产品数量+期末在产品盘存数量-期初在产品盘存数量

其次，根据限额领料单、超额领料单、退料单等领退料凭证和车间余料盘存数量，计算出材料实际消耗量。

最后，将材料实际消耗量与定额消耗量比较，计算出材料脱离定额的差异。

材料脱离定额差异=(本期材料实际耗用数量-本期投产产品数量×单位产品材料定额耗用量)×材料计划单价

这种方法一般适用于原材料在生产开始时一次性投入的产品，期初和期末在产品都不再耗用原材料。

2. 直接人工脱离定额差异的计算

1) 计件工资制度下直接人工脱离定额差异的计算

在计件工资制下，直接人工为直接计入费用，在计件单价不变时，按计价单价支付的产品生产工人薪酬就是定额直接费用，没有脱离定额差异。因此，在计价工资制度下，脱离定额的差异一般指的是由于工作条件变化而在计件单价之外支付的工资、津贴、补贴等。企业应当将符合定额的直接人工费用反映在产量记录中，而将脱离定额的差异单独设置"工资补付单"等凭证，注明差异产生的原因，并经过一定的审批手续。

2) 计时的工资制度下直接人工脱离定额差异的计算

在计时工资制度下，由于实际直接人工费用总额到月末才能计算出来，因此，直接人工费用脱离定额的差异在平时不用计算，需要在月末实际直接人工费用总额确定后才能计算。

如果企业只生产一种产品，则生产工人的工资属于直接计入费用，可直接计入该种产品成本，则直接人工费用脱离定额差异为

直接人工费用脱离定额的差异=该产品实际直接人工费用-(该产品实际产量×该产品直接人工费用定额)

如果企业同时生成多种产品，直接人工费用属于间接计入费用，一般按实际工时比例分配计入产品成本，然后计算定额差异，公式如下：

计划每小时直接人工费用=计划产量的定额直接费用总额÷计划产量的定额生产工时总数

实际每小时直接人工费用=实际直接人工费用总额÷实际生产总工时

定额直接人工费用=该产品实际产量定额工时×计划每小时直接人工费用

实际直接人工费用=该产品实际产量生产工时×实际每小时直接人工费用

直接人工费用脱离定额差异=实际直接人工费用-定额直接人工费用

【例 9-9】 华兴工厂 2019 年 5 月生产甲、乙、丙三种产品,本月三种产品定额工时为 30 000 小时,其中甲产品 10 000 小时,乙产品 12 000 小时,丙产品 8 000 小时;本月实际发生的生产工时为 31 000 小时,其中,甲产品 10 300 小时,乙产品 12 500 小时,丙产品 8 200 小时。本月实际产量的生产工人薪酬为 170 500 元,计划小时薪酬率为 5(元/小时),根据上述资料,编制"直接人工费用定额和脱离定额差异汇总表",如表 9-20 所示。

表 9-20　直接人工费用定额和脱离定额差异汇总表

2019 年 5 月　　　　　　　　　　　　　　　　金额单位:元

产品名称	定额人工费用			实际人工费用			脱离定额差异
	定额工时/小时	计划小时人工费用率	定额工资	实际工时/小时	实际小时人工费用率	实际工资	
甲产品	10 000		50 000	10 300		56 650	6 650
乙产品	12 000		60 000	12 500		68 750	8 750
丙产品	8 000		40 000	8 200		45 100	5 100
合计	30 000	5	150 000	31 000	5.5	170 500	20 500

3) 制造费用脱离定额差异的计算

制造费用是生产单位为生产产品和提供劳务所发生的间接费用,在生产多种产品的企业,它又属于间接计入费用,其脱离定额的差异不能在平时分产品计算,只有在月末确定实际制造费用总额后,才能比照计时工资制下直接人工费用的计算公式确定。

某产品制造费用定额差异=该产品实际的制造费用-(该产品实际产量的定额工时×计划单位小时制造费用)

【例 9-10】 接上例,本月甲、乙、丙三种产品实际生产工时和实际完成定额工时见上表,本月制造费用总额为 99 200 元,计划小时制造费用率为 3 元。制造费用脱离定额差异的计算见表 9-21。

表 9-21　制造费用定额和脱离定额差异汇总表

2019 年 5 月　　　　　　　　　　　　　　　　金额单位:元

产品名称	定额制造费用			实际制造费用			脱离定额差异
	定额工时/小时	计划小时制造费用率	定额制造费用	实际工时/小时	实际小时制造费用率	实际制造费用	
甲产品	10 000		30 000	10 300		32 960	2 960
乙产品	12 000		36 000	12 500		40 000	4 000
丙产品	8 000		24 000	8 200		26 240	2 240
合计	30 000	3	90 000	31 000	3.2	99 200	9 200

(三)材料成本差异的计算

采用定额法计算产品成本的企业,材料的日常核算都是按计划成本进行的,即材料定额成本和脱离定额差异都是按材料计划成本计算。这样,在月末计算产品的实际成本时,还应当计算和分配本月消耗材料应当负担的成本差异。其计算公式为

某产品应分配材料成本差异=(该产品原材料定额成本±原材料脱离定额差异)×材料成本差异率

(四)定额变动差异的计算

定额成本是根据现行定额计算确定的,现行定额修订了以后,定额成本也应随之修订。当月投入的产品费用应当按照新的定额计算,而月初在产品的定额成本是上月末按旧定额计算的,并未修订。为了统一以新的定额成本为基础,必须将月初在产品按新的定额成本进行调整。由此可见,定额变动差异主要是指月初在产品由于定额变动产生的差异。其计算公式为

月初在产品定额变动差异=月初在产品按原定额计算的定额成本-月初在产品按新定额
计算的定额成本

根据消耗定额发生变动的在产品盘存数量和修订后的定额消耗量,计算出月初在产品新的定额成本,再与修订前月初在产品定额成本比较计算得出。这种计算要按照产品构成的零部件和工序进行,当构成产品的零部件种类较多时,计算工作量比较大。为了简化计算工作,分成本项目计算定额变动系数,根据变动前后单位产品的定额成本计算一个定额变动系数,再计算月初在产品定额变动差异。计算公式如下:

$$定额变动系数=\frac{按现定额计量的单位产品定额费用}{按原定额计量的单位产品定额费用}$$

月初在产品定额变动差异=按原定额计算的月初在产品成本×(1-定额变动系数)

对于定额变动差异应视不同情况处理。在消耗定额降低的情况下产生的差异,一方面应从月初在产品定额成本中扣除,另一方面,还应将该项差异加入本月产品成本中;反之,在消耗定额提高的情况下产生的差异,月初在产品提高的差异列入月初在产品中,同时,从本月产品成本中扣除。

(五)产品实际成本的计算

月末,在计算产品实际成本时,对计算出的定额成本、脱离定额差异、定额变动差异以及材料成本差异,应在本月完工产品和月末在产品之间按照定额成本比例分配。如果各种差异数额不大,或者差异虽然较大,但是各月的月末在产品数量比较均衡的情况下,可以不分配差异,月末在产品按定额成本计价,差异全部由本月完工产品成本负担。

【例9-11】某企业生产甲产品,2019年5月生产情况和定额资料如下:月初在产品50件,本月投产甲产品200件,本月完工190件,月末在产品60件,材料在生产开始时一次性投入,月末在产品完工程度为50%,单位产成品直接材料消耗定额由上月的5.6调减为5.4,工时定额为8小时,计划小时直接人工费用率为6,计划小时制造费用率为5,材料计划单位成本为10,材料成本差异率为1.5%。月初在产品成本及本月生产费用资料分别如表9-22、表9-23所示,采用定额法核算甲产品成本,编制产品成本计算单(见表9-24)。

表 9-22　月初在产品成本

2019 年 5 月　　　　　　　　　　　　　　　　　　　　　单位：元

项　目	直接材料	直接人工	制造费用
月初在产品定额成本	2 800	1 200	1000
脱离定额差异	30	12	−10

直接材料定额成本=50×5.6×10=2 800(元)

直接人工定额成本=50×50%×8×6=1 200(元)

制造费用定额成本=50×50%×8×5=1 000(元)

表 9-23　本月生产费用

2019 年 5 月　　　　　　　　　　　　　　　　　　　　　单位：元

项　目	直接材料	直接人工	制造费用
产品定额成本	10 800	9 360	7 800
脱离定额差异	110	30	−28

直接材料定额成本=200×5.4×10=10 800(元)

直接人工定额成本=(190+60×50%−50×50%)×8×6=9 360(元)

制造费用定额成本=(190+60×50%−50×50%)×8×5=7 800(元)

表 9-24　产品成本计算单

产品名称：甲产品　　　　　　　　　　2019 年 5 月　　　　　　　　　　单位：元

项　目		行次	直接材料	直接人工	制造费用	合　计
月初在产品	定额成本	1	2 800	1 200	1 000	5 000
	脱离定额差异	2	30	12	−10	32
月初在产品定额变动	定额成本调整	3	−100			−100
	定额变动差异	4	100			100
本月生产费用	定额成本	5	10 800	9 360	7 800	27 960
	脱离定额差异	6	110	30	28	168
	材料成本差异	7	163.56			163.56
生产成本合计	定额成本	8	13 500	10 560	8 400	32 860
	脱离定额差异	9	140	42	18	200
	材料成本差异	10	163.65			163.65
	定额变动差异	11	100			
脱离定额差异分配率		12	1.04%	0.40%	0.20%	—
产成品成本	定额成本	13	10 260	9 120	7 600	26 980
	脱离定额差异	14	106.70	36.48	15.20	158.38
	材料成本差异	15	163.65			163.65

续表

项 目		行次	直接材料	直接人工	制造费用	合 计
产成品成本	定额变动差异	16	100			100
	实际成本	17	10 630.35	9 156.48	7 615.20	27 402.03
月末在产品成本	定额成本	18	3 240	1 440	1 200	5 880
	脱离定额差异	19	33.30	5.52	2.80	41.62

月初在产品定额调整=50×(5.4-5.6)×10=-100(元)

材料成本差异=(10 800+110)×1.5%=163.65(元)

直接材料脱离定额差异分配率=140÷13 500≈1.04%

直接人工脱离定额差异分配率=42÷10 560≈0.40%

制造费用脱离定额差异分配率=18÷8 800≈0.20%

产成品直接材料脱离定额差异=10 260×1.04%=106.70(元)

在产品直接材料脱离定额差异=140-106.70(元)=33.30(元)

产成品直接人工脱离定额差异=9 120×0.40%=36.48(元)

在产品直接人工脱离定额差异=42-36.48=5.52(元)

产成品制造费用脱离定额差异=7 600×0.20%=15.20(元)

在产品制造费用脱离定额差异=18-15.20=2.80(元)

产成品实际成本为：17=13+14+15+16

复习测试题

第十章　其他行业成本核算

案例导入：

张婷是会计专业的学生，她在学校学习的"成本会计"课程主要是以制造企业的生产过程为例讲解成本的计算。毕业之后，张婷在找工作的过程中发现，很多企业在招聘会计人员，但是被问到是否能够胜任物流企业、建筑企业、房地产等企业的成本会计时，张婷的心里没底，虽然在校学习时成本会计学得不错，成绩也很高，但是不同行业的生产经营特点不同，企业的管理要求也不同，不经过专业的学习还真是不知道从何做起。张婷向大学时的成本会计老师请教，老师说："近几年不少毕业生跟我反映，在成本会计中应该多加入一些常见行业的成本核算内容，以便于学生的就业和择业，看来成本会计课程的内容要随着社会的需要不断进行调整。"在老师的帮助下，张婷学习了其他行业的成本核算，感叹到："有原来的基础，其他行业的成本会计学起来并不难，学完了之后，再找工作就有信心了！"

第一节　物流企业成本核算

一、物流企业生产经营的主要特点

物流企业是指至少从事运输(含运输代理、货物快递)或仓储一种经营业务，并能够按照客户的物流需求对运输、储存、装卸、包装、流通加工、配送等基本功能进行组织和管理，具有与自身业务相适应的信息管理系统，实行独立核算、独立承担民事责任的经济组织。

物流企业生产经营的特点如下。

(1) 物流企业在生产经营过程中，不产生新的实物形态的产品，而是提供运输劳务，使劳动对象的位置发生变化。

(2) 运输生产过程和消费过程同时进行，统一而不可分离。

(3) 在生产过程中只消耗劳动工具，不消耗劳动对象。

(4) 运输生产过程具有较大的流动性和分散性。

(5) 运输生产中固定资产比重较大，流动资产比重较小。

二、物流企业成本核算的特点

物流企业为客户提供物流服务，具有无形性、瞬时性和多样性的特点，与其他传统的生产成本核算相比，物流成本的核算具有以下特点。

(1) 物流成本的构成主要属于营运间接费用。直接费用所占的比例较少，有的物流服务使用直接材料较少，甚至不需要使用，占运输支出比重较大的是运输设备和工具的燃料费、折旧费、修理费等。

(2) 成本计算对象具有特殊性。成本计算对象是旅客和货物的位移，由于物流服务的多样性，使物流产品之间费用的产生种类、数量差异较大，从而使得成本费用的分配与计算复杂化。

(3) 产品的生产过程和销售过程同时进行。生产过程不存在在产品，成本不能区分生产成本和销售成本，应计入本期营运成本的费用即为本期的营运成本，归集分配后直接作为销售成本转入本期损益。

物流企业为了完成生产运输也要发生各种成本，具体分为营运成本和非营运成本。营运成本包括直接材料、直接人工和营运间接费用；非营运成本包括销售费用、管理费用和其他费用。

三、物流企业营运成本的账户设置

物流企业营业成本主要设置以下账户。

1. "主营业务成本"账户

因物流企业的生产过程就是销售过程，生产过程和销售过程是统一的，因此物流企业在运输过程中发生的各项成本实际就是主营业务成本，可以直接计入"主营业务成本"账户，在"主营业务成本"总账科目下设置"运输支出""装卸支出"等二级科目。在"运输支出"二级科目下设置"客运""货运"等三级账户进行核算。为了减少账户的层次，也可以直接将"运输支出""装卸支出"等设为一级科目，月末再将"运输支出""装卸支出"等科目的发生额全部转入"主营业务成本"账户。

1) "运输支出"账户

该账户属于成本类账户，借方登记运输过程中发生的各项费用，贷方登记期末结转到"主营业务成本"账户的运输成本，月末一般无余额。企业可以根据需要在该账户下设置"客运""货运"等二级科目，"客运""货运"的二级科目应采用多栏式明细账进行核算。账户按成本项目设置专栏，明细账的格式如表 10-1 所示。

表 10-1 运输支出明细账

二级科目：客运(货运)

摘要	借方金额										贷方	余额
	直接材料	直接人工	营运间接费用				销售费用	管理费用	其他费用	合计		
			折旧费	维护费	水电费	其他						

2) "装卸支出"账户

该账户属于成本类账户，借方登记装卸过程中发生的各项费用，贷方登记期末结转到"主营业务成本"账户的装卸成本，月末一般无余额。企业可以根据需要在该账户下设置"客运""货运"等二级科目。"客运""货运"等二级科目应采用多栏式明细账进行核算，账内按成本项目设置专栏。明细账的格式如表10-2所示。

表10-2　装卸支出明细账

二级科目：客运(货运)

摘要	借方余金额										贷方	余额
	直接材料	直接人工	营运间接费用				销售费用	管理费用	其他费用	合计		
			折旧费	维护费	水电费	其他						

2. "辅助营运费用"账户

物流企业的辅助生产主要是修理车间，该账户用来归集修理车间等辅助车间发生的辅助生产费用，借方登记修理车间发生的全部费用，贷方登记期末转入管理费用的辅助营运费用。明细账也应采用多栏式，账内按成本项目设置专栏。明细账的格式如表10-3所示。

表10-3　辅助营运费用明细账

二级科目：修理车间

摘要	借方金额							贷方	余额
	职工薪酬	材料费	燃料费	折旧费	水电费	办公费	合　计		

3. "营运间接费用"账户

该账户核算汽车物流企业对车辆运输直接进行管理的车队、车站、车场等单位在营运过程中发生的各种间接费用，包括职工薪酬、材料费、办公费、水电费、差旅费、劳动保护费、房屋和设备的折旧费等。该账户借方登记发生的各项间接费用，贷方登记分配转入"运输支出"账户的各项间接费用，结转后该账户应无余额。该账户应按站点(地区物流中心)设置明细科目进行明细核算，如"营运间接费用——某物流中心"。营运间接费用明细账也须采用多栏式，格式如表10-4所示。

表 10-4　营运间接费用明细账

二级科目：物流中心

摘要	借方金额							贷方	余额
	职工薪酬	材料费	燃料费	折旧费	水电费	办公费	合　计		

四、运输成本的核算

物流企业的运输有多种方式，包括汽车运输业务、火车运输业务、飞机运输业务、轮船运输业务等。下面以汽车运输业务的成本核算为例，对成本核算的一般内容进行介绍。

(一)汽车运输业务的成本核算组织

1. 成本核算对象

汽车运输企业的成本计算对象是客车运输业务和货车运输业务，也就是按照客车运输和货车运输分别归集成本。车队除按客运、货运分别计算运输成本外，为了考核同类车型的成本和不同车型、不同用途车辆的经济效果，还可进一步计算主要车型的成本，作为成本计算对象的车型应当单独归集成本费用。

2. 成本计算单位

客车运输以载旅客为主，成本计算单位为"元/千人公里"；货车运输以载货为主，成本计算单位为"元/千吨公里"，若有混合装载，货物周转量和旅客周转量的换算比例为1吨公里=10人公里。

3. 成本计算期

汽车运输业务应按月、季、年作为成本计算期。营运车辆在经营跨月运输业务时，通常以行车路单签发日期所属的月份计算其运输成本。

4. 成本项目

汽车运输企业的成本项目可以分为八类：人工费用、燃料费用、轮胎费用、保养修理费、折旧费、养路费、事故费用和间接费用等。

(二)各项费用的归集和分配

1. 燃料费用的归集和分配

燃料费用的计算通常可以采用如下两种方法：第一种方法是在燃料采用满油箱制的情况下，车辆当月加油数就是当月耗用数；第二种方法是在燃料采用盘存制的情况下，当月燃料耗用数应按下列公式确定：

$$当月耗用数=月初库存数+本月领用-月末库存数$$

如燃料采用计划成本法时，还要相应地摊销材料成本差异。若车辆在本企业以外的油库加油，应根据加油车辆所属的部门直接计入相关的成本费用账户。

2. 轮胎费用的归集和分配

对于公路运输企业而言，轮胎是汽车的重要部件。轮胎更换频繁，需要量大，汽车运输企业可以在"原材料"科目下设置"轮胎"明细账进行核算，也可以直接设置"轮胎"科目进行核算。轮胎的使用和耗费应根据领料单采用一次转销法进行结转，也可以采用分次摊销法进行成本结转。采用一次转销法，领用轮胎时，应根据领用轮胎的部门记入"主营业务成本""营运间接费用""管理费用"等账户。

3. 人工费用的归集与分配

对于发生的工资和其他薪酬费用，一般先在"应付职工薪酬"科目归集，然后按照人员类别分配计入有关成本。

$$职工工资费用分配率=\frac{应分配的工资总额}{分配标准总额(总运用车间)}$$

4. 折旧费用的归集与分配

营运车辆的折旧费一般按工作量法计提，按营运车辆的行驶吨公里或人公里计算折旧。在采用工作量法计提折旧时，对于营运车辆应分别按照不同车型计算折旧额。单位其他部门使用的车辆一般按平均年限法计提折旧。

5. 辅助营运费用的归集与分配

汽车运输企业的辅助营运费用主要是指为本企业车辆、装卸机械进行保修作业而设置的保养场或车间，其在供应劳务和生产产品时所发生的辅助生产费用。运输企业可单设"辅助营运费用"科目，也可以在"劳务成本"科目下设置相关明细科目。

辅助营运费用与制造企业的辅助生产成本类似，一般设置"直接材料""直接人工""燃料动力""制造费用"等成本项目。按月归集发生的各项费用，期末按照一定的方法分配并计入有关成本对象。

6. 营运间接费用的归集与分配

汽车运输企业所属基层营运单位为组织与管理营运过程中所发生的不能直接计入成本计算的各种间接费用，一般通过"营运间接费用"科目进行核算，月末要按实际发生额在各成本计算对象之间进行分配。

期末各部门归集的营运间接费用应按照一定标准在各成本计算对象内进行分配，分配的标准主要有直接费用或营运车日等。

7. 汽车运输成本的计算与结转

汽车运输成本核算过程中，直接费用、营运间接费用通过归集与分配计入各成本核算对象，待企业完成相关运输业务并确认运输业务收入时，所归集的"运输支出"成本结转到当期 "主营业务成本"账户。

【例10-1】 某物流企业有客运、货运两个车队。2019 年 7 月发生业务如下。

(1) 企业采用盘存制核算燃油费用。客运、货运两车队月初车存汽油分别为 950 升和 650 升，当月分别领用汽油 12 000 升和 8 000 升，月末车存汽油分别为 800 升和 700 升。汽油的计划价格为每升 5.8 元，本月材料成本差异率为 2%。

(2) 7 月份运输部门领用汽车轮胎成本为 6 000 元，其中，客运占 2 800 元，货运占 3 200 元。辅助部门领用轮胎 2 000 元。

(3) 根据本月应付职工薪酬结算表，本月客运人员工资 26 000 元，其他薪酬 3 640 元；货运人员工资 30 000 元，其他薪酬 4 200 元；汽车维修部门人员薪酬 18 000 元，其他薪酬 2 520 元；场站管理人员工资 15 000 元，其他薪酬 2 100 元。

(4) 企业缴纳养路费 90 000 元，其中，客运 50 000 元，货运 40 000 元。

(5) 本月共计提折旧 60 000 元，其中，客运车辆计提折旧 30 000 元，货运车辆计提折旧 19 000 元，场站房屋、车辆折旧 8 000 元，维修车间房屋、设备折旧 2 980 元。

(6) 本月维修车间共提供修理工时 1 500 小时，其中，客车 900 小时，货车 600 小时，归集辅助营运费用并按照修理工时分配。

(7) 归集本月营运间接费用，本月客车运营数量为 60 辆，货车运营数量为 40 辆，假定每辆汽车本月均作业 31 天，按照营业日数作为分配标准分配营运间接费用。

(8) 确认当月运输收入，结转运输成本。

该汽车运输企业 7 月份经济业务处理如下。

(1) 客运车队耗用燃油的计划成本=5.8×(950+12 000-800)=70 470(元)

货运车队耗用燃油的计划成本=5.8×(650+8 000-700)=46 110(元)

客运车队耗用燃油的成本差异=70 470×2%=1 409.4(元)

货运车队耗用燃油的成本差异=46 110×2%=922.2(元)

借：运输支出——客运(燃料)   70 470

    ——货运(燃料)   46 110

 贷：原材料——燃料   114 248.4

   材料成本差异——燃料   2 331.6

(2) 借：运输支出——客运(轮胎)　　　　　2 800

　　　　　——货运(轮胎)　　　　　3 200

　　　辅助营运费用　　　　　　　　　2 000

　　　贷：原材料——轮胎　　　　　　　　　　8 000

(3) 借：运输支出——客运(工资)　　　　26 000

　　　　　——客运(其他薪酬)　　　3 640

　　　　　——货运(工资)　　　　　30 000

　　　　　——货运(其他薪酬)　　　4 200

　　　辅助营运费用——工资　　　　　18 000

　　　　　　　　——其他薪酬　　　2 520

　　　营运间接费用——工资　　　　　15 000

　　　　　　　　——其他薪酬　　　2 100

　　　贷：应付职工薪酬——工资　　　　　　89 000

　　　　　　　　　——其他薪酬　　　　12 460

(4) 借：运输支出——客运(养路费)　　　50 000

　　　　　——货运(养路费)　　　　40 000

　　　贷：银行存款　　　　　　　　　　　　90 000

(5) 借：运输支出——客运(折旧费)　　　30 000

　　　　　——货运(折旧费)　　　　19 000

　　　营运间接费用　　　　　　　　　8 000

　　　辅助营运费用　　　　　　　　　2 980

　　　贷：累计折旧　　　　　　　　　　　　60 000

(6) 本月辅助营业费用总额=2 000+18 000+2 520+3 000=25 520(元)

辅助营运费用分配率=25 500÷(900+600)=17(元/小时)

客运负担费用=900×17=15 300(元)

货运负担费用=600×17=10 200(元)

　　借：运输支出——客运　　　　　　　15 300

　　　　　　——货运　　　　　　　10 200

　　　贷：辅助营运费用　　　　　　　　　　25 520

(7) 营运间接费用总额=15 000+2 100+8 000=25 100(元)

客运营运车日数=60×31=1 860(车日)

货运营运车日数=40×31=1 240(车日)

间接费用分配率=25 100÷(1 860+1 240)=8.10(元/车日)

客运分配间接费用=1 860×8.10=15 066(元)

货车分配间接费用=25 100-15 066=10 034(元)

　　借：运输支出——客运(间接费用)　　　15 066

　　　　　　——货运(间接费用)　　　10 034

　　　贷：营运间接费用　　　　　　　　　　25 100

(8) 借：主营业务成本　　　　　　　　　376 020

贷：运输支出——客运　　　　　　　　　213 276

　　　　　——货运　　　　　　　　　162 744

第二节　建筑安装企业成本核算

建筑安装企业是从事建筑安装工程施工的企业。建筑工程主要包括房屋、建筑物、设备基础等的建筑工程，管道、输电线路、通信导线等敷设工程，上下水道工程，道路工程，铁路工程，桥梁工程，隧道工程，水利工程，矿井开凿，钻井工程，各种特殊炉的砌筑工程等。安装工程是指生产、动力、起重、运输、传动、医疗、实验等各种需要安装设备的装配、装置工程。

一、建筑安装企业成本核算对象

(1) 建筑安装工程一般应以每一独立编制施工图预算的单位工程为成本核算对象。

(2) 一个单位工程由几个施工单位共同施工时，各施工单位都应以同一单位工程为成本核算对象，各自核算自行完成的部分。

(3) 规模大、工期长的单位工程，可以将工程划分为若干部分，以分部位的工程作为成本核算对象。

(4) 同一建设项目中由同一单位施工、同一施工地点、同一结构类型、开竣工时间相接近的若干个单位工程，可以合并作为一个成本核算对象。

(5) 改建、扩建的零星工程，可以将开竣工时间接近、属于同一建设项目的各个单位工程合并作为一个成本核算对象。

(6) 土石方工程、打桩工程可以根据实际情况和管理需要，以一个单项工程为成本核算对象，或将同一施工地点的若干个工程量较小的单项工程合并作为一个成本核算对象。

(7) 独立施工的装饰工程的成本计算对象应与土建工程成本计算对象一致。

(8) 工业设备安装工程，可以单位工程或专业项目作为工程成本计算对象。变电所、配电站、锅炉房等可以所、站、房等安装工程作为成本计算对象。

施工企业单件生产的特性可以参考制造企业分批法成本计算方法，成本核算对象确定后，在成本核算过程中不得随意变更。

二、建筑安装企业成本构成与科目设置

(一)建筑安装企业的成本构成

企业在一定时期内为建筑安装工程施工所发生的各种耗费表现为工程成本。按照收入准则的要求，施工企业要以各单项工程的工程成本为成本对象进行各项生产费用的归集分配，并与相应的收入进行匹配。

根据现行会计准则，施工企业履行建造合同而发生的直接费用及组织管理施工生产活动而发生的间接费用可计入工程成本，对计入建造合同或施工项目成本的生产费用按其用

途可分为直接成本与间接费用，其中直接成本包括直接材料、直接人工、机械作业使用费等直接费用。

1. 直接材料

直接材料是指在施工过程中所耗用的构成工程实体的材料、结构件、机械配件和有助于工程形成的其他材料，以及周转材料的租赁费和摊销等。

2. 直接人工

直接人工是指按照国家规定支付给施工过程中直接从事建筑安装工程施工的工人以及在施工现场直接为工程制作构件和运料、配料等工人的工资、奖金、津贴、福利费、社会保险费、劳动保护费以及相应的工会经费、职工教育经费等职工薪酬。

3. 机械使用费

机械使用费是指施工过程中使用自有施工机械所发生的机械使用费、使用外单位施工机械的租赁费，以及按照规定支付的施工机械进出场费等。

4. 其他直接费用

其他直接费用是指施工过程中发生的材料搬运费、材料装卸保管费、燃料动力费、临时设施摊销、生产工具使用费、检验试验费，工程定位复测费、场地清理费、工程点交费，以及能够单独区分和可靠计量的为订立建造承包合同而发生的差旅费、投标费等费用。

5. 间接费用

间接费用是指企业各施工单位为组织和管理工程施工所发生的费用，包括施工单位管理人员的职工薪酬、劳动保护费、固定资产折旧费与修理费，以及物料消耗、周转材料摊销、水电费、办公费、差旅费等。

(二)建筑安装企业的账户设置

1. "工程施工"账户

该账户核算施工企业进行工程施工发生的合同成本和合同毛利。该账户借方登记施工过程中实际发生的各项直接费用、应负担的间接费用以及确认的工程毛利，贷方登记确认的工程亏损，期末借方余额表示工程自开工至本期累计发生的施工费用及各期确认的毛利。工程竣工后，本账户应与"工程结算"账户对冲后结平。本账户按照建造合同分为"合同成本""合同毛利"两个二级账户进行明细核算。

2. "机械作业"账户

该账户核算施工企业以及内部独立核算的施工单位、机械站、运输队在使用自有施工机械进行作业时所发生的各项费用。该账户借方登记发生的各项机械作业费用，贷方登记月末分配计入"工程施工——合同成本"的机械化施工和运输作业成本。本账户期末结转后应无余额。"机械作业"科目应按施工机械或运输设备的种类设置明细账，按照人工费、燃料和动力费、折旧及修理费、其他直接费、间接费用等项目分设专栏。企业及其内部独立核算的施工单位，从外单位或本企业其他内部独立核算的机械站租入施工机械发生的机械租赁费，直接在"工程施工"科目核算。

3."辅助生产成本"账户

该账户核算企业非独立核算的辅助生产部门为工程施工、产品生产、机械作业等提供产品和劳务所发生的各项费用。该账户借方反映相关辅助生产部门发生的各项费用，贷方登记生产完工验收入库的辅助生产的产品成本或者按照受益对象分配结转的辅助生产费用，期末借方余额反映辅助生产单位未完成的产品、作业或劳务的实际成本。该科目按辅助生产部门设置明细账。

4."工程结算"账户

该账户用来核算根据合同完工进度已向客户开出工程价款结算账单办理结算的价款。本账户是"工程施工"账户的备抵账户，已向客户开出工程价款结算账单办理结算的款项计入本账户的贷方，合同完成后，本账户与"工程施工"账户对冲后结平。

三、工程成本的核算

1. 直接材料的归集与分配

直接材料是指在施工过程中所耗用的构成工程实体的材料、结构件、机械配件和有助于工程形成的其他材料，以及周转材料的租赁费和摊销等。

工程建筑安装中耗用的材料结构件等直接材料，凡是领用时能点清数量，并分清用料对象的，应直接计入各项工程成本。凡是在领料时能点清数量，但因统一配料或者下料而不能直接分清各用料对象的，可以按定额耗用量比例法分配，计入各受益工程成本。对于领用时难以点清数量又无法直接确定各用料对象的大堆材料，可以通过月末实地盘点。倒挤当月实际耗用量，再根据各项工程的定额耗用量，或者完成实际工程量的比例分配计入各项工程成本。

【例 10-2】 A 建筑工程公司目前有甲、乙两项工程，2019 年 7 月份的相关情况如下：本月各部门共领用原材料计划成本 303 000 元，其中，甲工程施工领用原材料 240 000 元，乙工程施工领用原材料 60 000 元，吊车领用油料 2 000 元，工程处维修耗用材料 1 000 元，材料成本差异率为 2%。

相关账务处理如下。

借：工程施工——合同成本——甲工程　　244 800
　　　　　　　　　　　　——乙工程　　　 61 200
　　　　　　　——间接费用　　　　　　　 1 020
　　机械作业　　　　　　　　　　　　　　 2 040
　　贷：原材料　　　　　　　　　　　　　　　 303 000
　　　　材料成本差异　　　　　　　　　　　　　 6 060

2. 直接人工的归集和分配

直接人工是指按照国家规定支付给施工过程中直接从事建筑安装工程施工的工人，以及在施工现场直接为工程制作构件和运料、配料等工人的职工薪酬。职工薪酬应该按照职工工作的部门及服务对象进行分配，分别计入工程施工、机械作业、管理费用等科目的借方。直接从事施工的工人，其人工费用直接计入工程施工——合同成本科目。机械设备操作工人以及设备管理人员的人工费用应先归集在机械作业科目中，借记机械作业科目，月末随同机械作业成本的分配计入工程成本。施工单位管理人员，其人工费用应先借记入工程施工——间接费用科目的借方，月末随同其他间接费用分配计入各成本计算对象。

【例 10-3】 A 建筑工程公司计算本月应付职工薪酬，其中施工工人薪酬 90 000 元，机械设备操作人员薪酬 12 000 元，施工单位管理人员薪酬 20 000 元。施工工人工资按工程耗用工时比例分配，其中，甲工程耗用 3 000 工时，乙工程耗用 2 000 工时。

施工工人工资分配率=90 000÷(3 000+2 000)=18(元/工时)

甲工程分摊的人工费=3 000×18=54 000(元)

乙工程分摊的人工费=2 000×18=36 000(元)

相关账务处理如下。

借：工程施工——合同成本——甲工程 54 000

       ——乙工程 36 000

    ——间接费用   20 000

  机械作业   12 000

 贷：应付职工薪酬   122 000

3. 机械使用费的归集和分配

机械使用费是指为了完成建筑安装工程所需的各种施工机械发生的各项费用，包括租入施工机械的租赁费和使用自有施工机械的使用费，以及施工机械安装、拆卸和进出场费等。企业可以设置"机械作业"科目核算。

建筑安装企业的施工机械可分为租赁机械和自有机械两种。建筑安装企业及其内部独立核算的建筑安装单位租用的建筑安装机械，按照规定的台班费定额支付的机械租赁费，直接计入各项工程成本。建筑安装企业及其内部独立核算的建筑安装单位、机械站和运输队使用自有建筑安装机械和运输设备进行机械作业所发生的各项费用，需要通过"机械作业"账户进行汇总，期末按一定的方法分配计入各成本核算对象中。

机械使用费的分配可以按各项工程的实际工作台时(台班)数或完成工作量的比例进行分配。

【例 10-4】 接例 10-2、例 10-3 A 建筑工程公司本月在施工过程中使用吊车一台，计提机械折旧费 5 000 元，以银行存款支付其他费用 1 840 元。月末，把全月发生的机械使用费在甲、乙两个工程之间按照实际工作台时分配，甲工程使用工程机械时间 100 小时，乙工程使用工程机械时间 80 小时。

机械耗用油料、计提折旧的会计分录如下。

借：机械作业   6 840

 贷：银行存款   1 840

  累计折旧   5 000

本月机械使用费总额=2 040+12 000+1 840+5 000=20 880(元)

机械使用费分配率=20 880÷(100+80)=116(元/小时)

甲工程应分配的机械使用费=100×116=11 600(元)

乙工程应分配的机械使用费=80×116=9 280(元)

相关账务处理如下。

借：工程施工——合同成本——甲工程　　11 600

　　　　　　　　　　　　——乙工程　　　9 280

　　贷：机械作业　　　　　　　　　　　　　　20 880

4. 其他直接生产费用的归集和分配

其他直接费用是指施工过程中发生的材料搬运费、材料装卸保管费、燃料动力费、临时设施摊销、生产工具用具使用费、检验试验费、工程定位复测费、工程电费、场地清理费，以及能够单独区分和可靠计量的为订立建造承包合同而发生的差旅费、投标费等费用。其他直接费用发生时，凡是能直接计入各个成本核算对象的应直接计入，不能直接计入各个成本核算对象的，应根据受益程度分配计入。

【例10-5】A建筑工程公司本月发生其他直接费用共13 900元，其中，甲工程负担7 800元，乙工程应负担6 100元。

借：工程施工——合同成本——甲工程　　　　　　7 800

　　　　　　　　　　　　——乙工程　　　　　　6 100

　　贷：工程施工——合同成本——其他直接费用　　　　13 900

5. 间接费用的归集和分配

间接费用是施工单位为组织和管理建筑安装工程施工所发生的费用。间接费用主要包括临时设施摊销费用、建筑安装单位管理人员工资费用、劳动保护费、固定资产折旧费及修理费、办公费、工具用具使用费、其他间接费用等。

间接费用属于共同费用，难以分清受益对象。为了归集和分配间接费用，企业应在"工程施工——间接费用"科目进行核算，汇总本期发生的各种间接费用，并按费用项目进行明细核算。当间接费用发生时计入"工程施工——间接费用"科目的借方，月末按照一定的标准分配转入受益对象的"工程施工——合同成本"账户，该账户月末一般没有余额。

间接费用的分配方法一般有直接费用比例法和人工费用比例法等。计算公式如下：

$$间接费用分配率=\frac{本期间接费用总额}{各合同项目本期发生的直接费用(或人工费用)总额}$$

【例10-6】A建筑工程公司本月办公用房屋折旧费20 000元，办公费10 000元均以银行存款支付。汇总例10-2～例10-6中A建筑工程公司本月间接费用总额，并按本月甲、乙工程的直接费用比例分配间接费用。

折旧费、办公费的会计分录如下。

借：工程施工——间接费用　　　30 000

　　贷：累计折旧　　　　　　20 000

　　　　银行存款　　　　　　10 000

本月间接费用总额=1 020+20 000+20 000+10 000=51 020(元)

甲工程当月直接费用=244 800+54 000+11 600+7 800=318 200(元)

乙工程当月直接费用=61 200+36 000+9 280+6 100=112 580(元)

间接费用分配率=51 020÷(318 200+112 580)=51 020÷430 780≈0.118 4

甲工程应分配的间接费用=318 200×0.118 4=37 674.88(元)

乙工程应分配的间接费用=51 020-37 674.88=13 345.12(元)

相关账务处理如下。

借：工程施工——合同成本——甲工程　　　　37 674.88

　　　　　　　　　　　——乙工程　　　　13 345.12

　　贷：工程施工——间接费用　　　　　　　　　　51 020

四、建筑安装企业工程结算

建筑安装企业的各项生产费用在各成本对象之间进行归集和分配以后，应计入本月各成本计算对象的费用，归集在"工程施工——合同成本"科目和有关成本计算单中。作为成本计算对象的单项合同，工程全部完工之后称为完工工程；尚未完工但已完成预算定额规定的一定组成部分的工程称为已完工程；虽然投入料工开始施工，但尚未完成预定定额所规定工序的分部分项工程称为未完工程。由于建筑安装工程的施工周期较长，因此在实际工作中一般不能等到整个工程竣工以后再计算成本，通常应定期及时地计算已完工程的实际成本，以便与预算成本相比较，及时发现超支情况加强管理。计算已完工程的成本，先要计算未完工程的成本，然后倒挤出本期已完工程成本。

1. 未完工程成本的计算

未完工程成本的计算，通常是由工程人员月末到施工现场实地丈量盘点未完施工实物量，并按其完成施工的程度折合为已完工程数量，根据预算单价计算未完工程成本。其计算公式如下：

未完工程成本=预算单件×未完工程实物量

2. 已完工程实际成本的计算

月末未完工程成本确定后，可根据如下公式确定当月各个成本计算对象已完工程的实际成本：

本期已完工程成本=期初在建工程成本+本期发生工程成本-期末未完工程成本

3. 工程收入和成本费用的核算

按照收入准则的要求，施工建造合同一般是在某一时段履行履约义务的合同，企业应当在满足收入确认条件时，按照履约进度确认合同收入和结转工程施工成本。当建造合同跨年度完成时，需要采用完工百分比法计算各年度的收入和费用。完工百分比法是指根据合同完工进度确认收入和费用的方法。确定合同完工进度一般有以下三种方法。

(1) 根据累计实际发生的合同成本占合同预计总成本的比例确定。这种方法是确定合同完工进度较常用的方法，其计算公式为

合同完工进度=累计实际发生的合同成本÷合同预计总成本×100%

(2) 根据已经完成的合同工作量占合同预计总工作量的比例确定。这种方法适用于合同工作量容易确定的建造合同，如道路工程、土石方挖掘、砌筑工程等。其计算公式为

合同完工进度=已完成的合同工作量÷合同预计总工作量×100%

(3) 根据实际测定的完工进度确定。该方法是在无法根据上述两种方法确定合同完工进度时所采用的一种特殊的技术测量方法。

确定完工进度后，就可以根据完工进度计量和确认当期的合同收入和费用。具体计算公式如下：

当期确认的合同收入=合同总收入×完工进度-以前会计年度累计已确认的收入

当期确认的合同费用=合同预计总成本×完工进度-以前会计期间累计已确认的成本

当期确认的毛利=当期确认的合同收入-当期确认的合同费用

【例 10-7】 接上例甲工程包含 A、B 两个分项工程，甲工程本月初未完工，合同成本期初余额为 203 800 元。A 工程在本月全部完工，B 工程完工 20%，B 工程的预算造价为500 000 元。乙工程本月开始动工，工程尚未完工。假设 A 工程不是跨年度工程，在工程完工后一次性确认合同收入与成本。A 工程合同收入为 700 000 元。根据完工百分比法计算 A 工程的工程成本，并做出确认合同收入，结转合同成本的会计分录。

甲工程未完工工程成本=500 000×20%=100 000(元)

甲工程已完工工程成本=203 800+318 200+37 674.88-100 000=459 674.88(元)

借：主营业务成本　　　　　　　　459 674.88
　　工程施工——合同毛利　　　　246 325.12
　　　贷：主营业务收入　　　　　　　　　700 000
借：应收账款　　　　　　　　　　700 000
　　　贷：工程结算　　　　　　　　　　　700 000
借：工程结算　　　　　　　　　　700 000
　　　贷：工程施工——合同成本　　　　　459 674.88
　　　　　　　　　——合同毛利　　　　　246 325.12

第三节　房地产开发企业成本核算

房地产开发成本是指房地产企业为开发一定数量的商品房所支出的全部费用。房地产开发企业产品的开发成本，相当于工业产品的制造成本和建筑安装工程的施工成本。如要计算房地产开发企业产品的完全成本，还要计算开发企业行政管理部门为组织和管理开发经营活动而发生的管理费用、财务费用，以及为销售、出租、转让开发产品而发生的销售费用。

一、确定成本核算对象的方法

房地产开发企业的成本对象是指为归集和分配开发产品在开发建造过程中的各项耗费而确定的费用承担项目。

房地产企业应结合项目开发地点、开发规模、周期开发、产品处理方式、功能设计、结构类型、装修档次、施工队伍等因素和管理需要等实际情况确定具体成本核算对象。具体确定方法如下。

(1) 单体开发项目一般以每一独立编制设计概算或施工图预算的单项开发工程为成本核算对象。

(2) 成片分期开发的项目，可以以各期为成本核算对象。

(3) 在同一开发地点，结构类型相同，开竣工时间相近，由同一施工单位施工或总包的群体开发项目，可以合并为一个成本核算对象。

(4) 开发规模较大、工期较长的开发项目，可以结合项目特点和管理的需要，按开发项目的一定区域、部委、周期划分成本核算对象。

(5) 同一项目有裙楼、公寓、写字楼等不同功能的，在按期划分成本核算对象的基础上，还应按功能划分成本核算对象。

(6) 同一分期有高层、多层、复式等不同结构类型的，还应按结构类型划分成本核算对象。

(7) 独立编制设计概算或施工图预算的配套设施，不论其支出是否摊入房屋等开发产品成本，均应单独作为成本核算对象。

(8) 只为一个单体开发项目服务的，应摊入开发项目成本且造价较低的配套设施可以不单独作为成本核算对象，发生的开发费用直接计入单体开发项目的成本。

成本核算对象应在开发项目开工前确定，一经确定就不能随意改变，更不能相互混淆。

二、房地产开发成本项目及账户设置

(一)房地产开发成本项目

1. 土地使用权出让金

土地使用权出让金是政府将土地使用权出让给土地使用者，并向受让人收取的政府放弃若干年土地使用权的全部货币或其他物品及权利折成货币的补偿。

2. 土地征收及拆迁安置补偿费

1) 土地征收费

国家建设征收农村土地发生的费用主要有土地补偿费、劳动力安置补助费、水利设施维修分摊、青苗补偿费、耕地占用税、耕地垦复基金、征地管理费等。

2) 房屋征收安置补偿费

在城镇地区，国家和地方政府可以依据法定程序，将国有储备土地或已由企、事业单位或个人使用的土地出让给房地产开发项目或其他建设项目使用。因出让土地使原用地单位或个人造成经济损失，新用地单位应按规定给予补偿。它实际上包括两部分费用，即房屋征收安置费和征收补偿费。

3. 前期工程费

前期工程费主要包括项目的规划设计费，可行性研究费，水文地质勘探费，地上原有建筑物，构筑物拆除费用，场地平整费以及通水、通电、通路的费用等。

4. 建筑安装工程费

建筑安装工程费主要包括建筑工程费(建筑、特殊装修工程费)、设备及安装工程费(给排水、电气照明、电梯、空调、燃气管道、消防、防雷、弱电等设备及安装)以及室内装修工程费等。

5. 基础设施费

基础设施费主要包括供水、供电、供气、道路、绿化、排污、排洪、电信、环卫等工程费用。

6. 公共配套设施费

公共配套设施费主要包括不能有偿转让的开发小区内公共配套设施发生的支出。

7. 开发期间税费

开发期间税费是指企业在开发过程中所负担的各种税金和地方政府或有关部门征收的费用。

8. 开发间接费用

开发间接费用是指企业所属的开发部门或工程指挥部门为组织和管理开发项目而发生的各项费用支出，包括工资福利费、折旧费、水电费、办公费和差旅费等。但需要注意，企业的各行政部门为管理公司而发生的各项费用，应作为期间费用处理，不计入开发产品成本。

(二)账户设置

为了归集和分配各项耗费，正确核算企业所开发项目的实际成本，房地产开发企业通常应设置如下账户。

1. "开发成本"账户

本科目核算房地产开发企业在土地、房屋、配套设施和代建工程的开发过程中所发生的各项费用。本科目借方登记房地产企业开发过程中所发生的各项费用，能确定所属对象的直接费用可以直接计入本科目。应由多种开发产品共同负担的间接费用，先归集在"开发间接费用"科目，再按照一定的分配标准转入本科目。本科目贷方登记开发完成已竣工验收的结转到"开发产品"账户的实际成本。借方余额反映未完工开发项目的实际成本。本科目应按开发成本的种类，如"土地开发""房屋开发""配套设施开发""代建工程开发"等设置二级明细科目，并在二级明细科目下按成本核算对象进行明细核算，三级账户应采用借方多栏式账页，以分别记录和反映不同的成本项目。

2. "开发间接费用"账户

本科目核算房地产开发企业内部独立核算单位为开发产品而发生的各项间接费用，包括现场管理人员薪酬、折旧费、修理费、办公费、水电费、劳动保护费和周转房摊销等。本科目借方登记企业内部独立核算单位为开发产品而发生的各项开发间接费，贷方登记按分配标准转入"开发成本"科目的金额，月末结转后本科目无余额。本科目应按企业内部不同的单位部门设置明细科目进行明细核算。"开发间接费用"账户应采用借方多栏式账页，以记录和反映不同的费用项目。

三、开发产品成本核算的具体内容

房地产开发产品成本核算的内容包括土地开发、房屋开发、配套设施开发、在建工程等开发成本核算。

(一)土地开发成本的核算

房地产企业开发的土地，按其用途可以分为商用土地和自用土地两类。商用土地是指为出售、出租而开发的土地，其费用支出单独构成土地的开发成本。开发后的土地是最终产品，土地出售或者出租单独构成土地经营收益。自用土地是指为开发房屋而开发的土地，开发的土地是中间产品，其费用支出应计入商品房有关房屋的开发成本。

其中如果企业开发土地是为了出售或出租，那么所发生的土地开发费用要直接记入"开发成本——土地开发"账户。

如果企业是为了自建房屋而开发的土地，而且所建房屋只是一个成本核算对象，那么可不单独核算土地开发成本，所发生的土地开发费用可直接计入房屋开发成本。但如果企业开发完土地后所建的房屋是两个或两个以上成本核算对象，则需要单独核算土地的开发成本，再将土地开发成本分配计入两个不同的房屋开发成本。

【例 10-8】 某房地产开发企业 2019 年 7 月共对 A、B 两块土地进行开发，其中 A 土地为商品性土地开发，B 土地为自用土地开发，B 土地开发完工后，共建设商品房 1 号项目和 2 号项目使用。1 号项目和 2 号项目的标准和规格不同，需要单独核算成本。

本月发生的经济业务如下。

(1) 7 月 3 日，用银行存款支付 A 土地征用费 600 万元，支付 B 土地拆迁补偿费 380万元。

借：开发成本——土地开发——A 土地　　　　6 000 000

　　　　　　　　　　　　——B 土地　　　　3 800 000

　　贷：银行存款　　　　　　　　　　　　　　　　9 800 000

(2) 7 月 4 日，用银行存款支付项目可行性研究费，其中 A 土地 1.5 万元，B 土地 3 万元。

借：开发成本——土地开发——A 土地　　　　15 000

　　　　　　　　　　　　——B 土地　　　　30 000

　　贷：银行存款　　　　　　　　　　　　　　　　45 000

(3) 7 月 13 日，某施工企业承包的基础设施工程已经竣工，A 土地应付工程款 28 万元，B 土地应付工程款 20 万元。

借：开发成本——土地开发——A 土地　　　　280 000

　　　　　　　　　　　　——B 土地　　　　200 000

贷：应付账款   480 000

(4) 7月20日，由某建筑公司承建的B土地不能有偿转让的公共配套设施锅炉房已竣工，实际成本28万元，款项尚未支付。

借：开发成本——土地开发——B土地   280 000

    贷：应付账款   280 000

(5) 7月31日，分配土地开发应负担的开发间接费用8万元，其中，A土地承担5万元，B土地承担3万元。

借：开发成本——土地开发——A土地   50 000

             ——B土地   30 000

    贷：开发间接费用   80 000

(6) 7月31日，A土地已开发完工，共开发建设场地2万平方米，总成本1 050万元。

借：开发产品——土地——A土地   10 500 000

    贷：开发成本——土地开发——A土地   10 500 000

(7) 7月31日，B土地已开发完工，并交付1号项目和2号项目开发使用，实际总成本2 300万元，按各项目实际占地面积进行分配，1号项目应负担土地开发成本1 300万元，2号项目应负担土地开发成本1 000万元。

借：开发成本——房屋开发——1号项目   13 000 000

             ——2号项目   10 000 000

    贷：开发成本——土地开发——B土地   23 000 000

(二)房屋开发成本的核算

房屋开发成本是指企业在进行房屋开发过程中所发生的各项开发直接费用和间接费用的总和，主要包括土地征用及拆迁补偿费、前期工程费、基础设施费、建筑安装工程费、配套设施费、开发间接费等项目。

为了反映房屋开发费用支出的情况，企业应设置"开发成本——房屋开发"科目，并分别按照开发房屋的用途，比如商品房、出租房、周转房、代建房等和企业选择的成本核算对象设置明细科目，进行房屋开发费用的明细核算。

1. 土地征用及拆迁补偿费的归集与分配

土地征用及拆迁补偿费是房屋开发成本的一部分，最终要计入房屋成本中，但是，在具体核算时可采用不同的方式。能够分清受益对象的，可直接计入有关房屋开发成本核算对象的"土地征用及拆迁补偿费"成本项目内，借记"开发成本——房屋开发"科目，贷记"银行存款"等科目；分不清受益对象的，可先通过"开发成本——土地开发——土地征用及拆迁补偿费"科目进行归集，待土地开发完成投入使用时，再按一定标准将该项费用分配计入有关房屋开发成本。

2. 前期工程费的归集与分配

企业支付前期工程费能分清成本核算对象的，可直接计入有关房屋开发成本核算对象的"前期工程费"成本项目内；不能分清成本核算对象的，可先通过"开发成本——房屋开

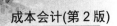

发——前期工程费"科目归集,以后再按一定标准分配计入有关房屋开发成本。

3. 基础设施费的归集与分配

企业在房屋开发过程中发生的基础设施费用,在费用发生时能分清受益对象的,应直接计入各有关房屋开发成本核算对象的"基础设施费"成本项目内,借记"开发成本——房屋开发"科目,贷记"银行存款"等科目;拥有两个或两个以上成本核算对象负担的基础设施费用,需按房屋开发项目的预算造价(或其他适当分配标准)分配计入有关房屋开发成本。

4. 建筑安装工程费的归集与分配

房地产企业的建筑安装工程可以采用自营方式,也可以采用委托方式。房屋开发过程中发生的建筑安装工程费,应根据建筑安装工程的施工方式,采用不同的费用归集和分配方法。

(1) 自营方式。企业自己组织力量进行房屋建筑安装工程施工,发生的人工费、材料费和机械使用费等建筑安装工程费应计入"开发成本——房屋开发"科目。企业用于房屋开发的附属于房屋主体工程的各项设备,其设备成本也应计入有关房屋开发成本。

(2) 委托方式。开发企业将建筑安装工程出包,其建筑安装工程费用应根据企业承付的已完工程价款确定,直接计入有关核算对象,借记"开发成本——房屋开发"科目,贷记"应付账款"或"银行存款"等科目。

5. 公共配套设施费的归集与分配

开发企业在进行土地和房屋开发时,往往需要按照城市建设规划要求,一并建设相应的配套设施。开发企业承建的配套设施,按其是否可以有偿转让分为两类:一类是不能有偿转让的公共配套设施,如水塔、自行车棚、消防设施、锅炉房、公共厕所等;另一类是能够有偿转让的公共配套设施,如商店、邮局、银行、学校和医院等。

只有小区内开发的不能有偿转让的非营业性公共配套设施所发生的费用,才能作为公共配套设施费计入商品房等开发产品成本中。配套设施费用能够分清有关成本核算对象时,应直接计入有关房屋开发成本,借记"开发成本——房屋开发"科目,贷记"银行存款"等科目;若发生的配套设施费用由两个或两个以上的成本核算对象负担,则应先通过"开发成本——配套设施开发"的明细科目来归集费用,配套设施竣工后再分配计入有关成本核算对象,借记"开发成本——房屋开发",贷记"开发成本——配套设施开发"科目。

能够有偿转让的公共配套设施,应在"开发成本——配套设施开发"科目内单独核算。

6. 开发间接费用的归集与分配

房屋开发企业在房屋开发建设过程中发生的各项间接费用,应先归集在"开发间接费用"科目,期末再按照一定的标准分配计入有关房屋开发成本,借记"开发成本——房屋开发"科目,贷记"开发间接费用"科目。

7. 结转房屋开发成本

企业采用上述方法进行各项费用的归集与分配,已将某项工程在整个开发过程中发生的各项成本费用都记录到相应成本核算对象的成本项目内，工程全部完工后，企业可根据开发成本明细账中的数据资料，正确地计算并结转该项工程的开发成本。应将开发的实际成本自"开发成本"账户转入"开发产品"账户，借记"开发产品——房屋"科目，贷记"开发成本——房屋开发成本"科目，并按房屋的类别和项目设置明细账户进行明细核算。

【例 10-9】 某房地产开发企业 2019 年 8 月拥有商品房和代建房两个项目，其中，商品房开发项目于本月月末完工。本月发生的相关费用如下。

(1) 支付商品房征地拆迁补偿费 2 000 000 元。

(2) 支付前期工程款 750 000 元，其中商品房 400 000 万元，代建房 350 000 元。

(3) 应付基础设施工程款 1 515 000 元，其中商品房 1 000 000 元，代建房 515 000 元。

(4) 应付建筑安装工程款 815 000 元，其中商品房 500 000 元，代建房 315 000 元。

(5) 支付配套设施费 3 500 000 元，其中商品房 2 000 000 万元，代建房 1 500 000 元。

(6) 分配开发间接费用 300 000 元，其中商品房 180 000 元，代建房 120 000 元。

根据上述资料，做出本月该房地产企业各项业务的会计分录，登记本月商品房开发成本明细账(期初余额已登记)，结转商品房开发成本。

(1) 支付征地拆迁款时。

借：开发成本——房屋开发(商品房)　　2 000 000
　　　贷：银行存款　　　　　　　　　　　　　2 000 000

(2) 支付前期工程款时。

借：开发成本——房屋开发(商品房)　　400 000
　　　　　　——房屋开发(代建房)　　350 000
　　　贷：银行存款　　　　　　　　　　　　　750 000

(3) 应付基础设施工程款入账时。

借：开发成本——房屋开发(商品房)　　1 000 000
　　　　　　——房屋开发(代建房)　　515 000
　　　贷：应付账款——应付工程款　　　　　　1 515 000

(4) 应付建筑安装工程款入账时。

借：开发成本——房屋开发(商品房)　　500 000
　　　　　　——房屋开发(代建房)　　315 000
　　　贷：应付账款——应付工程款　　　　　　815 000

(5) 支付配套设施费时。

借：开发成本——房屋开发(商品房)　　2 000 000
　　　　　　——房屋开发(代建房)　　1 500 000
　　　贷：银行存款　　　　　　　　　　　　　3 500 000

(6) 分配开发间接费用时。

借：开发成本——房屋开发(商品房)　　180 000
　　　　　　——房屋开发(代建房)　　120 000
　　　贷：银行存款　　　　　　　　　　　　　300 000

(7) 登记商品房开发成本明细账如表 10-5 所示。

表 10-5　商品房开发成本明细账

项目名称：商品房　　　　　　　　　　　　　2019 年 8 月　　　　　　　　　　　单位：元

摘　　要	土地开发成本	征地拆迁补偿	前期工程费	基础设施费	建筑安装费	配套设施费	开发间接费用	合　计
月初余额	5 000 000	1 000 000	700 000	800 000			100 000	7 600 000
支付征地拆迁款		2 000 000						2 000 000
支付前期工程款			400 000					400 000
应付基础设施工程款				1 000 000				1 000 000
应付建筑安装工程款					500 000			500 000
支付配套设施费						2 000 000		2 000 000
分配开发间接费用							180 000	180 000
本月合计		2 000 000	400 000	1 000 000	500 000	2 000 000	180 000	6 080 000
本月累计	5 000 000	3 000 000	1 100 000	1 800 000	500 000	2 000 000	280 000	13 680 000
结转完工成本	5 000 000	3 000 000	1 100 000	1 800 000	500 000	2 000 000	280 000	13 680 000

结转完工商品房成本：

借：开发产品——房屋(商品房)　　　　　　13 680 000

　　贷：开发成本——房屋开发(商品房)　　　　13 680 000

复习测试题

第三篇

成本管理篇

第十一章 标准成本法

案例导入：

WK 企业生产和销售甲产品。甲产品生产需要耗用 A、B 两种材料，只经过一个生产加工过程，本月预计生产 1 000 件。本月预算固定制造费用为 40 000 元，预算变动制造费用为 60 000 元，预算工时为 20 000 工时。变动制造费用分配率和固定制造费用分配率均按直接工资工时计算。甲产品的标准成本资料如表 11-1 所示。

表 11-1 单位产品标准成本

项 目	标准消耗量	标准单价/元	金额/元
直接材料			
A 材料	20 千克	10	200
B 材料	30 千克	9	270
直接人工	20 工时	5	100
变动制造费用	20 工时	3	60
固定制造费用	20 工时	2	40
单位产品标准成本			670
变动制造费用预算分配率	60 000÷20 000=3	固定制造费用预算分配率	40 000÷20 000=2

甲产品月初没有在产品，本月投产 900 件，并于当月全部完工；本月销售甲产品 800 件，每件售价为 950 元。本月其他有关实际资料如表 11-2 所示，本期所购材料货款已全部支付，所发生的各项制造费用均通过"应付账款"科目核算。

表 11-2 甲产品生产耗费表

项 目	采购材料数量	实际耗用量	实际单价/元	实际成本/元
直接材料				
A 材料	20 000 千克	19 800 千克	9.0	178 200
B 材料	25 500 千克	25 200 千克	9.5	239 400
直接人工		19 800 工时	5.2	102 960
变动制造费用			2.8	55 440
固定制造费用			2.1	41 580
实际产品成本总额				617 580

(资料来源：万寿义. 成本会计与案例[M]. 3 版. 大连：东北财经大学出版社，2013)

思考题：

1. 如果 WK 企业请你根据上述资料进行标准成本的会计处理，那么你将怎样做？
2. 试对上述处理的结果进行评价。

第一节　标准成本控制概述

标准成本系统是泰罗制的一个重要组成部分，是在 19 世纪末 20 世纪初随着泰罗制的产生而产生和发展起来的，也是人类管理历史上出现最早和最规范的成本控制系统。除了定额法外，使产品成本核算与成本控制同步实现的方法就是标准成本制度，它是成本核算的一种辅助方法。

一、成本控制概述

成本控制是企业通过促进、约束、指导和干预经济活动等手段对实际行动施加影响，使之能按预定的目标或计划进行的过程。为了保证全面预算的顺利实施和完成，管理人员必须对企业供应、生产、销售等方面的经济活动按预算进行有效的控制。

(一)成本控制的内涵

成本控制是指在企业生产经营过程中，运用以成本会计为主的各种方法，采用一定的控制标准和手段，将有关各项成本耗费的发生额控制在计划或标准的范围内，同时，及时发现偏差并找出原因，积极采取措施予以纠正，以实现企业降低成本，提高经济效益的一种管理行为。

成本控制的内涵有广义和狭义之分。广义的成本控制强调对企业生产经营的各个方面、各个环节及各个阶段的所有成本的控制，从空间上渗透到企业的方方面面，从时间上贯穿企业生产经营的全过程，从横向上包括对生产成本、非生产成本、研发成本、设计成本、采购成本、销售费用、储存成本等一切成本、费用的控制，从纵向上包括事前成本控制、事中成本控制和事后成本控制。狭义的成本控制则主要是指对成本的事中控制，即仅指对日常生产阶段产品成本的控制。

(二)成本控制的分类

成本控制可以按不同的标准进行分类，通常有以下几种类型。

1. 按成本控制原理分类

成本控制按控制的原理不同，可以分为前馈性成本控制、防护性成本控制和反馈性成本控制三类。

前馈性成本控制是指利用控制理论中的前馈控制原理对产品投产前的设计、试制阶段进行的成本控制。

防护性成本控制也称制度控制，是一种辅助控制形式，它是指通过企业内部制定的规章制度来约束成本的支出，防止偏差和浪费的产生。

反馈性成本控制是指利用反馈原理进行的日常或事后的成本控制。

2. 按成本控制时间分类

成本控制按控制时间的不同，可以分为事前成本控制、事中成本控制和事后成本控制三类。

事前成本控制是指在产品投产前的设计、试制阶段，对可能影响成本的各有关因素进行的事前规划、审核与监督，同时建立健全各项成本的管理制度，以达到防患于未然的目的。

事中成本控制是指在产品的生产过程中，对成本的形成和偏离成本目标的差异进行的日常控制，对实际发生的各项成本进行限制、指导和监督。

事后成本控制是指在产品成本形成之后，对成本的综合分析和考核。

3. 按成本控制手段分类

成本控制按控制手段的不同，可以分为成本绝对控制和成本相对控制两类。

成本绝对控制是指主要采取各项措施，节约各项费用开支，对各项成本费用的绝对金额进行的控制。

成本相对控制是指既采取各项措施，节约各项费用开支，同时又通过本、量、利之间的关系，降低单位产品成本，达到相对降低成本的目的。

4. 按成本控制对象分类

成本控制按控制对象的不同，可以分为产品成本控制和质量成本控制两类。

产品成本控制是对生产产品的全过程进行的控制。

质量成本控制是指将质量管理与成本管理相结合通过确定最优质量成本而达到控制成本的目的。

(三)成本控制的原则

企业在成本控制过程中需遵循以下原则。

1. 全面性原则

全面性原则是指企业的成本控制要涉及方方面面，如产品设计、试制、生产、供应、销售等各部门、各环节，具体包括以下几方面内容。

(1) 对产品形成的全过程进行控制，从产品投产前的设计阶段开始，包括试制阶段、生产阶段、销售阶段直至产品售后阶段都应当进行控制。

(2) 对生产耗用的全部费用进行控制，正确地处理好降低产品成本和提高产品质量的关系，以达到合理、合法、合规控制成本的目的。

(3) 要进行全员性的成本控制，充分调动企业全体员工的积极性，使每个人都为控制成本积极地想办法和认真地工作，以达到全员控制成本的目的。

2. 成本效益原则

成本效益原则要求企业在合理控制成本的基础上实现获取最大经济效益的目标。

任何企业在进行生产、销售和管理活动时，都要讲求经济效果，不能不计成本，搞一些华而不实的烦琐手续，效益不大，甚至得不偿失。成本效益原则要求企业应该量力而行，考虑在重要领域中选择关键因素加以控制，要求以能够降低成本、纠正偏差为目标，实现成本控制的目的。

3. 因地制宜原则

因地制宜原则是指在制定成本控制系统时必须个别设计，以适应特定企业的特点、特定部门的要求、职务与岗位责任的要求、成本项目的特点。对大型企业和小型企业、老企业和新企业、发展快的企业和相对稳定的企业、不同行业的企业以及同一企业不同的发展阶段都要有所区别。

4. 全员参与原则

由于成本控制涉及全体员工，因此在推行时必须得到全体员工的大力配合和积极参与才能实现成本控制的目的。

首先，针对成本控制，领导层要重视并全力支持，具有完成成本目标的决心和信心，具有实事求是的精神，以身作则，严格控制自身的责任成本。

其次，全体员工必须具有成本控制愿望和成本意识，养成节约习惯，正确理解和使用成本信息，按照领导层的安排和指导，改进工作，降低成本。

二、标准成本控制的相关内容

标准成本是指企业在现有的生产技术水平和有效经营管理条件下，按照成本项目反映的、应当达到的单位产品的标准成本。它是根据产品的标准消耗量和标准单价计算出来的。

(一)标准成本的含义及特点

标准成本不是实际发生的成本，它是一种预定的目标成本。在实际工作中，标准成本有两种含义。

一是单位产品的标准成本，具体计算公式如下：

标准成本=单位产品标准成本=单位产品标准消耗量×标准单价

二是实际产量的标准成本，具体计算公式如下：

标准成本=实际产量×单位产品标准成本

通过上述描述，可以看出标准成本具有如下特点。

(1) 科学性。标准成本是通过对企业进行实际调查，依据科学的方法制定的，具有一定的科学性。

(2) 稳定性。标准成本是按照正常条件制定的，没有考虑不可预测的异常因素，所以它一经制定，就不会轻易改变，具有一定的稳定性。

(3) 尺度性。标准成本是成本控制系统的目标和衡量实际成本的尺度，因而它具有尺度性。

(二)标准成本的分类

标准成本按其制定所依据的生产技术和经营管理水平不同，可以分为理想标准成本、正常标准成本和现实标准成本三种。

(1) 理想标准成本是在最优的生产条件下，利用现有规模和设备能达到的最低成本。它是理想上的业绩标准、生产要素的理想价格和可能实现的最高生产能力的利用水平。其中，理想上的业绩标准是指在生产过程中毫无技术浪费时的生产要素消耗量，最熟练的工人全力以赴工作、不存在废品损失和停工时间等条件下可能实现的最优业绩；生产要素的理想价格是指购买确定标准的生产要素时所花费的最低价格；最高生产能力的利用水平是指在理论上可能达到的设备利用程度，只扣除不可避免的机器修理、改换品种、调整设备的时间，而不考虑产品的销路不畅、生产技术故障等因素造成的影响。这种标准很难成为现实，它是一个完美的目标，在现实的生产条件下很难实现，因此不能作为考核的依据。

(2) 正常标准成本又称基本标准成本，是指根据现有生产技术水平，在有效的经营条件下预期能达到的成本水平。这种标准成本主要以过去若干年内成本的平均水平为基础制定，同时结合未来的影响因素和变动趋势进行调整，它考虑了在现实经济生活中不可避免的合理损耗、设备故障及人工闲置等因素，因此具有一定的实用性，在实际工作中得到广泛的应用。

(3) 现实标准成本是根据企业最可能发生的生产要素耗用量、生产要素价格和生产经营能力利用程度而制定的标准成本。它考虑到企业暂时不可避免的低效、失误和超量消耗等因素，因此是一种经过努力可以达到的既先进合理，又切实可行的成本。目前，现实标准成本在实际生活中为大多数企业所采用。

(三)标准成本的制定

要进行成本控制，就必须在投产前制定成本控制标准。产品成本按成本性态可分为固定成本和变动成本，在此基础上将标准成本按成本项目分为直接材料、直接人工、制造费用三项内容。

1. 直接材料标准成本的制定

直接材料标准成本是由直接材料价格标准和直接材料耗用量标准两个因素决定的。

1) 直接材料价格标准的制定

直接材料的价格标准是指取得某种材料所应支付的单位价格，包括材料的购买价格以及预计的采购费用，如运输费、装卸费、保险费等。企业在制定价格标准时，通常采用企业编制的计划价格，它的制定主要是由财务部门和采购部门共同完成的。

2) 直接材料耗用量标准的制定

直接材料耗用量标准是指生产技术部门在一定条件下所确定的，单位产品所耗用的各种直接材料的数量，包括形成产品实体的材料数量、在正常情况下所允许发生的材料损耗以及生产过程中不可避免的废品所耗费的材料数量。它是根据企业产品的设计、生产和工艺现状，结合企业的经营管理水平情况和降低成本任务的要求，考虑在生产过程中发生的必要损失和废品的可能性，由企业的生产技术部门制定的。

3) 直接材料标准成本的计算

某种产品的直接材料标准成本是由生产该种产品的材料标准耗用量和该种材料标准单价的乘积相加求得的总和。其计算公式如下：

某单位产品耗用某种材料的标准成本=该种材料标准单价×该种材料耗用量标准

$$某单位产品直接材料的标准成本=\sum 该种产品所耗用的各种材料标准成本$$
$$=\sum(各种材料标准单价×该种材料耗用量标准)$$

【例 11-1】 某企业计划生产甲产品，所消耗直接材料的资料如表 11-3 所示。

要求：制定单位甲产品直接材料标准成本。

表 11-3　直接材料资料表

标　准	A 材 料	B 材 料
标准单价/元	105	160
买价/元	100	150
采购费用/元	5	10
耗用量标准/件	80	60

【解析】

单位甲产品耗用 A 材料的标准成本=105×80=8 400(元/件)

单位甲产品耗用 B 材料的标准成本=160×60=9 600(元/件)

单位甲产品直接材料的标准成本=8 400+9 600=18 000(元/件)

2. 直接人工标准成本的制定

直接人工标准成本是由直接人工价格标准和直接人工用量标准两个因素决定的。

1) 直接人工价格标准的制定

直接人工价格标准就是指标准工资率，即指直接人工每小时的标准工资。在计时工资形式下，标准工资率就是指生产工人每工作一小时应分配的工资，即小时工资率。计算公式如下：

$$小时工资率(标准工资率)=\frac{预计支付生产工人工资总额}{标准工时总额}$$

2) 直接人工用量标准的制定

直接人工用量标准是指企业在现有的生产技术条件、工艺方法和技术水平的基础上，考虑到直接加工过程中必要的间歇和停工，生产单位产品所需要的时间，也称为工时用量标准。它主要是由生产技术部门和劳资部门共同制定的。

3) 直接人工标准成本的计算

某种产品的直接人工标准成本是由生产该种产品各项作业的标准工资率和该项作业相应的工时用量的乘积相加求得的总和。其计算公式如下：

$$某单位产品直接人工的标准成本=\sum(各项作业的标准工资率×相应的工时用量)$$

3. 制造费用标准成本的制定

制造费用标准成本也包括"价格"标准和"数量"标准，其中"价格"标准称为制造费用分配率，通常按固定制造费用和变动制造费用分别计算。

1) 固定制造费用标准成本的制定

如果以直接人工的标准工时代表生产量标准，则单位产品固定制造费用的标准成本按如下公式计算：

$$单位工时固定制造费用标准分配率 = \frac{固定制造费用预算总额}{直接人工标准总工时}$$

单位产品固定制造费用标准成本=单位工时固定制造费用标准分配率
×单位产品直接人工标准工时

2）变动制造费用标准成本的制定

如果以直接人工的标准工时代表生产量标准，则单位产品变动制造费用的标准成本按如下公式计算：

$$单位工时变动制造费用标准分配率 = \frac{变动制造费用预算总额}{直接人工标准总工时}$$

单位产品变动制造费用标准成本=单位工时变动制造费用标准分配率×单位产品直接人工标准工时

第二节　标准成本差异的计算与分析

标准成本差异是指企业在一定时期生产某种产品所发生的实际成本与其标准成本之间的差额。按成本差异构成内容不同，可将标准成本差异分为直接材料成本差异、直接人工成本差异和制造费用成本差异。其中制造费用成本差异按成本性态又可分为变动制造费用成本差异和固定制造费用成本差异。

一、直接材料成本差异的计算与分析

直接材料成本差异是指在生产过程中直接材料实际成本与直接材料标准成本之间的差额，由直接材料价格差异和用量差异两部分组成。

(一)直接材料成本差异的计算

直接材料用量差异是指产品生产过程中直接材料实际耗用量偏离标准用量所形成的直接材料成本差异部分。其计算公式如下：

直接材料用量差异=单位标准价格×投入的实际耗用数量-单位标准价格×实际产量下的
标准投入量
=(投入的实际耗用数量-实际产量下的标准投入量)×单位标准价格

直接材料价格差异是指因直接材料实际价格偏离其标准价格形成的直接材料成本差异部分。其计算公式如下：

直接材料价格差异=实际价格×投入的实际耗用数量-单位标准价格×投入的实际耗用数量
=(实际价格-单位标准价格)×投入的实际耗用数量

(二)直接材料成本差异的分析

直接材料价格差异是在采购过程中产生的，因此通常由采购人员负责控制。由于材料价格在很大程度上不为采购人员所控制，如受供应厂家价格变动、未按经济批量进货、未能及时订货造成的紧急订货、供货方与本厂的距离等因素的影响，所以，在分析价格差异时，应注意区别主观因素和客观因素，对主观因素要进行重点分析研究。

直接材料用量差异是在材料耗用过程中形成的，它反映生产制造部门的成本控制业绩，因此通常由生产经理负责控制。材料用量差异形成的原因很多，诸如，操作疏忽造成废品或废料增加、新工作上岗造成多用料而导致的材料浪费等。

二、直接人工成本差异的计算与分析

直接人工成本差异是指直接人工实际成本与直接人工标准成本之间的差额，其中包括直接人工工资率差异(价格差异)和直接人工效率差异(数量差异)。

(一)直接人工成本差异的计算

直接人工工资率差异是指因直接人工实际工资率偏离其预定的标准工资率而形成的直接人工成本差异。其计算公式如下：

直接人工工资率差异=实际工资率×实用工时-标准工资率×实用工时

=(实际工资率-标准工资率)×实用工时

直接人工效率差异是指因生产单位产品实际耗用的直接人工工时用量偏离其预定的标准工时用量所形成的直接人工成本差异。其计算公式如下：

直接人工效率差异=标准工资率×单位产品实用工时-标准工资率×标准工时用量

=(单位产品实际工时用量-标准工时用量)×标准工资率

(二)直接人工差异的分析

直接人工工资率差异形成的原因很多而且复杂，但很大程度上是由外部因素如劳动力市场等决定的。其产生也可能是由于将平均工资率作为工资率标准，一旦实际人工组合改变，平均工资率也随之改变，这就产生了人工工资率差异。另外，由于较为熟练且报酬较高的工人来完成只需较低技能的工作、加班或使用临时工、出勤率变化等因素，也会产生直接人工工资率差异。所以直接人工工资率差异一般由负责安排工人工作的劳动人事部门或生产部门共同负责。

直接人工效率差异形成的原因包括工人的熟练程度、设备的问题、管理的原因、材料的质量等。一般来说，直接人工效率差异基本上应由生产部门负责，但也需要视具体情况而定。

三、制造费用成本差异的计算与分析

制造费用成本差异是指为完成实际产量或作业量而实际发生的制造费用与按标准分配的制造费用之间的差额。

(一)变动制造费用成本差异的计算与分析

变动制造费用成本差异是指变动制造费用实际发生额与变动制造费用标准发生额之间的差额。变动制造费用成本差异包括变动制造费用开支差异(价格差异)和变动制造费用效率差异(用量差异)。

变动制造费用开支差异是指因变动制造费用实际分配率偏离其标准分配率而形成的变动制造费用成本差异的部分。其计算公式如下：

$$变动制造费用开支差异=(实际分配率-标准分配率)×实际工时$$

变动制造费用效率差异是指因生产单位产品实际耗用的直接人工工时偏离预定的标准工时而形成的变动制造费用成本差异部分。其计算公式如下：

$$变动制造费用效率差异=(实际工时-标准工时)×标准分配率$$

引起变动制造费用不利差异的原因很多，如构成变动性制造费用的各要素价格的上涨，其中包括材料价格上涨、动力费用价格上涨等；另外材料的浪费和直接人工的使用浪费、大材小用等也是导致变动制造费用不利差异的原因。一般来说，价格变动的因素是不可控制的，而耗用量的因素则是可控的，所以对于变动制造费用的开支差异，必须区分不同费用项目及所属的责任部门，具体分析，才能正确归属责任。

变动制造费用效率差异与直接人工效率或用量差异直接相关，如果变动制造费用确实与直接人工耗用成正比，那么与人工用量差异一样，变动制造费用效率差异也是由于直接人工高效(或低效)利用引起的。

(二)固定制造费用成本差异的计算与分析

固定制造费用成本差异是指一定期间内实际产量下的固定制造费用实际发生总额与其预算发生总额之间的差额。对于固定制造费用成本差异的计算，通常有两种方法，一种是两差异法，另一种是三差异法。

1. 两差异法

两差异法是将固定制造费用差异分为开支差异和能量差异。

开支差异是指固定制造费用的实际发生额与固定制造费用的预算发生额之间的差额。固定制造费用与变动制造费用不同，其总额不因业务量的变动而变动，故其差异有别于变动费用。其计算公式如下：

$$固定制造费用开支差异=固定制造费用的实际发生数-固定制造费用预算数$$

能量差异是指固定制造费用预算数与固定制造费用标准成本之间的差额，它反映未能充分利用生产能力而形成的损失。其计算公式如下：

$$固定制造费用能量差异=固定制造费用预算数-固定制造费用标准发生额$$

2. 三差异法

三差异法是将固定制造费用成本差异分为固定制造费用开支差异、固定制造费用能量差异和固定制造费用效率差异三种。其中，开支差异的计算与两差异法中的计算相同。不同的是将两差异法中的"能量差异"进一步分为两个部分：一部分是实际产量的实际工时未能达到(或超额)利用预算产量的标准工时而形成的生产能力差异；另一部分是实际产量的实际工时脱离实际产量标准工时而形成的差异，即效率差异。计算公式如下：

固定制造费用开支差异=实际产量下实际固定制造费用-预算产量下标准固定制造费用

固定制造费用效率差异=(实际产量下实际工时-实际产量下标准工时)×固定制造费用标准分配率

固定制造费用能量差异=(预算产量下标准工时-实际产量下实际工时)×固定制造费用标准分配率

固定制造费用的开支差异一般由部门主管负责控制，该项差异可能是因价格和人工工资率不同所引起的；固定制造费用能量差异通常由高管人员负责，因为生产能力的确定以及预期制造费用率的决策都出自规划部门，应由规划部门负责；至于固定制造费用的效率差异，通常由部门经理负责。

引起固定制造费用能量不利差异的原因有很多，如生产安排不均衡、机器设备发生故障、设备检修引起的停工，以及不能得到足够的订单无法保持正常生产能力等。管理人员应该确定不利差异产生的原因并采取相应的措施加以控制。

【例 11-2】 某制造企业 2019 年 12 月实际产量 500 件，实际发生的固定制造费用总额为 11 500 元，预算产量的标准工时为 4 800 小时，固定制造费用的预算总额为 19 200 元，每件产品的标准工时为 10 小时/件，实际耗用直接人工 5 200 小时。

要求：分别用两差异和三差异法计算固定制造费用差异。

【解析】

(1) 在两差异法下。

固定制造费用的标准分配率=19 200÷4 800=4(元/小时)

固定制造费用开支差异=11 500-19 200=-7 700(元)

固定制造费用能量差异=(4 800-500×10)×4=-800(元)

固定制造费用总差异=固定制造费用实际发生额-固定制造费用标准发生额

$$=11\,500-500×10×4$$

$$=-8\,500(元)$$

经以上计算可知：

固定制造费用成本差异=固定制造费用开支差异+固定制造费用能量差异

(2) 在三差异法下。

固定制造费用开支差异=11 500-19 200=-7 700(元)

固定制造费用效率差异=(5 200-500×10)×4=800(元)

固定制造费用能力差异=(4 800-5 200)×4=-1 600(元)

固定制造费用总差异=固定制造费用实际发生额-固定制造费用标准发生额

$$=11\,500-500×10×4$$

$$=-8500(元)$$

经计算可知：

固定制造费用总差异=固定制造费用开支差异+固定制造费用效率差异+固定制造费用能量差异

$$=-7\,700+800-1\,600$$

$$=-8\,500(元)$$

第三节　标准成本系统的账务处理

在标准成本系统中，为了能够提供标准成本、成本差异和实际成本的资料，需要将实际发生的成本分为标准成本和成本差异两部分。通过对实际成本和标准成本之间差异的分析和披露，计算产品实际成本，从而实施对产品成本的控制。为了真实、准确地反映企业在一定时期的经营耗费和经营成果，必须对每一类成本差异分别设置成本差异账户进行核算，做出相关的账务处理。

一、标准成本差异的账户设置

采用标准成本法时，针对各种成本差异，应该分别设置成本差异账户进行核算。在材料成本差异方面，应该设置"直接材料价格差异"和"直接材料用量差异"两个账户；在直接人工差异方面，应该设置"直接人工工资率差异"和"直接人工效率差异"两个账户；在变动制造费用差异方面，应该设置"变动制造费用开支差异"和"变动制造费用效率差异"两个账户；在固定制造费用差异方面，应该设置"固定制造费用开支差异""固定制造费用能力差异"和"固定制造费用效率差异"三个账户，分别核算不同的制造费用差异。各种成本差异类账户的借方均核算发生的不利差异，贷方核算发生的有利差异。

二、标准成本差异的账务处理

标准成本差异的账务处理程序如下。

(一)直接材料差异的账务处理

在标准成本法下，会计处理为"借：生产成本，贷：原材料"，其中原材料的金额以标准成本反映。根据标准成本和实际成本差异的性质，借记或贷记材料数量差异或材料价格差异。如果差异为节约差异，则贷记相关差异账户，如果差异为超支差异，则借记相关差异账户。

【例11-3】 某企业生产甲产品耗用 A 材料的标准用量是 100 kg/件，标准价格为 10 元/kg，本月生产 1 000 件，实际耗用材料 110 000 kg，实际价格为 8 元/kg。

要求：用标准成本法将产生的差异进行账务处理。

【解析】

(1) 直接材料的标准成本=100×10×1 000=1 000 000(元)

(2) 直接材料的实际成本=110 000×8=880 000(元)

(3) 材料价格差异=实际数量×(实际价格-标准价格)

$$=110\,000×(8-10)$$

$$=-220\,000(元)$$

(4) 材料用量差异=标准价格×(实际数量-标准数量)

$$=10×(110\,000-1\,000×100)$$

$$=100\,000(元)$$

相关会计处理如下。

借：生产成本	1 000 000	
直接材料用量差异	100 000	
贷：原材料		880 000
直接材料价格差异		220 000

(二)直接人工差异的账务处理

核算人工费用差异时设置"生产成本""直接人工效率差异"和"直接人工工资率差异"三个账户。"生产成本"账户登记直接人工的标准成本，同时将实际人工成本与标准人工成本之差记入"直接人工效率差异"和"直接人工工资率差异"账户。

【例11-4】 某企业生产A产品的标准人工工时是20小时/件，标准工资率为15元/小时，本月生产2 000件，实际耗用人工工时38 500小时，实际支付工资580 000元。

要求：用标准成本法对产生的差异进行账务处理。

【解析】

(1) 直接人工的标准成本=20×15×2 000=600 000(元)

(2) 直接人工的实际成本=580 000(元)

(3) 直接人工效率差异=标准工资率×(实际工时-标准工时)

$$=15×(38\,500-20×2\,000)$$

$$=-22\,500(元)$$

(4) 直接人工工资率差异=实际工时×(实际工资率-标准工资率)

$$=38\,500×(580\,000÷38\,500-15)$$

$$=2\,500(元)$$

相关会计处理如下。

借：生产成本	600 000	
直接人工工资率差异	2 500	
贷：应付职工薪酬		580 000
直接人工效率差异		22 500

(三)制造费用的账务处理

在分配制造费用时，借：生产成本，贷：制造费用，根据差异方向借或贷相关差异账户。

1. 变动制造费用差异的账务处理

在变动制造费用差异方面，设置"变动制造费用开支差异"和"变动制造费用效率差异"两个账户。

【例 11-5】 某企业生产甲产品，变动性制造费用的开支差异为超支 680 元，变动制造费用效率差异节约 65 元，已知变动性制造费用的标准成本为 18 469 元。

要求：计算实际的变动性制造费用，并做出相应的会计处理。

【解析】

实际的变动性制造费用=18 469+680-65=19 084(元)

相关会计处理如下。

借：生产成本   18 469
  变动制造费用开支差异   680
  贷：制造费用   19 084
    变动制造费用效率差异   65

2. 固定制造费用差异的账务处理

在固定制造费用差异方面，应该设置"固定制造费用开支差异""固定制造费用能力差异"和"固定制造费用效率差异"三个账户。

【例 11-6】 某企业生产乙产品，固定性制造费用的开支差异为超支 2 680 元，固定性制造费用能力差异节约 2 052 元，固定性制造费用效率差异节约 46 元，已知固定性制造费用的标准成本为 13 521 元。

要求：计算实际的固定性制造费用，并做出相应的会计处理。

【解析】

实际的固定性制造费用=13 521+2 680-2 052-46=14 103(元)

相关会计处理如下。

借：生产成本   13 521
  固定制造费用开支差异   2 680
  贷：制造费用   14 103
    固定制造费用效率差异 46
    固定制造费用能力差异 2 052

复习测试题

第十二章　作业成本法

案例导入：

某农机厂是典型的国有企业，以销定产、多品种小批量生产模式。传统成本法下制造费用超过人工费用的200%，成本控制不力。为此，企业决定实施作业成本法。

根据企业的工艺流程，确定了32个作业以及各作业的作业动因，作业动因主要是人工工时，其他作业动因有运输距离、准备次数、零件种类数、订单数、机器小时、客户数等。

通过计算，发现了传统成本法的成本扭曲：最大差异率达到46.5%。根据作业成本法提供的信息，为加强成本控制，针对每个作业制定目标成本，使得目标成本可以细化到班组，增加了成本控制的有效性。

通过对成本信息的分析，发现生产协调、检测、修理和运输作业不增加顾客价值，这些作业的执行人员归属一个分厂管理，但是人员分布在各个车间。通过作业分析，发现大量的人力资源的冗余。根据分析，可以裁减一半的人员，并减少相关的资源支出。分析还显示，运输作业由各个车间分别提供，但是都存在能力剩余，将运输作业集中管理，可以减少三四台叉车。

此外，正确的成本信息对于销售的决策也有重要的影响，根据作业成本信息以及市场行情，企业修订了部分产品的价格。修订后的产品价格更加真实地反映了产品的成本，具有更强的竞争力。

(资料来源：MBA智库百科，https://wiki.mbalib.com/wiki/ABC%E6%88%90%E6%9C%AC%E6%B3%95)

近年来，人们越来越多地开始关注新的理论和方法对成本管理的影响，并试图运用新的理论和方法使传统的成本管理得到发展和提高。

第一节　作业成本法概述

作业成本法(Activity-Based Costing，ABC)是指以作业为核心，以资源流动为线索，以成本动因为媒介，以作业成本计算为主要方式的一种新型的成本核算方法。

一、作业成本法的起源

作业成本法是一种比传统成本核算方法更加精细和准确的成本核算方法，是西方国家于20世纪80年代末开始研究、90年代以来在先进制造企业首先应用起来的一种全新的企业管理理论和方法，在发达国家的企业中日益得到广泛应用。

(一)作业成本法产生的背景

首先,高新技术的迅猛发展,特别是生产高度的自动化。计算机辅助设计 CAD、计算机辅助制造 CAM、计算机数控机床 CNCM 等的广泛应用,使企业成本结构发生了巨大的变化,伴随着产品技术含量的增加,间接费用在产品中所占的比重大大提高。传统的人工费用占产品很大比重的假设基础上的分配间接费用的方法,极大地歪曲了产品成本构成的真实情况。

其次,伴随着经济的发展,西方社会步入了富裕社会阶段,人们可支配的收入也大大增加,消费者的行为变得更加个性化、多样化。社会需求的变化,要求企业的生产方式也相应地发生变化,传统的大批量单品种生产方式转变为小批量多品种的顾客化生产。适用于产品常规化和批量化生产方式的传统成本计算方法将在新的制造环境下被一种新的更为灵活、柔性的成本计算方法所替代。

另外,全球统一市场的形成,使企业面临的市场竞争比以往更加激烈,高度竞争性的产品盈利空间越来越小,盈亏的变化迅速。如何对市场的变化做出及时的反映,产品成本是否有继续降低的空间都要求企业充分了解企业产品的真实成本,提供更加准确的成本信息,而要达到此目标,离不开更加科学的成本核算方法。传统的不以因果关系为基础的成本核算方法,显然无法适应时代发展的要求。

正是在外部环境和内部条件变化的影响下,作业成本法产生了。

(二)作业成本法的发展

对作业成本的研究最早可追溯到 20 世纪,美国会计学家埃里克·科勒教授于 1952 年在其编著的《会计师词典》中首次提出作业、作业账户、作业会计等概念。1971 年,乔治·斯拖布斯教授在《作业成本计算和投入产出会计》一书中,对"作业""成本""作业成本计算"等概念作了全面阐述,引发了 80 年代以后西方会计学者对传统的成本会计系统的全面反思。1988 年,随着高新技术的应用、适时生产系统的应用、以作业为基础的全面质量管理理论的提出、价值链优化的要求,传统的成本核算方法受到了质疑。哈佛大学的罗宾·库珀与罗伯特·卡普兰对此调查研究后,发展了乔治·斯拖布斯的思想,对作业成本法的现实意义、运作程序、成本动因选择、成本库的建立等重要问题进行了全面深入的分析,提出了以作业为基础的成本计算方法(ABC)。此后在英美等国家对作业成本的研究日益兴起,与作业成本法相关的文章纷纷出现,作业成本理论日趋完善,在冶金、电信、制药、电子设备和 IT 等行业的应用也逐步开展了起来。

(三)作业成本法的主要代表思想

作业成本法起源于美国,较有影响力的主要有以下几位学者的观点。

1. 科勒的作业会计思想

科勒的作业会计思想,主要来自于对 20 世纪 30 年代的水力发电活动的思考。在水力发电生产过程中,直接人工和直接材料(这里指水源)的成本都很低廉,而间接费用所占的比重相对较高,这就从根本上冲击了传统的会计成本核算方法——按照工时比例分配间接费用的方法。其原因是，传统的成本计算方法(本文指制造成本法)预先假定了一个前提，即直接成本在总成本中所占的比重很高(如工业革命以来，机器大生产中大量的劳动力投入和原料消耗一直是成本的主体)。科勒提出的会计思想主要有以下观点。

(1) 作业，指的是一个组织单位对一项工程、一个大型建设项目、一个规划或重要经营事项的具体活动所做的贡献，或者说某一个部门的某一类活动；作业在现实生产活动中是一直存在的，只是此时才第一次被运用到成本核算和生产管理之中。

(2) 作业账户。对每一项作业设置一个作业账户，对其相关的作用(贡献)和费用进行核算，对作业的责任人要能进行控制，即是说，同一个责任人控制的作业活动才是一项独立的作业。

(3) 作业账户的设置方法，从最低层、最具体、最详细的作业开始，逐级向上设置，一直到最高层的作业总账，类似于传统科目的明细账、二级账和总账。

(4) 作业会计的假设。所有的成本都是变动的，所有的成本都能够找出具体责任人，控制由责任人实施。在会计史上，科勒的作业会计思想第一次把作业的观念引入会计和管理之中，被认为是作业成本法的萌芽。

2. 斯拖布斯的会计思想

斯拖布斯是第二位研究作业成本法的学者，他分别在 1954 年的《收益的会计概念》、1971 年的《作业成本计算和投入产出会计》和 1988 年的《服务与决策的作业成本计算——决策有用框架中的成本会计》等著作中提出了一系列的作业成本观念。其理论要点有以下几个。

(1) 会计是一个信息系统，而作业会计是一个与决策有用性目标相联系的会计，同时，研究作业会计首先应该明确其基本概念，如作业、成本、会计目标(决策有用性)。

(2) 要揭示收益的本质，首先必须揭示报表目标。报表目标的设置与反映履行托管责任或受托责任有关，为投资决策提供信心，减少了不确定性，报表中的收益和利润与成本密切相关；作业成本法揭示的成本不是一种存量，而是一种流量。

(3) 要较好地解决成本计算和分配问题，成本计算的对象就应该是作业，而不是某种完工产品或其对应的工时等单一标准。成本不应该硬性分为直接材料、直接人工和制造费用，更不是根据每种产品的工时来计算分配全部资源成本(无论直接的或间接的)，而是应该根据资源的投入量和消耗额，计算消耗的每种资源的"完全消耗成本"。这并不排除最后把每种产品的成本逐一计算出来，而是说，关注的核心应该是从资源到完工产品的各个作业和生产过程中，资源是如何被一步步消耗的，而不是完工产品这一结果。

3. 20 世纪末作业成本法研究的全面兴起

当时，计算机为主导的生产自动化、智能化程度日益提高，直接人工费用普遍减少，间接成本相对增加，明显突破了制造成本法中"直接成本比例较大"的假定。制造成本法中按照人工工时、工作量等分配间接成本的思路，严重扭曲了成本。另外传统管理会计的分析，重要的立足点是建立在传统成本核算基础上的，因而其得出的信息，对实践的指导意义不大，相关性大大减弱。虽然当时流行许多模型，但是除了所依据的信息相关性值得商榷外，还很抽象、难懂，甚至一些专家都看不懂，其实际意义就更差了。在这种背景下，哈佛大学的卡普兰教授在其《管理会计相关性消失》一书中提出，传统管理会计的相关性和可行性下降，应有一个全新的思路来研究成本，即作业成本法。由于卡普兰教授等专家对于作业成本法的研究更加深入、具体而完善，使之上升为系统化的成本和管理理论并广泛宣传，因而卡普兰教授本人被认为是作业成本法的集大成者。其理论观点如下。

(1) 产品成本是制造和运输产品所需全部作业的成本总和，成本计算的最基本对象是作业，作业成本法赖以存在的基础是产量耗用作业，作业耗用资源。即：对价值的研究着眼于"资源、作业、产品"的过程，而不是传统的"资源、产品"的过程。

(2) 认为作业成本法的本质就是以作业作为确定分配间接费用的基础，引导管理人员将注意力集中在成本发生的原因及成本动因上，而不仅仅是关注成本计算结果本身。通过对作业成本的计算和有效控制，就可以较好地克服传统制造成本法中间接费用责任不清的缺点，并且使以往一些不可控的间接费用在作业成本法系统中变为可控。所以，作业成本法不仅仅是一种成本计算方法，更是一种成本控制和企业管理手段。在其基础上进行的企业成本控制和管理，称为作业管理 (Activity-Based Management，ABM)。

(3) 目前，作业成本制度的应用已由最初的美国、加拿大、英国迅速地向澳洲、亚洲、美洲以及欧洲国家扩展。在行业领域方面，也由最初的制造行业扩展到商品批发、零售业、金融、保险机构、医疗卫生等公用部门，以及会计师事务所、咨询类社会中介机构等。价值的研究着眼于"资源、作业、产品"的过程，而不是传统的"资源、产品"的过程。

二、作业成本法的基本概念

作业成本法把直接成本和间接成本(包括期间费用)作为产品(服务)消耗作业的成本同等对待，拓宽了成本的计算范围，使计算出来的产品(服务)成本更准确真实。

(一)作业

作业是基于一定的目的，以人为主体，消耗了一定资源的特定范围的工作，是构成产品生产、服务程序的组成部分，简言之，作业就是指为企业提供产品或流程中的各个工序和环节。实际工作中可能出现的作业类型一般有：起动设备、购货订单、材料采购、物料处理、设备维修、质量控制、生产计划、工程处理、动力消耗、存货移动、装运发货、管理协调等。作业应具备如下特征。

(1) 作业是以人为主体的。尽管现代制造业机械化、自动化程度很高，但人掌握并且操纵各种机器设备，仍然是现代制造业中各项具体生产工作的主体，也就是作业的主体。

(2) 作业消耗一定的资源。作业以人为主体，至少要消耗一定的人力资源；作业是人力作用于物的工作，因而也要消耗一定的物质资源。

(3) 区分不同作业的标志是作业目的。在一个完备的制造业中，其现代化程度越高，生产程序的设计和人员分工越合理，企业经营过程的可区分性就越强。这样，可以把企业制造或服务过程按照一部分工作的特定目区分为若干作业，每个作业负责该作业职权范围内的每一项工作，这些作业互补并且互斥，构成了完整的经营过程。

(4) 作业可以区分为增值作业和非增值作业。增值作业是指增加顾客价值的作业，也就是说这种作业的增减变动会导致顾客价值的增减变动。非增值作业是指不增加顾客价值的作业。这里非增值作业虽然也消耗资源，但并不是合理消耗，也就是说这种作业的增加或减少不会影响顾客价值的大小，所以，有人也称这种作业为浪费作业。

(5) 作业可以按不同的标准进行分类。由于各企业之间生产组织特点、生产工艺过程，以及管理要求的不同，很难把作业按统一的要求进行分类，如杰弗·米勒和汤姆·沃尔曼把作业分为逻辑性作业、平衡性作业、质量作业和变化作业四类；罗宾·库珀则把作业分为单一性作业、批量性作业、品种性作业和产能性作业四类。目前理论界比较认可的分类方法是依据作业动因将作业进行的分类，可分为以下两大类。

① 专属作业。把为某种特定产品提供专门服务的作业认定为专属作业。专属作业成本库的成本直接结转计入该特定产品的成本，无须在各种产品或劳务之间进行分配。

② 共同消耗作业。共同消耗作业是为多种产品生产提供服务的作业。共同消耗作业又可按其为产品服务的方式和原因分为如下四小类。

- 批别动因作业：服务于每批产品并使每一批产品都受益的作业。如分批获取订单的订单作业、分批运送原材料或产品的搬运作业。
- 产品数量动因作业：使每种产品的每个单位都受益的作业。如包装作业，每件产品都均衡受益。
- 工时动因作业：是指资源耗费与工时成比例变动的作业，每种产品按其所耗工时吸纳作业成本，如机加工作业等。
- 价值管理作业：是指那些负责综合管理工作的部门作业。如作业中心总部作为一项作业就是价值管理作业。

(二)资源

资源是指生产资料或生活资料的天然来源。如果把整个制造中心(即作业系统)看成是一个与外界进行物质交换的投入产出系统，则所有进入该系统的人力、物力、财力等都属于资源范畴。资源进入该系统，并非都被消耗，即使被消耗，也不一定都是对形成最终产出有意义的消耗。因此，作业成本制度把资源作为成本计算对象，是要在价值形成的最初形态上反映被最终产品吸纳的有意义的资源耗费价值。资源按其包括的内容又可分为人力资源、物力资源、财力资源等。

(三)作业成本法的基本假定

作业成本法认为"作业耗用资源，成本对象耗用作业"。"作业"是成本计算的核心，而产品成本则是制造和传递产品所需全部作业的成本总和。成本计算的基本对象是作业。成本计算的程序是：先将企业耗费的各种资源向各作业中心分配，再将各作业中心所耗费资源汇总后向各类产品分配。这样，许多在传统成本计算程序下不可追溯的成本，在作业成本法下就转变为可追溯成本，从而使间接费用的分配更合理，成本计算结果更准确。

(四)价值链

企业每完成一项作业都要消耗一定的资源，而作业的产出又形成一定价值，转移到下一个作业，依次转移，直至形成最终产品，提供给企业外部顾客，这一系列有序的价值集合体就是价值链。最终产品作为企业作业链的最后一环,凝结了各个作业链所形成并最终提供给顾客的价值。因此可以说,作业链的形成过程,也就是价值链的形成过程。

(五)资源动因

资源动因是作业消耗资源的方式和原因。它反映了作业中心对资源的消耗情况,是资源分配到作业中心的标准。

(六)作业动因

作业动因是指各项作业被最终产品或劳务消耗的方式或原因。它是将作业中心的成本分配到产品或劳务中的标准,也是将资源消耗与最终产出相沟通的中介,如起动准备作业的作业动因是起动准备次数,质量检验作业的成本动因是检验小时。资源动因和作业动因统称为成本动因,是引起成本发生和变化的因素。

(七)作业中心

作业中心是负责完成某一项特定产品制造功能的一系列作业的集合。作业中心既是成本汇集中心,也是责任考评中心。作业中心是基于管理的目的而不是专门以成本计算为目的设置或划定的一个责任中心。一个作业中心就是生产程序的一个部分,如检验部门就是一个作业中心。

第二节　作业成本法的应用

作业成本计算是一个以作业为基础的管理信息系统。它以作业为中心,而作业的划分是从产品设计开始,到物料供应,从生产工艺流程(各车间)的各个环节、质量检验、总装到发运销售的全过程。

一、作业成本法的核算程序

作业成本计算,可归纳为"产品消耗作业,作业消耗资源"。按照作业成本计算的程度不同,可将作业成本计算分为二阶段作业成本计算和多阶段作业成本计算。二阶段作业成本计算就是将作业流程划分为两个阶段的作业成本计算;同样,多阶段成本计算就是将作业流程划分为多个阶段的作业成本计算。本章重点介绍二阶段作业成本计算。

作业成本计算的基本程序就是要把资源耗费价值予以分解并分配给作业,再将各种作业汇集的价值分配给最终产品或劳务。

(一)以资源动因为基础将资源耗费分配到作业成本库

在这里,我们把具有共同资源动因的作业称为同质作业,并且为每一项同质作业设置一个作业成本库,也即为每一项不同资源动因的作业设置一个作业成本库(相同资源动因的作业合并为一项作业)。确立资源动因的原则如下。

(1) 某一项资源耗费能直观地确定为某一特定产品所消耗，则直接计入该特定产品成本中，此时，资源动因也是作业动因，该动因可以认为是"终结耗费"，材料费往往适用于该原则。

(2) 如果某项资源耗费可以从发生领域区分为各作业所消耗，则可以直接计入各作业成本库，此时资源动因可以认为是"作业专属耗费"，各作业各自发生的办公费适用这种原则，各作业按实付工资额核定应负担工资费时，也适用这一原则。

(3) 如果某项资源耗费从最初消耗上呈混合耗费形态，则需要选择合适的量化依据将资源分解并分配到各作业，这个量化依据就是资源动因，如动力费用一般按各作业实用电力度数分配，电力度数即为动力费用的资源动因。在资源耗费价值分配过程中，各资源耗费价值要根据资源动因一项一项分配到各作业成本库，将每个作业成本库资源耗费价值相加就形成了作业成本库价值。

(二)以作业动因为基础将作业成本库的成本分配到最终产品

与传统成本计算法一样，我们为每一种(或批别、步骤)产品设立成本计算单。在每一张成本计算单中我们还按该产品生产所涉及作业种类开立作业成本项目。本步骤就是将各作业成本库的价值分配结转到各产品成本计算单上，分配的标准就是作业动因。既然作业是依据作业动因确认的，就每一项作业而言，其作业动因也就已经确定，成本计算在这一步只采用比例分配法进行计算。例如，订单作业是一种批别动因作业，我们只需将该作业成本除以当期订单份数即可得到应计入该批产品成本计算单"订单"这个成本项目中的价值。将成本计算单中各成本项目求和，就是该种产品的成本合计。二阶段作业成本计算程序如图 12-1 所示。

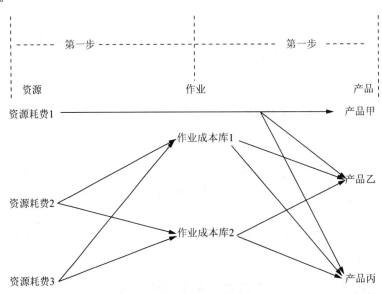

图 12-1 二阶段作业成本计算程序

从图 12-1 中可看出，在二阶段作业成本计算模型中，资源被作业消耗，接着作业就被最终成本对象消耗。多阶段成本计算模型是一个树状结构，资源被一级作业消耗，一级作业又被二级作业消耗……资源需流经多级作业最终才被成本对象消耗。

上述作业计算程序被称为作业流程，很显然，作业流程就是作业链或供应链，或是作业链与供应链的交织。

二、作业成本法应用举例

巨星公司生产销售 X、Y 和 Z 三种产品(以下简称为 X 产品、Y 产品、Z 产品)。为了满足客户的特殊需求附带生产小型差异化产品，生产过程既有高度复杂的自动化生产，也有部分手工生产，市场前景很好。但随着市场销路的扩展，越来越多的企业加入到环保设备的生产和销售。近年来受到同业激烈竞争的影响，巨星公司为了提升自己产品的性能，早在五年前就开始在现代制造技术方面投资，引进了几条先进的生产线，这导致公司产品的成本结构发生了显著的变化。现在的人力资源成本仅仅是以前的人力资源成本的一小部分，但是由新技术带来的成本节约并没有使顾客获得好处，也没有使企业的产品在市场上获得价格优势。该公司主要产品的利润呈现下滑趋势，市场份额逐步缩小，公司的高层已经意识到企业的成本核算存在一些问题，但由于成本信息失真，高层无法据此做出诸如价格之类正确的决策。在这种情况下，企业将目标转向先进的管理方法和核算系统的探索上，从一个同行业的财务经理那里了解到作业成本法，于是企业开始了成本核算方法的改革，进行人员培训，增加财力，建立作业成本核算系统，要求财务部门应用作业成本法，重新确定产品的成本，正确指导产品的定价。

(一)传统方法下的产品成本计算

巨星公司 2019 年的三种型号产品的生产情况如下。

X 型产量为 10 000 件，Y 型和 Z 型的产量分别为 20 000 件和 4 000 件，直接材料费用可以根据领料单及材料的单位成本确定；三种产品的直接人工费用均为直接专项发生费用，可以通过工资考核登记表，结合定额小时工资率计算确定。制造费用分配方法是按照人工小时进行分配，工时分别为 30 000、80 000 和 8 000 小时。企业在此基础上制定销售价格，目标售价为产品成本的 125%。制造费用的分配、目标价格的制定如表 12-1～表 12-3 所示。

表 12-1 有关成本数据

	X	Y	Z	合 计
产量/万件	1	2	0.4	3.4
材料费用/万元	50	180	8	238
人工费用/万元	58	160	16	234
制造费用/万元		389.4		389.4
人工工时/万小时	3	8	0.8	11.8

表 12-2　传统方法下的制造费用的分配

产品名称	产品 X	产品 Y	产品 Z	合　计
人工工时/万小时	3	8	0.8	11.8
待分配费用/万元			389.4	
分配率/(万元/小时)			33	
制造费用/万元	99	264	26.4	389.4
材料费用/万元	50	180	8	238
人工费用/万元	58	160	16	234
合计/万元	207	604	50.4	861.4
单位成本/元	207	302	126	—

表 12-3　目标价格的确定(目标售价为成本的 125%)

	产品 X	产品 Y	产品 Z
产品成本/元	207	302	126
实际售价/元	258.75	328	250
目标售价/元	258.75	377.5	157.5

(二)以作业成本法计算产品成本

公司首先确定企业的作业,也就是企业的工作流程,建立作业中心、作业成本库。经过与工程师、财务人员及工人代表交流、探讨,确定企业主要作业中心共有 8 个,分别为装配作业中心、材料采购中心、物料处理中心、设备启动准备中心、产品质量控制中心、产品包装中心、工程处理中心和综合管理协调中心。

然后,明确资源动因,确定资源数量,进行资源分配。企业的资源主要有材料费用、人工费用和与设备有关的各项折旧费用、修理费用、动力费用、车间发生办公费、劳动保护费等。该企业的直接材料和直接人工费用如前所述,均为直接计入费用,可直接计入各作业中心,折旧费用为各作业中心的直接费用,可直接计入作业中心。只将不能直接计入作业中心的费用按资源动因分配计入作业中心便可。动力费用的资源动因为耗电度数,办公费用和劳动保护费用可以按各作业中心的实际人数进行分配(此分配过程较为简单,本论文主要介绍作业中心的成本分配计入成本的程序,对于资源分配计入作业中心的过程略)。按资源动因将各项资源分配计入作业后,就可以以作业归集资源,确定作业中心的作业成本。

对于企业最重要的任务是明确成本动因,计算成本动因分配率。装配作业与机器小时具有相关性,可以以机器小时作为作业动因;材料采购作业中心发生的材料采购费用与订单量密切相关,可以用订单量作为作业动因;物料处理中心主要负责材料的清点、切割等,与移动次数有关;设备启动准备作业中心与准备次数有关;质量控制作业中心的成本与检验小时有关;产品包装作业中心与包装次数有关;工程处理与工程处理次数有关。成本动因明确以后,可以对其进行量化,以确定动因分配率,进行作业中心成本的分配。

最后,根据动因设计产品成本明细账,按动因项目汇总各项成本,从而计算出三种产品的总成本及单位成本。

作业中心的成本分配及产品成本的计算过程如表 12-4 所示。

表 12-4　作业中心及成本

作业中心	金额/万元	作业动因	X 作业量	Y 作业量	Z 作业量	作业量合计	单位作业成本	X 成本/万元	Y 成本/万元	Z 成本/万元
装配作业	121.26	机器小时	1	2.5	0.8	4.3	28.2	28.2	70.5	22.56
材料采购	20	订单量	0.12	0.48	1.4	2	10	1.2	4.8	14
物料处理	60	移动次数	0.07	0.3	0.63	1	60	4.2	18	37.8
启动准备	0.3	准备次数	0.1	0.4	1	1.5	0.2	0.02	0.08	0.2
质量控制	42.1	检验小时	0.4	0.8	0.8	2	21.05	8.42	16.84	16.84
产品包装	25	包装次数	0.04	0.3	0.66	1	25	1	7.5	16.5
工程处理	70	处理次数	1	1.8	1.2	4	17.5	17.5	31.5	21
管理协调	50.74	工作时间	3	8	0.8	11.8	4.3	12.9	34.4	3.44
合计								73.44	183.62	132.34
直接材料/万元								50	180	8
直接人工/万元								58	160	16
总成本/万元								181.44	523.62	156.34
产量/万元								1	2	0.4
单位成本/元								181.44	261.81	390.85

(三)传统成本核算方法与作业成本法应用差异比较

由上面两种方法的应用可以清楚地看到两种方法下的差异，如表 12-5 所示。在传统的以人工为标准分配制造费用的方法下，X 型产品的成本为 207 元，目标售价为 258.75 元，实际价格达到了目标售价 258.75 元，销售情况良好；Y 型产品为企业的重点产品，成本为 302 元，目标价格 377.5 元，实际价格为 328 元，目前未达到企业的目标售价；Z 型产品成本为 126 元，目标售价为 157.5 元，实际售价为 250 元，为企业的高盈利产品，目前市场上供不应求，生产能力不足，订单多，但因其生产产量较小，非企业的重点产品。传统成本计算方法掩盖了产品的真实情况，在作业成本法下，结论与传统方法大相径庭，X 型产品不仅达到了目标售价，而且其成本利润率高达 30%，应加大生产力度，增加生产投入。Y 型产品的成本利润率也在 20%以上，且产品为企业的重点产品，仍应保证其正常投入，不必为此担忧。反而，Z 型产品并非企业的高盈利产品，实为企业的严重亏损产品，企业传统方法下制定的目标价格歪曲了产品的实际成本，这也正是为何企业将价格提到 250 元，仍供不应求的原因。应将其价格提到 488.56 元，才可能弥补企业为此所付出的代价。企业应考虑实际情况，若不能提高价格，又不能降低 Z 型产品的成本，可试图转向其他产品的研制生产。巨星公司正是通过采用作业成本法，正确地分析企业的盈利产品和亏损产品，并在此基础上，进行正确的生产决策、定价决策，从而在当年就走出了成本误区，使利润增加，市场占有额上升。

表 12-5　差异比较表

单位：元

	X 型产品	Y 型产品	Z 型产品
传统成本	207	302	126
作业成本	181.44	261.81	390.85
传统目标价格	258.75	377.5	157.5
作业目标价格	226.8	327.26	488.56
实际价格	258.75	328	250

三、作业成本法的评价

作业成本法既是一套成本核算系统又是一套成本管理系统，较之传统的标准成本法，它有很多优点，如能够提供较为准确和及时的成本信息等，但它也存在一些不足。

(一)作业成本法的优点

作业成本法是一种全新的成本核算系统，它对提供准确的成本信息发挥着不可估量的作用。通过与传统成本法的比较，可以证明作业成本法更适应知识经济、全球经济一体化和会计发展的需要。具体表现如下。

1. 间接费用分配更科学

二级成本分析的分配结果与成本动因相联系，更为科学、可信。与传统成本计算法相比，作业成本法的分配基础发生了质变，它不再采用单一的数量分配标准，而是采用多元分配基准，并且集财务变量与非财务变量于一体，特点是强调非财务变量。因此，作业成本法所提供的成本信息要比传统成本计算法准确得多。

2. 成本控制更有效

通过价值链的分析，可以消除无效作业，达到对成本的事前、事后控制，从而改善企业各项作业效率及质量，提高企业效益。

3. 成本管理更精细

作业成本法不仅是一种科学的成本计算方法，更是一种科学的成本管理方法。基于作业成本管理的过程管理思想，企业成本管理已不局限于企业内部，而是扩展到外部的供应链管理；不局限于生产领域，而是扩展到从产品设计到最终提供产品给用户的所有环节，真正实现全过程管理。

4. 作业成本法重视产品设计和质量成本管理，力求遵循技术和经济相统一原则

作业成本法不断改进产品设计和工艺设计，重新配置有限资源，使资源分配到能增值的项目上，达到不断改善企业价值链的目标。

5. 作业成本法使成本控制与预算控制成为可能

作业成本法要求成本控制落实到每一项作业上，以作业为核心，进行作业分析，以成本动因为基础进行控制，并在保留原有财务指标的基础上又提供许多非财务指标，可以为企业生产决策、定价决策和长期投资决策提供更多更可靠的依据。

(二)作业成本法的缺点

作业成本法下计算出的成本仍然是历史成本信息，所以要发挥决策作用必须要有附加条件。作业成本法虽然大大减少了现行方法在产品成本计算上的主观分配，但并未从根本上消除它们。

(1) 作业成本法的基础资料来自于现行的权责发生制，其计算结果必然受诸如折旧和开发等成本期末分配中任意性的影响。这样，作业成本法核算系统下的作业成本库归集成本的正确性和客观性就会受到影响。

(2) 就作业成本法核心内容、成本归集库和成本动因选择而言，作业成本法也无法做到尽善尽美。其成本动因和作业成本库的设置和选择主观随意性较强。

(3) 生产部门管理权力下降，部门的主观能动性受到限制。传统的成本核算方法是按地点、按部门归集分配成本的，所以目标也易于落实到部门和责任人。而作业成本制度下，成本是与作业密切相连的，而与部门关系不大，在作业成本法下，强调的是按作业来完成生产任务，或者说是要求工人严格地执行工序，在这种情况下，会使部门失去工作的热情，操作者失去工作的积极性和创造力。

但是此问题也不是不能解决，在分析成本动因时，对部门的设置尽量考虑到作业的影响，尽可能地按具体的作业来划分部门，使部门对于作业流程有充分的认识，同时鼓励基层的操作人员进行工序的优化，发挥其创造性，这样就可以解决此问题。

四、作业成本法的应用前景

作业成本法是适应现代高科技生产的需要而产生的。尽管实施作业成本法需要花费很长的时间，从人员的培训到作业成本核算系统的设计、建立、维持，企业要付出很多的人力、物力、财力，但是公司获得的效益明显超过投入。

(一)作业成本法可以与变动成本法和标准成本法等方法相结合

决策与计划会计的重要理论基础之一是成本性态分析，作业成本法对多数决策与计划模式的冲击正是源于其对成本性态分析的扩展。

传统成本性态分析以产量作为区分固定成本与变动成本的基础。产品成本中直接费用含量较高时，这种成本性态分析可以比较准确地反映成本变化的原因。但在高科技条件下，间接费用含量较高时，这种性态分析就掩盖了间接费用的可变性，无法准确反映成本变化的原因。

作业成本法用成本动因来解释成本性态，基于成本与成本动因的关系，可将成本划分为产量基础变动成本、非产量基础变动成本、固定成本三类。产量基础变动成本一般在短期内随产品产量的变动而变动，故仍以产量为基础(如直接人工小时、机器小时、原材料耗用量等)来归属这些成本。非产量基础变动成本往往随作业的变动而变动，故以非产量基础(如检验小时、定购次数、整备次数等)作为成本动因来归属成本。作业成本法下的成本性态分析拓宽了变动成本的范围，使投入与产出间的联系更加明晰，是对传统成本性态分析的扩展。

成本性态分析是变动成本法的前提和成本量利分析的基础，同时也是相关成本决策法的基础之一。作业成本法扩展了成本性态分析，因而对变动成本法、成本量利分析以及相关成本决策法产生了一系列影响。

(二)作业成本法可以与管理学相结合，形成作业成本管理

作业成本法不仅仅是一种精确的核算方法，更是一种科学有效的管理手段。作业成本法融合了先进的管理思想。

1. 作业管理

作业管理的出发点是将企业看作由顾客需求驱动的系列作业组合而成的作业集合体，在管理中以努力提高增加顾客价值的作业的效率，消除遏制不增加顾客价值的作业为方向。

作业管理的先进性在于：其一，适应企业面临的买方市场的环境新特点，树立"以顾客为中心"的管理思想，把及时满足不同顾客的特定需要放在首位；其二，改变传统成本管理只注重成本本身水平高低的状况，着眼于成本效益水平的高低，以资源的消耗是否对顾客发生价值增值作为评价成本管理水平的标准，而不再以成本本身水平高低为标准。

2. 过程管理

过程管理认为企业为顾客提供产品的业务过程，由一系列前后有序的作业构成。企业就是将它们由此及彼、由内到外连接起来的一条作业链。每完成一项作业要消耗一定的资源，作业的产出又形成一定的价值，因而企业又是价值在作业链上各作业之间转移所形成的一条价值链。过程管理就是对作业链、价值链进行分析和管理，找出企业业务活动中各个环节上的症结，提高业务活动各个环节的效率。

过程管理的先进性在于：其一，将管理的重点由产品成本的结果转向作业成本的形成原因。从作业成本的计算原理可知，产品成本的高低不仅与其消耗的作业量的大小有关，还与每种作业上的资源占用量有关，作业量的减少并不能自动地减少该项作业所占用的资源(如设备、人员)。因此，降低产品成本、提高资源使用效率，不仅要提高生产过程中的各项作业完成的效率和质量，而且要提高生产过程之前资源配置的合理性，高度重视产前调研和产品开发设计管理。其二，使企业整体成为多个局部的动态有机结合，而不再是局部的简单总和，这有助于企业协调局部关系，实现整体最优化和持续改善，也有助于实现"业务的根本革新"。

总之，作业成本法不仅是先进的成本计算方法，也是成本计算与成本控制相结合的全面成本管理制度，它融合了作业管理、过程管理等先进管理思想，形成了一个综合管理体系。

(三)作业成本法可以与流程优化相结合，加强战略成本管理

作业成本计算的意义并非简单意义的成本核算。作业成本法以作业为中心的思想，现在已从成本的确认、计量方面转移到企业管理的诸多方面，一个新的现代企业管理思想——作业管理正在形成。它尽可能消除"不增值作业"，改进"增值作业"，优化"作业链"和"价值链"，最终增加"顾客价值"和"企业价值"。实际上作业成本法的最持久的好处是使管理者知道哪些是增值作业，哪些是不增值作业；哪些是关键作业，哪些是一般作业；更好地理解生产过程，从而尽可能减少不增值作业，抓住关键作业，使采取的管理措施更有效地控制成本和增加企业价值。由此可见，作业管理不仅仅是一项管理工作，更为重要的是，它还是不断改进企业作业流程的动态过程，从而从源头控制生产成本，并及时根据市场需求动向应对市场风险，适应环境的变化。

(四)作业成本法可以结合战略管理，优化战略决策

作业成本法带来的效益在于管理层可以使用更精确和更具有相关性的信息，作业成本法为管理层的商业决策提供了一个好的工具。作业成本法不仅能以准确的成本核算为产品定价提供科学依据，而且还能准确分析出每一种产品和每一个客户对企业利润的贡献度，从而做出合理的产品组合方案、资源配置方案和差别化的客户营销方案决策。对于盈利能力无法达到要求的产品线可以考虑退出，将有限的资源投入盈利能力较高的产品线，或者通过提高产品价格等措施提升产品创造价值的能力。

复习测试题

第十三章 成本报表的编制与分析

案例导入：

英杰公司生产甲、乙两种主要产品，本月的成本报表中成本计划降低任务和实际完成情况如表 13-1 和表 13-2 所示。假如你是成本会计主管，请你根据各因素对产品成本降低任务完成情况的影响，并为总经理写一份情况分析。编制主要产品成本降低任务完成情况如表 13-3 所示。

表 13-1 成本计划降低任务　　　　　　　　　　金额单位：元

产 品	产 量	单位成本		总 成 本		降低任务	
		上 年	计 划	上 年	计 划	降低额	降低率/%
甲产品	100	580	500	58 000	50 000	8 000	13.80
乙产品	50	890	800	44 500	40 000	4 500	10.12
合计	—	—	—	102 500	90 000	12 500	12.20

表 13-2 实际完成情况　　　　　　　　　　金额单位：元

产 品	产 量	实际单位成本	总 承 包			实际完成	
			上 年	计 划	实 际	降低额	降低率/%
甲产品	90	550	52 200	45 000	49 500	2 700	5.18
乙产品	60	750	53 400	48 000	45 000	8 400	15.73
合计	—	—	105 600	93 000	94 500	11 100	10.52

表 13-3 主要产品成本降低任务完成情况分析表　　　　　　　　　　金额单位：元

序 号	指 标	计 算 方 法	成本降低数	
			降低额	降低率/%
1	按计划产量、计划品种构成、计划单位成本计算的成本降低额和降低率	降低额=102 500−90 000 降低率=12 500÷102 500×100%	12 500	12.20
2	按实际产量、计划品种构成、计划单位成本计算的成本降低额和降低率	降低额=105 600×12.20% 降低率=按计划指标计算的降低率	12 883.2	12.20
3	按实际产量、实际品种构成、计划单位成本计算的成本降低额和降低率	降低额=105 600−93 000 降低率=12 600÷105 600×100%	12 600	11.94

续表

序　号	指　　标	计算方法	成本降低数	
			降低额	降低率/%
4	按实际产量、实际品种构成、实际单位成本计算的成本降低额和降低率	降低额=105 600-94 500 降低率=11 100÷105 600×100%	11 100	10.52
	各种因素的影响程度： 产量变动影响 品种构成变动影响 单位成本变动影响	 2-1 3-2 4-3	 383.20 -283.20 -1 500 -1 400	 0 -0.26 -1.42

上述的计算结果表明，本公司主要产品成本降低任务完成情况为-1 400元，还差1 400元完成成本降低任务。这个结果是产量、产品品种构成和产品单位成本三个因素共同作用的结果，其中，产量因素的影响使成本降低了383.20元，是因为乙产品的实际成本低于计划成本，实际产量高于计划产量所做的贡献；品种构成变动对成本降低任务完成的影响为-283.20，是因为在甲、乙产品中，甲产品所起的作用大一些；单位成本变动对成本降低任务完成的影响为-1 500，是导致不能完成成本降低任务的主要因素，原因是甲产品的实际成本高于计划成本。本公司在今后的生产中，要努力降低甲产品的实际成本，提高乙产品的比例。

成本报表是为企业内部管理需要而编制的，对加强成本管理、提高经济效益有着重要的作用。

第一节　成　本　报　表

一、成本报表的概念

会计报表是根据日常会计核算资料归集、加工、汇总而形成的一个完整的报告体系。会计报表所提供的会计信息要满足企业内外有关方面的各种要求。企业会计报表按服务对象划分为两类：一类为向外报送的会计报表，如资产负债表、利润表、现金流量表等；另一类为企业内部管理需要的报表，如成本报表等。

上述第一类会计报表的编制是财务会计所阐述的内容，本章将阐述各种成本报表的编制。成本报表是根据日常成本核算资料及其他有关资料定期或不定期编制，用以反映企业产品成本水平、构成及其升降变动情况，考核和分析企业在一定时期内成本计划执行情况及其结果的报告文件。成本报表作为企业的内部报表，其格式、内容、编报时间、报送对象等，都是由企业根据自身特点和管理要求来决定，正确、及时地编制成本报表是成本会计的一项重要内容。

二、成本报表的作用

成本报表主要向企业的各级管理部门、企业领导、企业职工以及有关部门提供成本信息。成本报表的作用主要如下。

(1) 提供企业在一定时期内的产品成本水平及费用支出情况。

(2) 可据以分析成本计划或预算的执行情况、考核成本计划的完成情况，并查明产品成本升降的原因等。

(3) 本期成本报表的成本资料是编制下期成本计划的重要参考依据。

(4) 企业主管部门把所属非独立核算单位的成本报表资料和其他报表资料等结合起来运用，可以有针对性地对其进行指导和监督。

三、成本报表的种类

企业的成本报表主要用来服务于企业内部经营管理部门，所以，报表的种类、格式和编制时间一般都由企业根据生产经营过程的特点和企业管理的具体要求而定。目前工业企业应编制的成本报表通常有以下几种。

(1) 商品产品成本表。

(2) 主要产品单位成本表。

(3) 制造费用明细表。

此外，各企业还可以根据其生产特点和管理要求，对上述成本报表作必要的补充，也可以结合本企业经营决策的实际需要，编制必要的其他内部成本报表。

四、成本报表的编制要求

为了充分发挥成本报表的作用，必须做到数字准确、内容完整和编制及时。

数字准确，是指报表的指标必须如实地反映企业成本工作的实际情况，不得以估计数字、计划数字、定额数字代替实际数字，更不允许弄虚作假，篡改数字。因此，企业在编制成本报表前，所有经济业务都要登记入账，要调整不应列入成本的费用，做到先结账，后编表；应认真清查财产物资，做到账实相符；应核对各账簿之间的记录，做到账账相符。报表编制完毕，应检查各个报表中相关指标的数字是否一致，做到表表相符。

内容完整，是指应编制的成本报表的种类必须齐全；应填列的报告指标和文字说明必须全面；表内项目和表外补充资料，不论根据账簿资料直接填列，还是分析计算填列，都应当完整无缺，不得随意取舍。

编制及时，是指要求按照规定期限报送成本报表，以便有关方面及时利用成本资料信息进行检查、分析等工作。为此，企业财会部门要提前做好编制报表的准备工作，并且要加强与各有关部门的协作和配合，以便尽可能提前或按期编送各种报表，满足有关各方的需要。

第二节　成　本　分　析

成本分析是按照一定的原则，采用一定的方法，利用成本计划、成本核算和其他有关资料，控制实际成本的支出，揭示成本计划完成情况，查明成本升降的原因，寻求降低成本的途径和方法，以达到用最少的劳动消耗取得最大的经济效益的目的。

一、成本分析的意义和任务

成本分析是成本管理的重要组成部分，其作用是正确评价企业成本计划的执行结果，揭示成本升降变动的原因，为编制成本计划和制定经营决策提供重要依据。

(一)成本分析的内涵

成本分析是利用成本核算及其他相关资料，对成本水平及其构成的变动情况进行分析评价，以揭示影响成本升降的各种因素及其变动的原因，寻找降低成本的潜力。

广义地说，成本分析可以在成本形成前后进行事前、事中和事后分析。在成本形成之前，为了选择降低成本的最佳方案，确定目标成本，编制成本计划，需要对成本进行预测分析，即事前分析。在成本形成的过程中，为了随时检查各项定额和成本计划的执行情况，控制各种消耗、费用支出，保证目标成本的实现，需要进行成本控制分析，即事中分析。在成本形成之后，把成本核算数据与其他资料结合起来，评价成本计划的执行结果，揭露矛盾，总结经验教训，指导未来，需要进行成本考核分析，即事后分析。所以，成本分析贯穿于成本会计的全过程，对充分发挥成本会计的积极作用具有重要意义。狭义地说，成本分析主要是指事后成本分析。事后成本分析是以成本核算提供的数据为主，结合有关的计划、定额、统计、技术和其他调查资料，按照一定的原则，运用一定的方法，对影响成本和成本效益升降的各种因素进行科学的分析，查明成本和成本效益变动的原因，制定降低成本的措施，以便充分挖掘企业内部降低成本和提高成本效益的潜力，用较少的消耗取得较大的经济效益。

从降低本期成本出发，事前成本分析与事中成本分析的作用大于事后成本分析，但是，事后成本分析另有其特定的作用，这种分析对于检查成本计划的执行情况、评价工作业绩，以及指导下期成本工作都具有明显的积极意义。因此，事后分析，无论是在过去、现在还是将来，都必然是成本分析中一项必不可少的内容。

(二)影响产品成本的因素

企业产品成本的提高或者降低，是各种因素共同影响、综合作用的结果。这些因素概括起来，可以分为固有因素、宏观因素和微观因素三大类。所谓固有因素，就是指企业建厂时先天条件的好坏对企业产品成本影响的因素；所谓宏观因素，就是从整个国民经济活动这样一个宏观的方面来观察的因素；所谓微观因素，就是从企业本身的经济活动这样一个微观的方面来观察的因素。下面分别来说明影响企业产品成本的一些主要因素。

1. 固有因素

1) 企业地理位置和资源条件

企业成本的高低，在许多方面受到企业所处的地理位置和资源条件的影响。例如，由于地理位置和气候条件的不同，会影响到企业所用固定资产的结构，从而引起固定费用水平的不同。又如，如果企业地处经济落后或者交通闭塞的地区，同其他企业协作困难，那么势必会迫使企业什么都得自己生产，从而也就会引起产品成本的提高。另外，企业距离原材料产地和燃料产地以及销售市场的远近，不仅会造成运费、包装费、在途运输损耗的不同，而且还会影响到原材料、燃料的储备数量，从而引起这些原材料、燃料储存成本的差别。对于采掘工业来说，开采还有难易之分，矿石有品位高低的差别，这些自然资源的条件不同，也在很大程度上影响了企业产品成本的高低。

2) 企业规模和技术装备水平

企业规模的大小，对产品成本水平有一定的影响。一般来说，生产规模大的企业，技术装备水平比较先进，产量大，消耗低，原材料资源利用充分，产品质量好，劳动生产率高。所以，它的产品成本比规模小的企业要低。例如，一个大型钢铁企业的产品成本要比中小型企业低20%以上。企业的技术装备水平对产品成本也有很大影响，技术装备水平高，有利于提高劳动生产率和节约物资，从而有利于降低产品成本。但这并不是说，生产规模越大，技术装备水平越高，产品成本必然越低。这里有一个前提，必须处于合理的经济结构之中。同样，企业技术装备水平的先进与落后也是相对的，它必须有利于提高经济效益。有些技术设备虽然先进，但价格昂贵，发挥作用不大，并不利于经济效益的提高。总之，我们在分析企业规模和技术装备水平时，必须从提高经济效益这个前提出发，这也是我们进行各项分析的一个基本原则。

3) 企业的专业化协作水平

工业生产专业化是社会分工的表现形式和结果，协作是随工业生产专业化的发展而发展起来的。生产力越是发展，越需要专业化协作的充分发展。专业化协作可以发挥各方面的作用。它可以组织成批生产和大量生产；可以做到投资少，见效快；可以提高经营管理水平；能充分合理地利用设备和人力，不断改进生产技术和生产工艺。因而，便能够不断地提高产品质量，节约活劳动和物化劳动的消耗，促进产品成本大幅度降低。反之，如果盲目追求生产的"大而全""小而全"，不仅会造成投资浪费，而且不能充分利用设备和人力，势必导致产品成本的提高。

2. 宏观因素

1) 宏观经济政策的调整

在社会经济的不同时期，经济工作的重心也不相同，国家总是通过及时调整各项政策，以保证各个时期经济目标的实现。例如，通过提高贷款的利率，促使企业减少资金占用，以提高资金利用效率；为了促进技术进步，调整固定资产折旧率等。这些虽属宏观经济政策的调整，但却会对成本产生直接的影响。

2) 成本管理制度的改革

在社会主义市场经济体制下，成本管理制度应由企业根据企业会计准则和相关规章制度的要求，并结合企业自身的特点来制定。但是，对产品成本应包括的内容、费用开支标准和开支限额等一些重大问题，仍应由国家按照合理补偿的原则统一规定，作为企业产品成本管理的依据。当然，根据不同时期宏观管理的要求，国家所做的一些统一规定也会有所调整。例如，在1993年会计改革之前，管理费用在产品成本中列支，现在改为直接计入企业当期损益等。这种成本宏观管理上的改革，显然会对产品成本产生影响。

3) 市场需求和价格水平

随着社会主义市场经济体制的建立，企业的生产经营活动必须面向市场。产品的生产方向、品种结构、生产任务必须根据市场的需求来确定。企业能否依靠自身的应变能力，根据市场需求变化趋势和用户意图，制订生产计划，使企业生产能力得到最大程度的发挥，将直接影响产品成本水平。在生产资料市场逐步完善的条件下，企业的物资供应由国家计划调拨转向市场交换，物资价格在价值规律的作用之下发生波动，这种变化将对企业产品成本水平产生影响。

3. 微观因素

固有因素和宏观因素虽然会在不同程度上对产品成本产生影响，但这些因素一般来说是企业本身不能控制和改变的，而产品成本的高低除了与这些客观因素有关外，微观因素也是绝对不能忽视的。微观因素都与企业的各项管理工作相联系，集中地反映在产品成本上。从这个意义上说，成本的高低，直接反映了企业的生产经营管理水平，反映了企业全体职工的努力程度，反映了企业的生产状况和管理水平。微观因素大体可以归纳为以下几个方面。

1) 劳动生产率水平

劳动生产率是影响成本变动的重要因素之一。它的提高不仅可以减少单位产品的工时消耗，而且有可能减少单位产品成本中的工资费用支出，同时还可能引起产量的增加，进而导致单位产品成本中的固定费用的降低。此外，劳动生产率的提高往往是同技术进步、劳动组织的改善密切相关的，通常会连带地促进固定资产、原材料、燃料动力等利用程度的改善，从而减少单位产品中物化劳动的消耗。所以，提高劳动生产率几乎可以促进单位产品中的各个成本项目的降低，这是在微观方面影响成本高低的决定性因素。

2) 生产设备利用效果

生产设备是企业进行生产的主要物质技术手段，因而它的利用情况必然影响到产品成本水平的高低。提高生产设备的利用率和生产效率，就会使同等数量的生产设备生产出较多的有用产品，从而减少分摊在单位产品中的折旧费和修理费。生产设备利用情况的改善，还会影响其他成本项目的支出。例如，生产设备利用效率的提高，有利于提高劳动生产率，增加产量，这就会减少单位产品中分摊的工资额。另外，生产设备利用情况的改善，产量的增加，也会使单位产品中原材料和燃料动力的消耗降低。

3) 原材料和燃料动力的利用情况

原材料和燃料动力消耗在产品成本中往往会占很大的比重，是影响产品成本的重要因素。原材料和燃料动力消耗直接取决于产品设计和生产工艺的合理程度。如果产品设计和生产工艺先进合理，就可以用较少的原材料和燃料动力消耗制造出质量高、效能好的产品，从而有助于产品成本的降低。反之，如果产品设计不当，生产工艺落后，就可能引起原材料和燃料动力消耗的增加，从而提高产品成本。此外，各种不同质量、不同型号、不同价格的原材料和燃料动力在生产过程中的消耗和使用比例以及它们的综合利用情况，也会在一定程度上影响产品成本的升降。

4) 产品生产的工作质量

产品生产的工作质量一般是通过"废品率""返修率"等指标来反映的。废品成本由同类合格品负担。工作质量越高，废品就越少，合格品也就越多，产品单位成本也就越低；反之，就会提高产品单位成本。如果废品是可修复的，在修复过程中所发生的加工费用，也要由同类合格品负担，从而引起产品单位成本的提高。此外，工作质量的提高还会通过提高产品质量，节约原材料、燃料动力的消耗等方面表现出来，从而影响产品成本水平。

5) 企业的成本管理水平

企业产品成本的高低除了取决于材料、能源、设备等硬资源的利用情况外，还与成本管理等软资源的开发和利用有关。成本管理从根本上说是以生产耗费合理化为目的的活动，其基本任务就是把对成本的预测、决策、计划、控制、核算、分析和考核科学地组织起来，以达到降低成本的目的。企业的成本管理水平提高，产品成本水平就降低。在生产条件、技术水平基本相同的企业中，由于成本管理水平不同，产品单位成本相差很大的例子是屡见不鲜的。

6) 企业文化建设

企业文化是企业全体职工在长期的生产经营活动中培育形成并共同遵守的最高目标、价值标准、基本信念和行为规范。企业文化的结构可分为三个层次：一是精神层，包括企业精神、企业最高目标、企业风气等；二是制度层，包括一般制度、特殊制度和企业风俗；三是物质层，包括企业标志、厂容厂貌、产品特色、企业文化传播网络等。企业文化具有导向功能，能把职工个人的目标引导到企业目标上来，有助于形成企业的长期竞争力；企业文化具有激励功能，如果职工为企业做出了贡献，就会得到鼓励和奖励，从而使职工对企业产生强烈的主人翁责任感，使企业职工从内心产生一种奋发进取的效应。广大职工往往在企业的生产第一线，如果人人都以企业为家，为企业献计献策，那将会对企业的各项管理工作产生不可估量的影响。所以，企业应注重文化建设，以激发广大职工的生产热情，这对于降低产品成本、提高经济效益具有重要意义。

以上对影响成本的固有因素、宏观因素和微观因素作了扼要的分析，目的在于进行成本分析时能正确地区分主观因素和客观因素，既不能因主观因素的影响而推卸企业责任，放松自身的成本管理工作，也不能忽视固有因素和宏观因素对企业产品成本的影响。这样，才能客观地、实事求是地做出评价。但须指出，这三类因素的划分只是相对的，企业对于某些固有因素和宏观因素并非是完全无能为力的。从长期来讲，属于固有因素的某些先天条件并不是一成不变的，它还会随着具体条件的变化而有所变化；有些宏观因素对成本的不利影响，通过企业的主观努力也能全部内部消化或部分内部消化。所以，在进行成本分析时要辩证地看问题，做到具体情况具体分析。由于开展成本分析是为了提高成本管理水平，努力降低产品成本，这就要求我们把主要注意力放在微观方面，紧紧抓住企业可以控制的因素，挖掘一切可以降低成本的潜力，才能使成本降低由可能变为现实。

(三)成本分析的任务

企业成本分析的任务，从事后成本分析来看主要有以下几个方面。

1. 揭示成本差异原因，掌握成本变动规律

成本计划在执行过程中受到多方面因素的影响，有技术因素和经济因素、宏观因素和微观因素、人的因素和物的因素。成本分析运用科学的方法，从指标、数据入手，找出差距，揭露矛盾，查明各种积极因素和消极因素及其对经济指标的影响程度，并分清主观原因和客观原因，从而逐步认识和掌握成本变动的规律，以便采取措施，不断提高企业经营管理水平。

2. 合理评价成本计划完成情况，正确考核成本责任单位的工作业绩

成本分析应通过系统、全面地分析成本计划完成或没有完成的原因，对成本计划本身及其执行情况进行合理的评价，总结本期实施成本计划的经验教训，以便今后更好地完成计划任务，并为下期成本计划的编制提供重要依据。同时，通过分析，还要有根据地评价成本责任单位的成绩或不足，查明哪里先进、何处落后，分析先进的原因、落后的理由。这样才可以正确考核成本责任单位的工作业绩，为落实奖惩制度提供可靠依据，从而调动各责任单位和职工提高成本效益的积极性和主动性。

3. 检查企业是否贯彻执行国家有关的方针、政策和财经纪律

社会主义企业的生产经营活动必须遵守国家有关的方针、政策和财经纪律，以保证国家利益和人民利益不受损害。因此，分析企业是否降低成本和提高成本效益，就必须以国家有关的方针、政策和财经纪律为依据，及时纠正违纪的不合理行为。例如，企业有无通过压低产品质量、牺牲消费者利益来降低产品成本；企业有无任意缩小或扩大成本开支范围；企业有无该摊提费用而未摊提等。通过成本分析，能促使企业微观效益同社会宏观效益的提高协调起来。

4. 挖掘降低成本的潜力，不断提高企业经济效益

成本分析的根本目的是为了挖掘降低成本的潜力，促使企业以较少的劳动消耗生产出更多更好的使用价值，实现更快的价值增值。因而，成本分析的核心就是围绕着提高经济效益不断挖掘降低成本的潜力，充分认识未被利用的劳动和物资资源，寻找利用不完善的部分及其原因，发现进一步提高利用效率的可能性，以便从各方面揭露矛盾，找出差距，制定措施，使企业经济效益越来越好。

二、成本分析的原则和评价标准

从成本分析的概念和任务中不难看出，要想正确地进行成本分析务必要遵循一定的原则和标准。

(一)成本分析的原则

成本分析的原则是组织成本分析的规范，也是发挥成本分析职能作用、完成成本分析任务和使用分析方法的准绳。概括地说，成本分析的一般原则是，要遵守成本会计的规定，以目标成本和定额为标准，以健全的成本信息系统为手段，以提高经济效益为核心，全面地、系统地、及时地对企业的成本和成本效益进行分析，并给予正确评价。具体地说，在分析时要着重掌握以下原则。

1. 全面分析与重点分析相结合的原则

这里的所谓全面分析，并非完全指分析内容的全面性，而是说成本分析要着眼整体，树立全局观念，切忌片面性，必须以有关的方针、政策、法令为依据，企业成本效益要与社会效益结合起来进行分析；要运用一分为二的观点来进行分析，对成绩和缺点、经验和存在问题、有利因素和不利因素、主流和支流，必须坚持实事求是的态度，不能强调一个方面而忽视另一个方面，这样才能得出正确的结论。此外，要以产品成本形成的全过程为对象，结合生产经营各阶段的不同性质和特点进行成本分析。

必须指出，全面分析并不意味着要对同成本有关的生产经营活动进行面面俱到、事无巨细的分析，而要按照例外管理原则抓住重点，找出关键性问题，深入剖析。一般来说，企业日常出现的成本差异繁多，管不胜管。为了提高成本分析的工作效率，分析人员要把精力集中在例外差异上，即对那些差异率或差异额较大、差异持续时间较长、差异影响了企业长期盈利能力的项目进行重点分析，并及时反馈给有关责任单位，迅速采取措施予以消除。

2. 专业分析与群众分析相结合的原则

成本涉及企业所有部门及全体职工的工作业绩，为了使成本分析能够做到经常性和有效性，真正达到成本分析的目的，必须发动群众，将分析化为广大群众的自觉性行动。这就要求成本分析上下结合、专群结合，充分发挥每个部门和广大群众分析成本、挖掘降低成本潜力的积极性，把专业分析建立在群众分析的基础上。这样才能充分揭露矛盾，深挖提高成本效益的潜力，把成本分析搞得生机勃勃，充分发挥其应有的作用。

3. 经济分析与技术分析相结合的原则

成本的高低既受经济因素影响，又受技术因素影响，在一定程度上技术因素起决定性作用。所以，成本分析如果只停留在对经济指标的分析，而不深入技术领域，不结合技术指标进行分析，就不能达到其目的。为此，必须要求分析人员通晓一些技术知识，并注意发动技术人员参与成本分析，把经济分析与技术分析结合起来。所谓经济分析与技术分析相结合，就是通过经济分析为技术分析提供课题，增强技术分析的目的性；而技术分析又可反过来提高经济分析的深度，并从经济效益角度对所采取的技术措施加以评价，从而通过改进技术来提高经济效益。这两方面分析的结合，能防止片面性，并能结合技术等因素查明成本指标变动的原因，以全面改进工作，提高效益。

4. 纵向分析与横向分析相结合的原则

纵向分析是指企业内部范围内的纵向对比分析，包括本期实际与上期实际比较，与上年同期实际比较，与历史最好水平比较，与有关典型意义的时期比较等。这种纵向对比，是成本分析的主要内容，可以观察企业成本的变化趋势。但在市场经济体制下，企业必须面向市场、面向世界，所以，要收集和掌握国内外同类型企业成本的先进水平资料，广泛开展横向厂际对比分析。这种横向对比，有助于企业在更大范围内发现先进与落后的差距，促使企业产生紧迫感，增强竞争能力。

5. 事后分析与事前、事中分析相结合的原则

现代成本分析不能局限于事后分析，还应包括事前分析和事中分析，特别是要开展事前分析。这三个阶段的分析是相互联系的，各有其特定作用。只有在成本发生之前开展预测分析，在成本发生过程中实行控制分析，在成本形成之后搞好考核分析，把事前分析、事中分析和事后分析结合起来，建立起完整的分析体系，将成本分析贯穿于企业再生产全过程，才能做到事前发现问题，事中及时揭示差异，事后正确评价业绩。这对于提前采取相应措施，把影响成本升高的因素消灭在发生之前或萌芽状态，以及时总结经验教训，指导下期成本工作等，都具有明显的积极意义。

6. 报表数据分析与实地分析相结合的原则

成本分析必须系统掌握和充分利用报表数据，这是做好分析工作的基础。但是要完整了解实际情况，真正弄清问题的实质，从复杂因素中找出关键因素，得出全面的分析结论，只凭报表数据是不够充分的，还必须深入实践，有的放矢地进行必要的调查研究，把报表数据和实际情况结合起来，才能加深认识，进一步提高分析的质量。

(二)成本分析评价标准

确立成本分析评价标准是成本分析的一个基本步骤，也是成本分析的一项重要内容。不同的成本分析评价标准，会对同一分析对象得出不同的分析结论。正确选择和确定成本分析评价标准，对于发现问题、找出差距，正确评价成本分析对象，有着十分重要的意义和作用。

成本分析评价标准主要有历史标准、行业标准和预算标准等。所谓历史标准，是指企业在以前年度中某项成本指标的最低水平。历史标准不会一直保持不变，如果企业以后年度中成本指标有了新的突破，历史标准将被更新、更好的指标所代替，直到企业重新产生新的标准。根据历史标准，可以判断企业现时的工作与以前相比是取得了成绩还是退步了，使企业看到自己的差距。所谓行业标准，是指由企业主管部门根据所属行业的生产经营的实际情况所制定的同行业的成本指标水平。行业标准应是体现全行业平均水平的成本指标，一般情况下，大多数企业经过努力可以达到这一标准。根据这一指标，企业可以了解自己在同行业中所处的水平，是超过同行业平均水平，还是未达到同行业平均水平，从而可以促使企业努力采取措施，赶超先进。所谓预算标准(或称计划标准、目标标准)，是指企业预先规定的在计划期内产品生产耗费和各种产品的成本水平。预算标准具体包括主要产品单位成本预算、商品产品成本预算、制造费用预算、销售费用预算、管理费用预算和财务费用预算等。根据预算标准，企业可以分析其实际生产消耗水平与预算之间的差异，并通过

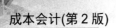

分析差异原因，使之在以后的经营管理中，力争成本消耗不突破预算，使成本水平不断降低，从而增加企业经济效益。

三、成本分析的程序和方法

成本分析方法是以成本分析的原则为指导，是为达到成本分析目的、完成成本分析任务所应遵循的分析程序和所采用的手段。成本分析方法是成本分析实践的科学总结，随着成本分析实践的发展而完善，随着人们对成本分析工作规律性认识的深化而不断充实。本节主要从事后分析角度对成本分析的程序和技术方法进行阐述。

(一)成本分析的基本程序

成本分析程序应确定分析工作各个步骤的名称、顺序、内容和要求。通常成本分析的基本程序可归纳为以下几个阶段。

1. 成本分析准备阶段

1) 明确成本分析目的

成本分析的主要目的是全面分析成本水平与构成的变动情况，研究影响成本升降的各种因素及其变动原因，以便挖掘降低成本的潜力，控制成本，提高经济效益。为了达到这一目的，必须制订成本分析计划。制订成本分析计划是为了保证分析工作有目的、有步骤地进行，并且不致因遗漏任何重要问题而影响分析效果。分析计划应确定分析的目的、要求、范围，分析的主要课题，分析工作的组织分工、进度安排、资料来源等。分析工作要按计划进行，但也应根据分析过程中的实际情况修改补充计划，以提高分析质量。

2) 确立成本分析标准

进行成本分析，通常情况下是以企业制订的成本计划指标作为成本分析标准。具体做法是将企业的实际成本指标与计划指标进行对比，找出差异，并分析原因。也可将企业的实际成本指标与历史标准、同行业标准等进行对比。

3) 收集成本分析资料

占有大量完备的各种资料是正确进行成本分析的基础。在进行成本分析时，必须首先收集内容真实、数据正确的资料。分析所需要的资料是多方面的，不仅需要收集各种核算的实际资料，还要收集有关的计划、定额资料；不仅要收集有关的数据资料，还要收集会议记录、决议、报告、备忘录等文字资料；不仅需要国内同行业先进企业的有关资料，而且需要国际先进企业的资料。收集资料要注意日常积累，才能对企业工作逐步形成概念；必须实事求是，并且进行必要的去粗取精、去伪存真的整理工作，以筛选真实反映经营状况的资料，才有可能得出正确的结论和提出切实可行的建议。

2. 成本分析实施阶段

1) 报表整体分析

工业企业编制的成本报表，主要有商品产品成本表、主要产品单位成本表和制造费用明细表等。进行成本分析时，首先要对成本报表整体进行分析。例如，对商品产品成本表，可按产品类别和成本项目对全部商品产品成本进行分析，将商品产品的实际成本与计划成本进行对比分析，对其中的可比产品，可将实际成本与计划成本进行比较，还可以与上年实际比较；对主要产品单位成本表，可将产品单位成本分别与上年或与计划进行比较；对制造费用明细表，可将实际费用与计划或与上年同期水平进行比较，以说明有关成本费用的升降情况。

2）成本指标分析

成本指标分析，或叫成本指标对比，是在已经核实资料的基础上，对成本的各项指标的实际数进行各种形式、各个方面的比较。经过比较，就可以确定差异，揭露矛盾。这样，一方面，可以明确必须深入进行分析的问题，寻找产生问题的原因；另一方面，又为挖掘潜力指出了方向和途径。

必须指出，指标对比如果仅仅限于对比经济指标完成的结果，还不能充分揭露矛盾。这就必须同时考察成本指标完成的过程，进一步分析企业是怎样完成成本指标的，亦即按成本指标完成的时间和地点来详细研究其完成的结果，这样才能发现问题的实质。比如，有的企业虽然从某一个年度来看是完成了成本指标，但某些月份可能未完成成本指标。通过按时间分析，就可以发现这些不良现象。又如，有的企业虽然整体是完成了成本指标，但是企业内部各单位却各不相同，有的成本超支，有的成本下降。通过按地点进行分析，就可以查明哪些单位是先进的，哪些单位是落后的，从而推广先进经验，消除个别单位落后的现象，促进企业内部各单位效益的共同提高。

3）基本因素分析

通过对比，揭露矛盾，只能看出数量上、现象上的差异，不能反映差异的根源。因此，还要相互联系地研究各项成本指标发生差异的原因。影响成本指标差异的原因多种多样，既有人的因素，也有物的因素；既有技术因素，又有生产组织因素；既有经济方面的因素，也有非经济方面的因素；既有企业内部的因素，又有企业外部的因素。因此，只有运用对立统一的方法来分析，才能查明成本指标的差异原因。

3. 成本分析报告阶段

1）得出成本分析结论

在实际工作中，首先，要在研究有关成本指标差异形成过程的基础上进行因素分析。其次，将有关因素加以分类，衡量各个因素对指标差异产生的影响程度和影响方式，在相互联系中，找出起决定作用的主要因素。最后，综合分析各方面因素对指标差异的影响程度。有分析还要有综合，这是密不可分的两个过程。其中，分析是基础，综合是分析的概括和提高。如果只重分析，忽视综合，最后只能得出个别的和部分的结论，看不出影响指标差异的各个因素的内在联系。因此，只有把分析和综合正确地结合起来，才能在多种矛盾中找出主要矛盾，从复杂因素中找出决定性因素，对企业成本和成本效益由感性认识上升到理性认识，抓住问题的关键，得出成本分析的结论。

2）提出可行的措施和建议

成本分析在揭露矛盾和分析矛盾以后，要对企业成本工作做出评价，提出解决矛盾的可行措施。分析工作的最后阶段，应根据分析的结果，认真总结经验教训，发扬成绩，克服缺点。要依靠群众，针对生产实践中的关键问题和薄弱环节，提出措施，挖掘潜力，改进工作，提高成本效益。同时，必须注意抓好措施的实施与检查，继续开展成本分析工作。

只有不断地发现、分析、解决实践中出现的新矛盾与新问题，才能不断提高企业的科学管理水平。

3) 编写成本分析报告

成本分析报告是在完成了成本分析全部程序之后，对成本分析结果做出的文字报告。成本分析报告的内容见本节有关内容。

(二)成本分析的方法

成本分析的方法在实践中是多种多样的，具体采用哪种方法，要按成本分析的目的、分析对象的特点、所掌握的计划资料和核算资料的性质、内容来决定。通常采用的分析方法有以下几种。

1. 成本报表整体分析方法

1) 水平分析法

水平分析法，是指将反映企业报告期成本的信息(特别指成本报表信息资料)与反映企业前期或历史某一种成本状况的信息进行对比，研究企业经营业绩或成本状况发展变动情况的成本分析方法。水平分析法所进行的对比，一般来说，不是指单指标对比，而是对反映某方面情况的报表的全面、综合的对比分析。

2) 垂直分析法

垂直分析法与水平分析法不同，它是通过计算成本报表中各项目占总体的比重或结构，反映报表中的项目与总体的关系及其变动情况。会计报表经过垂直分析法处理后，通常称为同度量报表，或称总体结构报表、共同比报表等。

3) 趋势分析法

趋势分析法是根据企业连续几年或几个时期的分析资料，运用指数或完成率的计算，确定分析期各有关项目的变动情况和变动趋势的一种成本分析方法。趋势分析法既可用于对会计报表的整体分析，即研究一定时期报表各项目的变动趋势，也可用于对某些主要指标的发展趋势进行分析。

2. 指标分析法

1) 指标对比分析法

指标对比分析法是对经济指标的实际数作各种各样的比较，从数量上确定差异的一种分析方法。指标对比分析法的作用在于揭露矛盾，评价业绩，揭示不足，挖掘潜力。目前，进行经济指标的对比主要有以下几种形式。

(1) 实际指标与计划指标对比。首先要将企业实际指标与计划指标进行比较，为进一步分析指明方向。但在比较时，必须检查计划本身的质量，如果计划保守或冒进，就失去了可比的客观依据。

(2) 本期实际指标与以前(上期水平、上年同期水平或历史最好水平)实际指标的对比。采用这种比较方法可以观察企业成本的变化趋势，以及企业经营管理的改善情况等。另外，有些经济技术指标未规定计划数，则可将其实际数与前期实际数进行对比，以便找出差距，从中吸取经验，改进工作。

(3) 本期实际指标与国内外同类型企业的先进指标相比较，或者在企业内部开展与先进车间、班组和个人的指标相比较。采用这种对比方法，可以扩大眼界，防止骄傲自满，在更大范围内发现先进与后进的差距，学人之长，补己之短，以提高经营管理水平。在我国进行的成本分析实践中，这种对比形式得到了蓬勃发展。在一些同类型企业中，通过交换成本核算资料，自动开展成本指标对比活动。有些行业由个别企业的简单对比，发展成为主管部门有组织、有准备的定期对比、评比会的形式，从而将指标对比同经验交流会相结合，同赶超先进的竞赛相结合。

开展成本指标的对比，要考虑指标的内容、计价标准、时间长度和计算方法的可比性。在同类型企业进行成本指标对比时，还要考虑客观条件是否基本接近，在技术上、经济上是否具有可比性。

2) 比率分析法

比率分析法，是将反映成本状况或与成本水平相关的两个因素联系起来，通过计算比率，反映它们之间的关系，借以评价企业成本状况和经营情况的一种成本分析方法。根据分析的不同内容和不同要求，比率分析法可分为相关比率分析、趋势比率分析和构成比率分析等。

(1) 相关比率分析。它是将某个项目和其他有关但又不同的项目加以对比，求出比率，以便更深入地认识某方面的生产经营情况。如将利润项目同销售成本项目对比，求出成本利润率，从而可以观察比较企业成本效益水平的高低。

(2) 趋势比率分析。它是将几个时期同类指标的数字进行对比以求出比率，分析该项指标增减速度和发展趋势，以判断企业某方面业务的变化趋势，并从其变化中发现企业在经营方面所取得的成果或存在的不足。

例如，假设某电机厂在某一时期中连续四年铸件单位成本和趋势比率如表 13-4 所示。

表 13-4　产品单位成本和趋势比率表

指　标	年　度			
	第一年	第二年	第三年	第四年
铸件单位成本/(元/吨)	382	423	489	675
基期指数/%	100	111	128	176
环比指数/%		111	116	138

通过表 13-4 可以看出，该电机厂铸件成本逐年提高，而且提高的比率逐年上升，这说明该厂铸造车间在生产和管理上存在严重问题，必须采取及时有力的措施扭转这一不良趋势。

(3) 构成比率分析。这是确定某一经济指标各个组成部分占总体的比重，观察它的构成内容及变化，以掌握该项经济活动的特点和变化趋势的一种方法。例如，计算各成本项目在成本总额中所占的比重，并同其他各种标准进行比较，可据以了解成本构成的变化，明确进一步降低成本的重点所在。

利用比率分析法计算简便，而且对其结果也比较容易判断；可以使某些指标在不同规模的企业之间进行比较，甚至也能在一定程度上超越行业间的差别进行比较。

3. 因素分析法

因素分析法是依据分析指标与其影响因素之间的关系，按照一定的程序和方法，确定各因素对分析指标差异影响程度的一种技术分析方法。根据其分析特点，因素分析法可分为连环替代法和差额计算法两种。

1) 连环替代法

这种方法是从数值上测定各个相互联系的因素对有关经济指标的差异影响程度的一种分析方法。通过这种计算，可以衡量各项因素影响程度的大小，有利于分清原因和责任，使评价工作更有说服力，并可作为制定措施、挖掘潜力的参考。这种分析方法的计算程序如下。

(1) 根据影响某项经济指标完成情况的因素，按其依存关系将经济指标的基数(计划数或上期数等)和实际数分解为两个指标体系。

(2) 以基数指标体系为计算的基础，用实际指标体系中每项因素的实际数逐步顺序地替换其基数；每次替换后，实际数就被保留下来，有几个因素就替换几次；每次替换后计算出由于该因素变动所得的新结果。

(3) 将每次替换所得的结果，与这一因素被替换前的结果进行比较，两者的差额，就是这一因素变化对经济指标差异的影响程度。

(4) 将各个因素的影响数值相加，其代数和应同该经济指标的实际数与基数之间的总差异数相符。

假设某一经济指标 N 由相互联系的 A、B、C 三个因素组成，则计划指标和实际指标的公式是

$$计划指标：N_0 = A_0 \times B_0 \times C_0$$

$$实际指标：N_1 = A_1 \times B_1 \times C_1$$

该指标实际脱离计划的差异($N_1 - N_0 = D$)可能是上列三个因素同时变动的影响。在测定各个因素的变动对指标 N 的影响程度时可顺序计算如下。

$$计划指标：N_0 = A_0 \times B_0 \times C_0 \qquad ①$$

$$第一次替代：N_2 = A_1 \times B_0 \times C_0 \qquad ②$$

$$第二次替代：N_3 = A_1 \times B_1 \times C_0 \qquad ③$$

$$第三次替代：N_1 = A_1 \times B_1 \times C_1 \qquad ④$$

(实际指标)

据此测定的结果：

②-①= $N_2 - N_0$ ……是由 $A_0 \longrightarrow A_1$ 变动的影响

③-②= $N_3 - N_2$ ……是由 $B_0 \longrightarrow B_1$ 变动的影响

④-③= $N_1 - N_3$ ……是由 $C_0 \longrightarrow C_1$ 变动的影响

把各因素变动的影响程度综合起来，即

$$(N_1 - N_3) + (N_3 - N_2) + (N_2 - N_0) = N_1 - N_0 = D$$

现举例说明连环替代法的运用，资料如表 13-5 所示。

表 13-5 材料费用分析资料表

项 目	计 划 数	实 际 数
产品产量/件	100	110
单位产品材料消耗量/(千克/件)	8	7
材料单价/(元/千克)	5	6
材料费用/元	4 000	4 620

材料费用的实际数超过计划数 620 元(4 620-4 000),形成这一差异的因素有三个,即产品产量、单位产品材料消耗量、材料单价。运用连环替代法,就可以确定各因素变化对其差异的影响程度,计算如下。

计划指标:100×8×5=4 000(元)

+400 元,由于产量增加导致

第一次替代:110×8×5=4 400(元)

-550 元,由于材料节约导致

第二次替代:110×7×5=3 850(元)

+770 元,由于价格提高导致

第三次替代:110×7×6=4 620(元)

应用连环替代法时,必须掌握以下几个基本要点。

第一,经济指标体系的组成因素,必须是确实能够反映形成该项指标差异的内在构成原因,否则就会失去其存在的价值。例如,如果将材料费用这一经济指标改为由两个因素(工人人数和每个工人平均用料额)所组成,就毫无分析的意义。

第二,分析某一因素变动对经济指标差异的影响程度,必须暂定其他因素不变,以便舍去其他因素的影响。

第三,各因素对经济指标差异数的影响,必须顺序连环地逐一进行计算,不可采用不连环的方法计算。否则算出的诸因素的影响程度之和,就可能不等于经济指标的差异数。

第四,确定各因素的影响时,是以以前各因素已经变动而其后各因素尚未变动为条件的。如果将各个因素替代的顺序改变,则各个因素的影响程度也就不相同。因此,在分析工作中必须从可能替代程序中确定比较正确的替代程序。一般应遵循下列原则,即要从诸因素相互依存关系出发,并使分析结果有助于分清经济责任。实际工作中,往往将这一原则具体化为先替代数量指标,后替代质量指标;先替代实物量指标,后替代货币指标;先替代主要指标,后替代次要指标。

必须指出,用连环替代法确定各因素的影响程度,只是初步的分析,因为经济指标分解后的各因素往往仍是综合因素,它们仍然包含着错综复杂的各种原因的影响。为了进一步查明具体原因和潜力所在,分析要由此及彼、由表及里,逐步深入。这就必须深入生产、深入群众,把数量分析和情况调查结合起来加以研究。

2) 差额计算法

这种分析方法是连环替代法的一种简化形式,它是利用各个因素的实际数与基数之间的差额,直接计算各个因素对经济指标差异的影响数值。这一方法的特点在于运用数学提取因数的原理,来简化连环替代法的计算程序。应用这种方法与应用连环替代法的要求相同，只是在计算上简化一些，所以在实际工作中应用比较广泛。

这种分析方法的计算程序如下。

(1) 确定各因素的实际数与基数的差额。

(2) 以各因素的差额，乘以计算公式中该因素前面的各因素的实际数，以及列在该因素后面的其余因素的基数，就可求得各因素的影响值。

(3) 将各个因素的影响值相加，其代数和应同该项经济指标的实际数与基数之差相符。

(三)成本分析报告

对于成本分析结果，必须广泛采用多种形式及时地向群众宣传，以使职工增强成本观念，进一步调动群众关心成本的积极性和主动性。成本分析的结果一般以成本分析报告的形式反映。

1. 成本分析报告的内容

成本分析报告是在各部门、各级成本分析的基础上，由成本部门写成的文字报告。它是作为向企业领导和广大群众说明成本情况的书面汇报材料。成本分析报告是成本分析结果的反映，其主要内容如下。

(1) 情况反映。用成本相关的主要经济技术指标的本期实际数与计划数相比较，说明成本计划的完成情况，并做出分析评价。

(2) 成绩说明。实事求是地把职工在降低成本、提高成本效益活动中所取得的成果反映出来，使职工了解成功的经验。

(3) 问题分析。客观地把成本计划执行中存在的问题揭示出来，并分析原因，划清责任。

(4) 提出建议。针对取得的经验和存在的问题，提出改进成本工作、提高成本效益潜力的建议和措施，以及下一期企业成本工作的要求和目标。

2. 成本分析报告的要求

成本分析报告的基本要求如下。

(1) 观点要明确。成绩是什么，缺点是什么，都要中肯、确切。

(2) 原因要分析清楚。分析原因要准确、具体，责任要明确，以便改进工作。

(3) 建议要切实可行。改进建议要具体，便于检查，促进责任部门认真贯彻执行；对于某些重要问题，还要经过可行性研究，以保证建议能够取得实效。

(4) 报告要简练。撰写成本分析报告，应做到抓住关键，中心突出，文字简练流畅，图表形象鲜明，使人看了一目了然。

第三节　生产成本表的编制和分析

全部产品生产成本表是反映工业企业在报告期内生产的全部产品总成本的报表，一般可以从成本项目和产品种类两个角度进行编制与分析。

一、全部产品生产成本表的编制与分析

该表是按成本项目汇总反映工业企业在报告期内生产的全部产品总成本的报表。

利用该表，可以定期、总括地进行生产费用计划、产品生产成本计划的完成情况的考核和分析；本年生产费用、产品生产成本的升降情况的考核和分析；全部产品生产费用的支出情况和各成本项目费用的构成情况的考核和分析；企业的经济效益的考核和分析等。在按成本项目对企业全部产品成本工作进行总括评价的基础上，为进一步分析指明今后努力方向。

(一)全部产品生产成本(按成本项目反映)表的结构

【例 13-1】　××工厂 20××年 12 月份的产品生产成本(按成本项目反映)表如表 13-6 所示。

表 13-6　产品生产成本(按成本项目反映)表

编制单位：工厂　　　　　　　　　　　20××年 12 月　　　　　　　　　　　单位：元

项　目	本年计划	本月实际	本年累计实际
生产费用			
原材料	720 630	51 886	715 698
工资及福利费	450 394	28 689	411 464
制造费用	630 570	49 384	661 809
生产费用合计	1 801 594	129 959	1 788 971
加：在产品、自制半成品期初余额	65 110	48 008	78 999
减：在产品、自制半成品期末余额	35 204	23 223	42 050
产品生产成本合计	1 831 500	154 744	1 825 920

可见，全部产品生产成本(按成本项目反映)表可以分为生产费用和产品生产成本两个部分。

(1) 生产费用部分。应按成本项目反映报告期内生产费用的发生额及其合计数。

(2) 产品生产成本部分。其合计数是在生产费用合计数的基础上，加上在产品和自制半成品的期初余额，减去在产品和自制半成品的期末余额倒算出来的。

如果该表包含了企业全部产品(包括可比产品和不可比产品)的生产成本，一般可以按本年计划数、本月实际数和本年累计实际数分栏反映。如果单列可比产品，可以按上年实际数、本年计划数、本月实际数和本年累计实际数分栏反映。

(二)全部产品生产成本(按成本项目反映)表的编制

全部产品生产成本(按成本项目反映)表中有关指标的填列方法如下。

(1) 本年计划数，应根据成本计划有关资料填列。

(2) 生产费用总额和各成本项目金额的本月实际数，应根据各种产品成本明细账的本月合计数，按成本项目分别汇总填列。

(3) 本年累计实际数，应根据本月实际数与上月份本表的本年累计实际数之和填列。

(4) 上年实际数，应根据上年 12 月份本表的本年累计实际数填列。

(5) 在产品、自制半成品期初余额，应根据各种产品成本明细账的期初余额与各种自制半成品明细账的期初余额汇总之和填列。

(6) 在产品、自制半成品期末余额，应根据各种产品成本明细账的期末余额与各种自制半成品明细账的期末余额汇总之和填列。

全部产品生产成本(按成本项目反映)表中的产品生产成本的本月实际数合计与本年累计实际数合计，应分别与全部产品生产成本(按产品种类反映)表中的产品生产成本的本月实际数合计与本年累计实际数合计核对相符。

(三)全部产品生产成本(按成本项目反映)表的分析

对于全部产品生产成本(按成本项目反映)表，一般可以采用比较分析法和比率分析法(构成比率、相关指标比率)进行分析。

1. 比较分析法

1) 本年累计实际数与本年计划数对比

表 13-6 是工厂在 20××年 12 月编制的，表中的本年累计实际数和本年计划数实际上就是全年的数值，这样就可以采用比较分析法，将生产费用合计及其各个成本项目费用、产品生产成本合计的本年累计实际数分别与其本年计划数对比求出差异，为进一步分析差异产生的具体原因指明方向。

例如，从表 13-6 的产品生产成本与生产费用来看，产品生产成本合计的本年累计实际数为 1 825 920 元，本年计划数为 1 831 500 元，实际比计划降低 5 580 元；生产费用合计的本年累计实际数为 1 788 971 元，本年计划数为 1 801 594 元，实际比计划降低 12 623 元。可见，产品生产成本与生产费用都比计划降低，变动方向相同。当然，也有可能变动方向不同，因为其中包含了在产品、自制半成品期初期末的变动影响。成本费用变动的原因很多，可能是产品产量变动或者是品种结构变动，也可能是单位成本变动引起的，具体原因应进一步查明。

从表 13-6 的生产费用的各个成本项目来看，原材料的本年累计实际数为 715 698 元，本年计划数为 720 630 元，实际比计划降低 4 932 元；工资及福利费的本年累计实际数为 411 464 元，本年计划数为 450 394 元，实际比计划降低 38 930 元；制造费用的本年累计实际数为 661 809 元，本年计划数为 630 570 元，实际比计划超支 31 239 元。可见，升降情况各不相同。比较分析后，还应进一步查明各个成本项目变动的影响因素及原因。

2) 本月实际数与本月计划数对比

如果该表中列有本月计划数，还可以将生产费用合计及其各个成本项目费用、产品生产成本合计的本月实际数分别与其本月计划数对比求出差异，方法同上。

2. 比率分析法

1) 构成比率

对生产费用的各个成本项目，还可以计算本年计划、本月实际和本年累计实际构成比率，采用比率分析法进行分析。

(1) 本年计划构成比率。

$$原材料费用比率=\frac{720\,630}{1\,801\,594}\times100\%\approx40\%$$

$$工资及福利费比率=\frac{450\,394}{1\,801\,594}\times100\%\approx25\%$$

$$制造费用比率=\frac{630\,570}{1\,801\,594}\times100\%\approx34.8\%$$

(2) 本月实际构成比率。

$$原材料费用比率=\frac{51\,886}{129\,959}\times100\%\approx39.9\%$$

$$工资及福利费比率=\frac{28\,689}{129\,959}\times100\%\approx21.1\%$$

$$制造费用比率=\frac{49\,384}{129\,959}\times100\%\approx38\%$$

(3) 本年累计实际构成比率。

$$原材料费用比率=\frac{715\,698}{1\,788\,971}\times100\%\approx40\%$$

$$工资及福利费比率=\frac{411\,464}{1\,788\,971}\times100\%\approx23\%$$

$$制造费用比率=\frac{661\,809}{1\,788\,971}\times100\%\approx37\%$$

将本年累计实际构成比率与本年计划构成比率相比，生产费用中工资及福利费比重降低，制造费用比重升高，原材料费用比重不变；将本年累计实际构成比率与本月实际构成比率相比，生产费用中工资及福利费比重升高，制造费用比重降低，原材料费用比重稍有升高。通过比较只能了解指标变动的一般情况，至于变动是否合理，引起变动的具体原因是什么，还要进一步查明，才能采取有效措施，降低产品成本。

2) 相关指标比率

在分析该表时，还可以将表中的产品成本指标与反映生产经营成果的产值、销售收入或利润等相关指标相比，计算出产值成本率、销售收入成本率或成本利润率等相关指标比率的本年计划数、本月实际数、本年累计实际数，加以对比分析，合理地评价企业本年以及本月的经济效益。

假设例 13-1 中企业的利润总额的本年计划数为 732 600 元，本月实际数为 69 635 元，本年累计实际数为 639 072 元，那么相应的成本利润率应为

$$本年计划成本利润率=\frac{732\,600}{1\,831\,500}\times100\%=40\%$$

$$本月实际成本利润率=\frac{69\,635}{154\,744}\times100\%\approx45\%$$

$$本年累计实际成本利润率=\frac{639\,072}{1\,825\,920}\times100\%=35\%$$

可见，虽然本月实际成本利润率高于本年计划成本利润率，但本年累计实际成本利润率低于本月实际成本利润率，也低于本年计划成本利润率，这说明企业本月的经济效益有所提高，但是整体的经济效益并不好，应该查明原因，以便改进工作，提高经济效益。

3. 应用

比如说，要按成本项目考核全部产品生产费用计划的完成情况，就可以将表13-6中的本年累计实际生产费用与本年计划数比较，将比较分析法和比率分析法相结合，编制全部产品成本项目费用水平变动分析表进行分析，如表13-7所示。

表13-7 全部产品成本项目费用水平变动分析表

金额单位：元

成本项目	生产费用		费用计划完成情况			费用各项目构成比率		
	本年累计实际(1)	本年计划(2)	费用差异(比较分析)(3)=(1)-(2)	费用差异率(比率分析)(4)=$\frac{(3)}{(2)}$	差异构成比率(比率分析)(5)=$\frac{(3)}{(3)合计}$	本年累计实际(比率分析)(6)=$\frac{(1)}{(1)合计}$	本年计划(比率分析)(7)=$\frac{(2)}{(2)合计}$	差异(比较分析)(8)=(6)-(7)
原材料	715 698	720 630	-4 932	-0.7%	39%	40%	40%	0
工资及福利费	411 464	450 394	-38 930	-8.6%	308%	23%	25%	-2%
制造费用	661 809	630 570	31 239	5%	-247%	37%	35%	2%
合计	1 788 971	1 801 594	-12 623	-0.7%	100%	100%	100%	0

可见，从总体上看，该企业超额完成了生产费用计划，主要是原材料的节约和工资及福利费的大幅降低做出的贡献。原材料的比重与计划持平，工资及福利费的比重下降。同时也要看到，制造费用超支较大，其比重也升高了，还应深入调查，找出原因，将成本降低率进一步提高。

二、全部产品生产成本(按产品种类反映)表的编制与分析

全部产品生产成本(按产品种类反映)表反映企业在报告期内生产的全部产品(包括可比产品和不可比产品)的总成本以及主要产品的总成本和单位成本的报表。

利用该表，可以定期、总括地进行企业全部产品和主要产品成本计划的执行情况以及可比产品成本降低计划完成情况的考核和分析；各种产品和各种可比产品成本升降情况的成本考核和分析；企业的经济效益的考核和分析等。在按产品品种对企业全部产品成本工作进行总括评价的基础上，为进一步分析指明今后努力方向。

(一)全部产品生产成本(按产品种类反映)表的结构

【例13-2】 ××工厂20××年12月份的产品生产成本(按产品种类反映)表如表13-8所示。

补充资料(本年累计实际数)如下。

可比产品成本降低额为 12 600 元(本年计划降低额为 60 000 元)。可比产品成本降低率为 7%(本年计划降低率为 5%)。按现行价格计算的商品产值为 3 289 700 元。产值成本率为 55.5 元/百元(本年计划产值成本率 50 元/百元)。

可见，全部产品生产成本(按产品种类反映)表的结构可以分成基本报表和补充资料两部分。

表 13-8　全部产品生产成本(按产品种类反映)表

编制单位：××工厂　　　　　　　　　　20××年 12 月　　　　　　　　　　金额单位：元

产品名称	实际产量 计量单位	本月 (1)	本年累计 (2)	单位成本 上年实际平均 (3)	本年计划 (4)	本月实际 (5)=(9)/(1)	本年累计实际平均 (6)=(12)/(2)	本月总成本 按上年实际平均单位成本计算 (7)=(1)×(3)	按本年计划单位成本计算 (8)=(1)×(4)	本月实际 (9)	本年累计总成本 按上年实际平均单位成本计算 (10)=(2)×(3)	按本年计划单位成本计算 (11)=(2)×(4)	本年实际 (12)
可比产品合计								150 000	140 050	139 896	1 800 000	1 680 000	1 674 000
其中：甲	件	26	300	1 000	975	981	980	26 000	25 350	25 506	300 000	292 500	294 000
乙	件	62	750	2 000	1 850	1 845	1 840	124 000	114 700	114 390	1 500 000	1 387 500	1 380 000
不可比产品合计									14 800	14 848		151 500	151 920
其中：丙	台	10	100		1 200	1 208	1 206		12 000	12 080		120 000	120 600
丁	台	8	90		350	346	348		2 800	2 768		31 500	31 320
全部产品合计									154 850	154 744		1 831 500	1 825 920

1. 基本报表部分

基本报表的横栏部分按照企业是否具有较为完整可比的成本资料，将全部产品分为可比产品和不可比产品两大部分，按照产品种类分别填列，最后再进行汇总。

基本报表的纵栏部分，设置了各种产品的实际产量、单位成本、本月总成本、本年累计总成本等成本指标，并按本年计划数、本月实际数、上年实际数、本年累计实际数等分别进行反映。

可比产品是指企业以前年度正式生产过的、能够提供以前年度较为完整的成本资料进行比较的产品。其本期的实际成本不仅能与本期的计划成本比较，考核成本计划的完成情况，而且能与上年(或以前年度)的实际成本比较，考察成本的超支或节约情况，以评价成本工作的业绩。

不可比产品是指企业以前年度没有生产过本年度才开始生产的，或者是以前年度试制过但没有正式生产的，没有以前年度完整可比的成本资料的产品。其本期实际成本只能与本期的计划成本相比较。

因此，成本计划中对不可比产品只规定了本年的计划指标，而对可比产品，不但规定了本年的计划指标，还规定了成本降低的计划指标，即与上一年(或以前年度)的成本指标相比的成本降低额与成本降低率。一般来说，成本降低率越大，成本降低额也越大。为什么要在可比产品成本降低计划任务中对这两个指标同时做出规定呢？

【例 13-3】 编制可比产品 A 的成本降低计划时，假设实际执行中有两种情况，执行结果如表 13-9 所示。

表 13-9　A 产品成本降低计划的两种实际执行情况

金额单位：元

方　案	产量/件		单位成本			总　成　本			降　低　额		降低率/%	
	计划	实际	上年实际平均	本年计划	本年实际平均	上年实际平均	本年计划	本年实际平均	计划	实际	计划	实际
实际情况一	100	150	20	18	18.1	3 000	1 800	2 715	200	285	10	9.5
实际情况二	100	60	20	18	17	1 200	1 800	1 020	200	180	10	15

从实际执行的情况一来看，该产品计划成本降低额为 200 元，实际成本降低额为 285元，超额完成了计划，但计划成本降低率为10%，实际成本降低率仅为9.5%，没有完成计划。从实际执行的情况二来看，该产品计划成本降低额为 200 元，实际成本降低额为 180元，没有完成计划，但计划成本降低率为10%，实际成本降低率为15%，超额完成了计划。可见，成本降低率和成本降低额的计划完成情况会出现不一致的现象，其主要原因在于成本降低额指标受到产量的影响，成本降低率指标则不受产量的影响。为了全面反映企业的增产节约成果，从不同角度说明问题，有必要在可比产品成本降低计划任务中同时对这两个指标做出规定。

2. 补充资料部分

基本报表下面是补充资料部分。该部分要按年填报成本降低额、降低率、产值成本率的本年累计实际数与本年计划数，以及按照现行价格计算的产品产值等。

(二)全部产品生产成本(按产品种类反映)表的编制

1. 基本报表部分有关指标的填列

(1) 本月实际产量，应根据各种产品成本明细账中有关的数量记录填列。

(2) 本月累计实际产量，应根据本月实际产量与上月本表的本年累计实际产量之和填列。

(3) 上年实际平均单位成本，应根据上年本表的本年累计实际平均单位成本填列。

(4) 本年计划单位成本，应根据本年的成本计划填列。

(5) 本月实际单位成本 $=\dfrac{(9)}{(1)}$，即应根据本表中的本月实际总成本与本月实际产量之商填列。

(6) 本年累计实际平均单位成本 $=\dfrac{(12)}{(2)}$，即应根据本表中的本年累计实际总成本与本年累计实际产量之商填列。

(7) 按上年实际平均单位成本计算的本月总成本=(1)×(3)，即应根据本月实际产量与上年实际平均单位成本之积填列。

(8) 按本年计划单位成本计算的本月总成本=(1)×(4)，即应根据本月实际产量与本年计划单位成本之积填列。

(9) 本月实际总成本，应根据各种产品成本明细账本月发生额填列。

(10) 按上年实际平均单位成本计算的本年累计总成本=(2)×(3)，即应根据本年累计实际产量与上年实际平均单位成本之积填列。

(11) 按本年计划单位成本计算的本年累计总成本=(2)×(4)，即应根据本年累计实际产量与本年计划单位成本之积填列。

(12) 本年累计实际总成本，应根据各种产品成本明细账本年累计发生额或是产成品成本汇总表填列。

要注意的是，不可比产品没有过去的成本资料可以比较，无法反映上年实际数，故该表的第(3)、(7)、(10)栏不必填列。

2. 补充资料部分有关指标的填列

补充资料只填列本年累计实际数，可根据计划、统计和会计等资料计算填列。其中：

(1) 可比产品成本降低额(本年累计实际数)，应根据可比产品按上年实际平均单位成本和本年累计实际产量计算出来的总成本与本年累计实际总成本之差填列，正数表示降低，负数表示超支。

可比产品成本降低额=可比产品按上年实际平均单位成本计算的本年累计总成本
　　　　　　　　　　 −可比产品本年累计实际总成本

在例 13-2 中，可比产品成本降低额=1 800 000−1 674 000=126 000(元)

(2) 可比产品成本降低率(本年累计实际数)，应根据可比产品成本降低额与按上年实际平均单位成本和本年累计实际产量计算出来的总成本之商填列。

$$可比产品成本降低率=\frac{可比产品成本降低额}{可比产品按上年实际平均单位成本计算的本年累计总成本}×100\%$$

在例 13-2 中，可比产品成本降低率 $=\dfrac{126\,000}{1\,800\,000}×100\%=7\%$。

本年可比产品计划成本降低额 60 000 元和计划成本降低率 5%，根据可比产品成本降低计划填列。

(3) 按现行价格计算的商品产值，应根据有关统计资料填列。

按现行价格计算的商品产值=$\sum$(各种产品本年累计实际产量×该产品现行出厂价)

假设在例 13-2 中，甲、乙、丙、丁四种产品的现行出厂价分别为 1 800 元、3 300 元、2 180 元和 630 元，则

按现行价格计算的商品产值=300×1 800+750×3 300+100×2 180+90×630

$$=3\ 289\ 700(元)$$

(4) 产值成本率，指产品总成本与产品产值的比率，通常以每百元产品产值总成本表示。每百元产品产值总成本越低，说明生产耗费的经济效益越大；反之，经济效益越小。

$$产值成本率=\frac{产品总成本}{产品产值}×100$$

在例 13-2 中，产值成本率=$\frac{1\ 825\ 920}{3\ 289\ 700}×100=55.5$。

(三)全部产品生产成本(按产品种类反映)表的分析

对全部产品生产成本表的分析可以从两方面进行：一是对全部产品成本计划的完成情况进行总括分析，二是对可比产品成本降低计划的完成情况进行分析。

1. 全部产品成本计划完成情况的总括分析

进行全部产品成本计划完成情况的总括分析，一般是对比本期的实际成本与计划成本，确定实际成本与计划成本相比的降低额和降低率。由于表中的计划总成本是按实际产量计算的，这样就剔除了产量变动对成本的影响。

全部产品成本降低额(实际比计划)=$\sum$(各种产品实际产量×本年计划单位成本)-本年累计实际总成本

$$全部产品成本降低率(实际比计划)=\frac{全部产品成本降低额(实际比计划)}{\sum(各种产品实际产量×本年计划单位成本)}×100\%$$

通过上述公式计算出的数值若为正数，表示成本降低额(率)；若为负数，则表示成本超支额(率)。

全部产品成本降低额和全部产品成本降低率的应用如表 13-10 所示。

表 13-10 本年累计全部产品成本计划完成情况分析表

单位：元

产品名称	计划总成本	实际总成本	降 低 额	降低率/%
可比产品合计	1 680 000	1 674 000	6 000	0.36
其中：甲	292 500	294 000	-1 500	-0.51
乙	1 387 500	1 380 000	7 500	0.54
不可比产品合计	151 500	151 920	-420	-0.28
其中：丙	120 000	120 600	-600	-0.50
丁	31 500	31 320	180	0.57
全部产品合计	1 831 500	1 825 920	5 580	0.30

全部产品成本降低额(实际比计划)=1 831 500−1 825 920=5 580(元)

全部产品成本降低率(实际比计划)=$\frac{5\,580}{1\,831\,500}$×100%=0.30%

以上计算表明，全部产品完成了本年的成本降低计划，其本年累计实际成本比计划成本降低 5 580 元，降低了 0.30%。其中：

(1) 可比产品的成本降低计划完成较好。本年累计实际成本比计划成本降低 6 000 元，降低了 0.36%。做出主要贡献的是乙产品，其成本降低了 7 500 元；而甲产品成本不但没有降低，还超支了 1 500 元，应进一步查明原因。

(2) 不可比产品的成本降低计划没有完成。本年累计实际成本比计划成本超支 420 元，超支了 0.28%。主要原因是丙产品的成本超支 600 元，超支幅度太大，以至于抵消了丁产品成本降低 180 元所做的贡献，对其超支的具体原因还应进行进一步分析。

2．可比产品成本降低计划完成情况的分析

可比产品成本降低计划的指标以及成本计划的完成情况分别在企业的成本计划和成本报表(如表 13-8，按产品种类反映的全部产品生产成本表)中反映。假设成本计划中规定可比产品的计划产量为：甲产品 600 件，乙产品 300 件。可利用有关资料编制可比产品成本降低计划表，如表 13-11 所示。

表 13-11　可比产品成本降低计划表

金额单位：元

可比产品名称	计划产量/件	单位成本		总 成 本		计划降低任务	
		上年实际平均	本年计划	按上年实际平均单位成本计算	按本年计划单位成本计算	降低额	降低率/%
甲	600	1 000	975	600 000	585 000	15 000	2.5
乙	300	2 000	1 850	600 000	555 000	45 000	7.5
合计				1 200 000	1 140 000	60 000	5

可比产品成本降低计划的完成情况，应根据全部产品生产成本(按产品种类反映)表进行分析，编制可比产品实际成本降低情况表，如表 13-12 所示。

表 13-12　可比产品实际成本降低情况表

金额单位：元

可比产品名称	实际产量/件	本年实际平均单位成本	总 成 本			实际降低情况	
			按上年实际平均单位成本计算	按本年计划单位成本计算	按本年实际平均单位成本计算	降低额	降低率/%
甲	300	980	300 000	292 500	294 000	6 000	2
乙	750	1 840	1 500 000	1 387 500	1 380 000	120 000	8
合计			1 800 000	1 680 000	1 674 000	126 000	7

要进行可比产品成本降低计划的完成情况的总括分析，须先将实际成本降低额、实际成本降低率分别与计划成本降低额、计划成本降低率比较，计算出实际脱离计划的差异，

即先确定好分析对象。当然,以上四个指标要先计算好,才能用于比较。

(1) 确定分析对象,即计算全部可比产品成本降低额和降低率差异。

全部可比产品成本降低额差异=实际成本降低额-计划成本降低额

全部可比产品成本降低率差异=实际成本降低率-计划成本降低率

(2) 确定全部可比产品成本降低计划完成情况的各个影响因素及其影响程度。

从单一产品来看,影响成本降低额的因素主要是产品产量和产品单位成本;影响降低率的因素主要是产品单位成本。

从全部可比产品来看,影响成本降低额的因素主要是产品产量、产品品种构成和产品单位成本;影响降低率的因素主要是产品品种构成和产品单位成本。产品的品种构成是指各种产品在全部产品中的比重,因为各种产品的产量不能直接进行比较,所以品种构成一般是采用综合计算,即按每种产品的产量与上年实际平均单位成本计算出来的成本占全部可比产品总成本的比重的方法来求得。

$$全部可比产品(计划/实际)成本降低率=$$

$$\frac{全部可比产品(计划/实际)成本降低额合计}{全部可比产品按上年实际平均单位成本计算的总成本} \times 100\% \tag{13-1}$$

$$全部可比产品(计划/实际)成本降低率=$$

$$\sum(各种可比产品(计划/实际)成本降低率 \times 该可比产品的成本构成) \tag{13-2}$$

从式(13-2)可以看到,全部可比产品的成本降低率是在可比产品的个别成本降低率的基础上,以品种构成为权数计算出来的加权平均数,是综合的成本降低率。

在例13-2中,

$$全部可比产品计划成本降低率=\frac{60\,000}{1\,200\,000} \times 100\%=5\% \tag{13-3}$$

$$或者=\frac{15\,000}{600\,000} \times \frac{60\,000}{1\,200\,000} + \frac{45\,000}{600\,000} \times \frac{60\,000}{1\,200\,000}=5\% \tag{13-4}$$

$$全部可比产品实际成本降低率=\frac{126\,000}{1\,800\,000} \times 100\%=7\% \tag{13-5}$$

$$或者=\frac{6\,000}{300\,000} \times \frac{300\,000}{1\,800\,000} + \frac{120\,000}{1\,500\,000} \times \frac{1\,500\,000}{1\,800\,000}=5\% \tag{13-6}$$

将上述实际数与计划数比较,确定两者之间的差异,详情如表13-13所示。

表13-13　本年可比产品成本降低计划完成情况分析表

产　品	项　目	实　际	计　划	差　异	成本降低计划的完成情况
全部可比产品	总成本降低额/元	126 000	60 000	66 000	超额完成
	总成本降低率/%	7	5	2	
其中:甲产品	成本降低额/元	6 000	15 000	-9 000	没有完成
	成本降低率/%	2	2.5%	-0.5	

续表

产 品	项 目	实 际	计 划	差 异	成本降低计划的完成情况
其中：乙产品	成本降低额/元	120 000	45 000	75 000	超额完成
	成本降低率/%	8	7.5%	0.5	

可见，该企业可比产品的成本降低计划总的来说超额完成了，但是，其中甲产品超额完成而乙产品没有完成。这需要进行因素分析。

我们假设上述甲、乙产品实际产量比计划增长 50%，实际单位成本与计划单位成本相同，产品的品种构成也不变，那么单纯产量变动后可比产品实际成本降低情况如表 13-14 示所，可比产品品种构成情况如表 13-15 所示。

表 13-14　单纯产量变动后可比产品实际成本降低情况表

可比产品名称	产量(设实际比计划增长 50%)		单位成本/元(设本年实际同计划)		总成本/元(设本年实际同计划)		降低任务完成情况	
	计划	实际	上年实际	本年实际	按上年实际平均单位成本	按本年实际平均单位成本	降低额	降低率/%
甲	600	900	1 000	975	900 000	877 500	22 500	2.5
乙	300	450	2 000	1 850	900 000	832 500	67 500	7.5
合计					1 800 000	1 710 000	90 000	5

表 13-15　可比产品品种构成计算表

可比产品	上年实际平均单位成本/元	产量/件			按上年实际平均单位成本计算的总成本/元			品种构成/%		
		计划	变动	实际	计划	变动	实际	计划	变动	实际
甲	1 000	600	900	300	600 000	900 000	300 000	50	50	16.7
乙	2 000	300	450	750	600 000	900 000	1 500 000	50	50	83.3
合计					1 200 000	1 800 000	1 800 000	100	100	100

*表中的变动指的是单纯产量变动，即假设实际产量比计划产量增长 50%。

$$\text{可比产品产量变动后的成本降低率} = \frac{60\,000\times(1+50\%)}{1\,200\,000\times(1+50\%)}\times100\%=5\%$$

可见，在可比产品的品种构成和单位成本都不变时，其个别成本降低率和成本构成也不会变，因此计算出来的综合成本降低率也不会变，仍为 5%，但成本降低额却随着产量的变动而变动，且变动的方向和比例都与产量相同。在本表中，实际产量比计划增长 50%，成本降低额从 60 000 增加到 90 000，也同比增长 50%。可见，在其他因素不变的条件下，单纯产量的增减变动只影响成本降低额，不影响成本降低率。

但在实际生产过程中，产量的变动往往会引起品种构成的变动。从计算成本降低率的式(13-2)可以知道，可比产品的综合成本降低率是在个别成本降低率的基础上，按成本构成加权平均计算出来的，因此成本构成的变动既影响成本降低率，也影响成本降低额。即使个别成本降低率不变，只要成本构成发生了变动，综合成本降低率就会发生变动。为了正确评价企业的成本降低情况，对成本构成变动的影响程度就要单独加以计算。当然，若可比产品只有一种，不存在成本构成的变化问题，对该影响程度也就不用计算了。

如前所述，在企业成本降低计划中规定的"计划成本降低额"和"计划成本降低率"指标，既包括全部可比产品的综合成本降低额和降低率，也包括各种可比产品的个别成本降低额和降低率。为什么还要同时规定综合成本降低率和个别成本降低率？这是因为在具体执行中可能出现个别成本降低率都完成了计划任务，但是因为成本降低率大的产品比重下降，成本降低率小的产品比重升高，使企业的可比产品成本降低率未能完成计划任务；或是个别成本降低率未能完成计划任务，但是因为成本降低率大的产品比重升高，成本降低率小的产品比重下降，而使企业的可比产品成本降低率超额完成等情况，所以要在成本降低计划中对各种可比产品的个别成本降低额和降低率做出规定。

在例13-2中，甲、乙产品的个别成本降低率保持不变，改变品种构成后的成本降低率为6.666 7%，品种结构变动对成本降低率的影响为1.666 67%，计算如下。

2.5%×16.666 67%+7.5%×83.333 33%=6.666 67%

2.5%×(16.666 67%−50%) +7.5%×(83.333 33%−50%)=1.666 667%

可以看出，成本降低率超计划完成的原因在于多生产了成本降低幅度大(7.5%)的乙产品，少生产了成本降低幅度小(2.5%)的甲产品。

采用因素分析法分析确定各因素变动的影响程度时，可以用连环替代法，也可以用差额计算法。

用连环替代法时，一般是以计划产量、计划品种构成、计划单位成本下的成本降低额为基数，然后将其依次替代为实际数。

$$\begin{matrix} \text{产品产量变} \\ \text{动对成本降} \\ \text{低额的影响} \end{matrix} = \left[\sum \left(\begin{matrix} \text{本期实} \\ \text{际产量} \end{matrix} \times \begin{matrix} \text{上年实际} \\ \text{平均单位成本} \end{matrix} \right) \times \begin{matrix} \text{计划成本} \\ \text{降低率} \end{matrix} \right] - \begin{matrix} \text{计划成本} \\ \text{降低率} \end{matrix}$$

$$= \left[\sum \left(\begin{matrix} \text{本期实} \\ \text{际产量} \end{matrix} - \begin{matrix} \text{本期计} \\ \text{划产量} \end{matrix} \right) \times \begin{matrix} \text{本期实际平} \\ \text{均单位成本} \end{matrix} \right] \times \begin{matrix} \text{计划成本} \\ \text{降低率} \end{matrix}$$

$$\begin{matrix} \text{产品产量变} \\ \text{动对成本降} \\ \text{低额的影响} \end{matrix} = 0 \text{(即在其他因素不变时，单纯产量的变动不影响成本降低率)}$$

$$\begin{matrix} \text{产品品种结} \\ \text{构变动对成本} \\ \text{降低额的影响} \end{matrix} = \left[\sum \left(\begin{matrix} \text{本期实} \\ \text{际产量} \end{matrix} \times \begin{matrix} \text{上年实际} \\ \text{平均单位成本} \end{matrix} \right) - \sum \left(\begin{matrix} \text{本期实} \\ \text{际产量} \end{matrix} \times \begin{matrix} \text{本年计划} \\ \text{单位成本} \end{matrix} \right) \right]$$

$$- \sum \left(\begin{matrix} \text{本期实} \\ \text{际产量} \end{matrix} \times \begin{matrix} \text{上年实际平} \\ \text{均单位成本} \end{matrix} \right) \times \begin{matrix} \text{计划成本} \\ \text{降低率} \end{matrix}$$

$$\begin{array}{l}\text{产品品种结构} \\ \quad\text{变动对成本} \\ \text{降低率的影响}\end{array} = \frac{\text{产品品种结构变动对成本降低额的影响}}{\sum(\text{本期实际产量} \times \text{上年实际平均单位成本})} \times 100\%$$

$$\begin{array}{l}\text{产品单位成} \\ \text{本变动对成本} \\ \text{降低额的影响}\end{array} = \sum \left(\begin{array}{l}\text{本期实} \\ \text{际产量}\end{array} \times \begin{array}{l}\text{本年计划} \\ \text{单位成本}\end{array} \right) - \sum \left(\begin{array}{l}\text{本期实} \\ \text{际产量}\end{array} \times \begin{array}{l}\text{本期实际平} \\ \text{均单位成本}\end{array} \right)$$

$$= \sum \left[\text{本期实际产量} \times \left(\begin{array}{l}\text{本年计划} \\ \text{单位成本}\end{array} - \begin{array}{l}\text{本期实际平} \\ \text{均单位成本}\end{array} \right) \right]$$

$$\begin{array}{l}\text{产品单位成本} \\ \quad\text{变动对成本} \\ \text{降低率的影响}\end{array} = \frac{\text{产品单位成本变动对成本降低额的影响}}{\sum(\text{本期实际产量} \times \text{上年实际平均单位成本})} \times 100\%$$

对以上的例了，用连环替代法计算如下。

1) 确定分析对象

$$\begin{array}{l}\text{全部可比产品} \\ \text{成本降低额差异}\end{array} = \begin{array}{l}\text{实际成本} \\ \text{降低额}\end{array} - \begin{array}{l}\text{计划成本} \\ \text{降低额}\end{array} = 126\,000 - 60\,000 = 66\,000(\text{元})$$

$$\begin{array}{l}\text{全部可比产品} \\ \text{成本降低率差异}\end{array} = \begin{array}{l}\text{实际成本} \\ \text{降低率}\end{array} - \begin{array}{l}\text{计划成本} \\ \text{降低率}\end{array} = 7\% - 5\% = 2\%$$

可见，全部可比产品成本降低计划超额完成，实际比计划多降低 66 000 元，多降低 2%。

2) 确定全部可比产品成本降低计划完成情况的各个影响因素及其影响程度

连环替代法的分析顺序是：先计算产量变动的影响程度，然后计算品种构成的影响程度，最后计算单位成本变动的影响程度。

产品产量变动对成本降低额的影响=(300×1 000+750×2 000)×5%-60 000=30 000(元)

或者　　　　　　　　　　　　=[(300-600)×1 000+(750-300)×2 000]×5%=30 000(元)

产品产量变动对成本降低率的影响=0 (即在其他因素不变时，单纯产量的变动不影响成本降低率)

产品品种结构变动对成本降低额的影响=[(300×1 000+750×2 000) － (300×975+750×1 850)]

　　　　　　　　　　　　　　　－(300×1 000+750×2 000)×5%

　　　　　　　　　　　　　　　=30 000(元)

产品品种结构变动对成本降低率的影响=$\dfrac{30\,000}{300 \times 1\,000 + 750 \times 2\,000}$=×100%=1.666 67%

产品单位成本变动对成本降低额的影响=(300×975+750×1 850)-(300×980+750×1 840)

　　　　　　　　　　　　　　　=300×(975-980) +750×(1 850-1 840)

　　　　　　　　　　　　　　　=6 000(元)

产品单位成本变动对成本降低率的影响=$\dfrac{6\,000}{300 \times 1\,000 + 750 \times 2\,000}$=×100%=0.333 33%

因此，各因素对成本降低额的综合影响为 30 000+30 000+6 000=66 000(元)，各因素对成本降低率的综合影响为 0+1.666 67%+0.333 33%=2%。

将用连环替代法计算分析的可比产品成本降低计划完成情况的以上计算程序和计算结果列成分析表，如表 13-16 所示。

表 13-16　可比产品成本降低计划完成情况各因素影响程度分析表

(连环替代法)

指　标	成本降低额/元	成本降低率/%
① 在计划产量、计划品种构成、计划单位成本下的成本降低数	60 000	5
② 在实际产量、计划品种构成、计划单位成本下的成本降低数	1 800 000×5% =90 000	5
②-①，系第一因素——产量变动的影响	90 000-60 000 =30 000	0
③ 在实际产量、实际品种构成、计划单位成本下的成本降低数	1 800 000-1 680 000=120 000	$\dfrac{120\,000}{1\,800\,000}\times 100 = 6.666\,67$
③-②，系第二因素——品种构成变动的影响	120 000-90 000 =30 000	6.666 67-5=1.666 67
④ 在实际产量、实际品种构成、实际单位成本下的成本降低数	126 000	7
④-③，系第三因素——单位成本变动的影响	126 000-120 000=6000	7-6.666 67=0.333 33
(②-①)+(③-②)+(④-③)可比产品成本降低计划完成情况(即各因素变动的综合影响)	66 000	2

我们知道，全部可比产品成本降低额受到产品产量、品种构成和单位成本三个因素的影响，而成本降低率降低只受到产品品种构成和单位成本两个因素的影响。这样，我们在具体计算时还可以采用差额计算法。首先，从生产成本表中直接计算出单位成本变动对成本降低额和成本降低率的影响程度；然后利用余额推算的原理，从成本降低率的总差异中扣除单位成本变动对成本降低率的影响程度，余额即为品种构成变动对成本降低率的影响程度，进而求得该因素对成本降低额的影响程度，最后再利用一次余额推算的原理，从成本降低额总差异中扣除单位成本变动对成本降低率的影响程度和品种构成变动对成本降低额的影响程度，余额即为产量变动对成本降低额的影响程度。也就是说，差额计算法的分析顺序是：先计算单位成本变动的影响程度，然后计算品种构成变动的影响程度，最后计算产量变动的影响程度，其顺序与连环替代法恰好相反。该法比连环替代法简便，但是因为计算结果都是利用余额推算的原理推算出来的，无法进行验算，而连环替代法的计算结果可以进行验算。

差额计算法的计算公式如下：

产品单位成本变动对成本降低额的影响 $= \sum\left(\begin{matrix}本期实\\际产量\end{matrix}\times\begin{matrix}本年计划\\单位成本\end{matrix}\right) - \sum\left(\begin{matrix}本期实\\际产量\end{matrix}\times\begin{matrix}本期实际\\平均单位成本\end{matrix}\right)$

$$=\sum\left[\begin{array}{c}本期实\\际产量\end{array}\times\left(\begin{array}{c}本年计划\\单位成本\end{array}-\begin{array}{c}本期实际平\\均单位成本\end{array}\right)\right]$$

$$\begin{array}{c}产品单位成本变动\\对成本降低额的影响\end{array}=\frac{产品单位成本变动对成本降低额的影响}{\sum(本期实际产量\times上年实际平均单位成本)}\times100\%$$

产品品种结构变动对成本降低率的影响=全部可比产品成本降低率差异-产品单位成本
变动对成本降低率的影响

$$\begin{array}{c}产品品种结构\\变动对成本\\降低额的影响\end{array}=\sum\left(\begin{array}{c}本期实\\际产量\end{array}\times\begin{array}{c}上年实际平\\均单位成本\end{array}\right)\times\begin{array}{c}产品品种结构\\变动对成本\\降低率的影响\end{array}$$

产品产量变动对成本降低额的影响=全部可比产品成本降低额差异-产品单位成本变动
对成本降低额的影响-产品品种结构变动对成本降
低额的影响

产品产量变动对成本降低率的影响=0(即在其他因素不变时，单纯产量的变动不影响成
本降低率)

对例 13-2，用差额计算法计算分析如下。

产品单位成本变动对成本降低额的影响=(300×975+750×1 850)-(300×980+750×1 840)
=300×(975-980)+750×(1 850-1840)
=6 000(元)

$$产品单位成本变动对成本降低率的影响=\frac{6\,000}{300\times1\,000+750\times2\,000}\times100\%=0.333\,33\%$$

产品品种结构变动对成本降低率的影响=2%-0.333 33%=1.666 7%

产品品种结构变动对成本降低额的影响=(300×1 000+750×2 000)×1.666 7%
=30 000(元)

产品产量变动对成本降低额的影响=66 000-6 000-30 000=30 000(元)

产品产量变动对成本降低率的影响=0(即在其他因素不变时，单纯产量的变动不影响成
本降低率)

将用差额计算法计算分析的可比产品成本降低计划完成情况的以上计算程序和计算结
果列成分析表，如表 13-17 所示。

表 13-17　可比产品成本降低计划完成情况各因素影响程度分析表

(差额计算法)

指　　标	成本降低额/元	成本降低率/%
各因素的综合影响	(1)66 000	(2) 2
单位成本变动的影响	(3)126 000-120 000=6 000	(4) $\dfrac{6\,000}{1\,800\,000}\times100$=0.333 33
品种构成变动的影响	(6)1 800 000×1.666 67%=30 000	(5) 2-0.333 33=1.666 67
产量变动的影响	(7)66 000-6 000-30 000=30 000	0

*表中的(1)~(7)表示计算的顺序。

可见，连环替代法和差额计算法的计算结果一样，汇总如表 13-18 所示。

表 13-18　计算结果

因　素	成本降低额/元	成本降低率/%
产量变动的影响	30 000	0
品种构成变动的影响	30 000	0.333 33
单位成本变动的影响	6 000	1.666 67
合计 (成本降低计划超额完成)	66 000	2

*要说明的是，例中产量变动的影响，只反映了单纯产量变动使成本降低额发生同比例增减变动的影响，并未反映因产量增加使分摊到单位成本中的固定费用减少的影响，这部分影响直接合并反映在单位成本变动的影响之中。如果该企业有进行成本性态分析，已将制造成本划分为固定成本和变动成本两部分，那么可将因素分成产量、品种构成和单位变动成本、固定成本总额进行分析，结果将更为准确，有利于分清责任。

根据以上的计算结果，可以对该企业的可比产品成本降低计划完成情况做出总括评价。

总的来看，该企业超额完成了可比产品的成本降低计划，其中产量和品种构成因素的变动影响起了主要作用。产量变动使成本多降低 30 000 元；品种构成变动使成本多降低 30 000 元，降低率多 1.666 67%；单位成本变动使成本多降低 6 000 元，降低率多 0.333 33%。三个因素共同影响的结果是使可比产品的实际成本降低额比计划多降低 66 000 元，实际成本降低率比计划多降低 2%。具体来看，品种构成变动在于多生产了成本降低幅度大的乙产品，少生产了成本降低幅度小的甲产品，其变动的具体原因应结合生产和销售来进行分析。产量变动使成本降低额增加，但产量计划乙产品超额完成而甲产品却未能完成，也应联系生产查明原因。成本管理工作总体上是有成效的，主要表现在乙产品的单位成本下降了 10 元，生产耗费的节约幅度较大。但也要看到，甲产品的单位成本升高了 5 元，从而抵消了乙产品超额完成的部分成本降低额和成本降低率，所以对于甲产品还应查明单位成本超支的原因，才能进一步加强管理，发扬和巩固已有的成绩。

第四节　主要产品单位成本表的编制与分析

对成本管理工作来讲，定期地对全部产品成本计划的完成情况和可比产品成本降低任务完成情况进行成本指标的总括分析是很重要的，因为总括分析能从成本工作的总体角度来说明问题。但是要揭示成本升降的具体原因，寻求降低成本的途径和方法，光靠总括分析还不够，必须在总括分析的基础上，进行更具体细致的单位成本分析。因为企业生产的产品种类一般都比较多，因而在进行单位成本分析时就无法面面俱到，只能抓住重点，对主要产品进行单位成本分析。所谓主要产品，是指企业经常生产的、在全部产品产量中所占比重较大的，或者成本升降较大的、能概括反映企业生产经营面貌的产品。但是，全部产品生产成本表只能反映企业生产的全部产品的总成本，不能反映企业生产的主要产品单位成本的构成情况。为此，企业还应编制主要产品单位成本表。

主要产品单位成本表是反映企业在报告期内生产的各种主要产品单位成本水平及其构成情况的报表。它是企业生产成本中某些主要产品成本的进一步反映，是对全部产品生产成本表的补充说明。

利用该表，可以按照成本项目，定期对主要产品单位成本计划的完成情况、本月实际和本年累计实际平均单位成本升降情况、各种主要产品的技术经济指标的执行情况等进行考核和分析。通过这些分析，可以查明主要产品单位成本中的各个成本项目发生差异的情况，从而确定产品单位成本变动的具体原因和责任，为不断降低产品成本指明方向。

一、主要产品单位成本表的结构

下面通过实例来了解主要产品单位成本表的结构。

【例13-4】××工厂20××年12月份的主要产品单位成本表(甲产品)如表13-19所示。

表13-19　主要产品单位成本表

编制单位：××工厂　　　　　20××年12月
产品名称：甲　　　　　　　　本月计划产量：50件
计量单位：件　　　　　　　　本月实际产量：26件
产品规格：××　　　　　　　本年累计计划产量：600件
销售单价：1 800元　　　　　本年累计实际产量：300件

单位：元

成本项目	历史先进水平	上年实际平均	本年计划	本月实际	本年累计实际平均
原材料	480	502	486	488	490
工资及福利费	196	200	194	199	195
制造费用	294	298	295	294	295
产品单位成本	970	1 000	975	981	980
主要技术 经济指标	耗用量	耗用量	耗用量	耗用量	耗用量
A 材料/千克	50	61	48	50	48.5
B 材料/千克	20	21	24	19	18
C 材料/千克	24	25	23	25	26

可见，主要产品单位成本表可分设三个部分：产量、单位成本和主要技术经济指标，其中第一部分在表头反映，后两部分在表内反映。表内横栏的上半部分成本项目反映单位成本指标，下半部分反映主要技术经济指标，主要是原材料的单位耗用量，并按照纵栏部分所设置的历史先进水平、上年实际平均、本年计划、本月实际、本年累计实际平均数等分别进行反映。

二、主要产品单位成本表的编制

主要产品单位成本表应按各种主要产品分别进行编制，即一种主要产品编制一张表。

1. 产量

(1) 本月计划产量和本年累计计划产量，应根据本月和本年的生产计划填列。

(2) 本月实际产量和本年累计实际产量，应根据产品成本明细账或产成品成本汇总表填列。

(3) 销售单价应根据产品定价表填列。

2. 单位成本

(1) 历史先进水平，应根据该企业历史上该种产品成本最低年度本表的实际平均单位成本填列。

(2) 上年实际平均单位成本，应根据上年度本表的累计实际平均单位成本填列。

(3) 本年计划单位成本，应根据本年度成本计划中的资料填列。

(4) 本月实际单位成本，应根据产品成本明细账或产成品成本汇总表填列。

(5) 本年累计实际平均单位成本，应根据本年年初起至报告期末止，该产品成本明细账完工入库产品的本年累计实际总成本与本年累计实际产量之商填列。

要注意的是，主要产品单位成本表是全部产品生产成本表的进一步反映，故上年实际平均、本年计划、本月实际、本年累计实际平均的单位成本应与按产品品种反映的全部产品生产成本表的相应单位成本一致。

3. 主要技术经济指标

该指标主要反映该产品单位产量的主要原材料、燃料、工时等的耗用量。

(1) 历史先进水平，应根据该企业历史上该种产品成本最低年度本表的实际单位耗用量填列。

(2) 上年实际平均耗用量，应根据上年度本表的累计实际平均耗用量填列。

(3) 本年计划耗用量，应根据本年度成本计划中的资料填列。

(4) 本月实际耗用量，应根据产品成本明细账或产成品成本汇总表中的资料填列。

(5) 本年累计实际平均耗用量，应根据本年年初起至报告期末止，该产品成本明细账完工入库产品的本年累计实际耗用量与本年累计实际产量之商填列。

不可比产品不用填列本表中的"历史先进水平"和"上年实际平均"这两栏的单位成本和主要技术经济指标。

三、主要产品单位成本表的分析

主要产品的单位成本分析，主要包括一般分析和成本项目分析。分析的依据是企业的主要产品单位成本表、有关定额核算资料、成本计划、统计以及与成本核算有关的业务技术资料等。如果条件允许，企业还可以选择同行业同类型的产品，进行单位成本的横向对比分析。

(一)主要产品单位成本的一般分析

主要产品单位成本的一般分析，是从总的方面分析各种产品实际单位成本与历史先进水平、上年实际平均、本年计划等相比的升降情况。分析时可以采用简化的对比方法，可以将各种产品单位成本的实际数与历史先进水平、上年实际平均、本年计划数等对比，直接求出成本降低额和降低率，而不必像分析可比产品的成本降低计划完成情况，要先把成本降低额和降低率的实际数求出来再与其计划数对比那么复杂。

以"主要产品单位成本表"为依据，对甲产品进行单位成本分析，如表 13-20 所示。

表 13-20　甲产品单位成本分析表

编制单位：××工厂　　　　　　　　　　　　20××年12月　　　　　　　　　　　金额单位：元

成本项目	历史先进水平	上年实际平均	本年计划	本月实际	本年累计实际平均	降 低 额				降低率/%			
						比历史先进水平	比上年实际平均	比本年计划	比本年累计实际平均	比历史先进水平	比上年实际平均	比本年计划	比本年累计实际平均
原材料	480	502	486	488	490	−8	14	−2	2	−1.67	2.79	−0.41	0.41
工资及福利费	196	200	194	199	195	−3	1	−5	−4	−1.53	0.5	−2.58	−2.05
制造费用	294	298	295	294	295	0	4	1	1	0	1.34	0.34	0.34
产品单位成本	970	1 000	975	981	980	−11	19	−6	−1	−1.13	1.9	−0.62	−0.10

由表 13-20 所示的分析可知，甲产品的本月实际单位成本比上年降低 19 元，有一些成绩。但也要看到，该成本比计划高 6 元，比本年累计实际平均高 1 元，与历史先进水平比差距更大，高 11 元。从总体上看，还不容乐观。本月在制造费用的控制方面做得比较好，达到了历史先进水平；超支的主要原因在于原材料和工资及福利费的大幅增加，说明企业在材料消耗的控制以及生产的组织、劳动生产率的提高等方面还存在较大不足，成本管理工作有待加强。

(二)主要产品单位成本的成本项目分析

为了寻求降低成本的途径，进一步查明影响单位成本变动的因素以及成本升降的具体原因，在对主要产品的单位成本进行一般分析的基础上，应对单位成本的各个成本项目，特别是变动较大、数额较大的成本项目进行重点分析。

1. 原材料项目的分析

原材料是产品成本的重要组成部分，加强原材料的采购工作，获取质优价廉的原材料供应，是降低成本的重要一环。在保证产品质量的前提下，合理使用原材料也是节约消耗、降低成本的主要途径。因此，对该项目要进行重点分析。

对原材料项目的分析，一般是先将原材料费用的实际数与计划数对比，查明其变动情况，然后分析影响其变动的因素和原因。

1) 原材料项目的双因素分析

原材料费用的变动受到单位产品原材料耗用量和原材料单价两个因素的变动影响，可用差额计算法进行分析，先计算单位产品原材料耗用量变动的影响(即量差)，再计算原材料单价变动的影响(即价差)。具体计算公式如下：

原材料耗用量变动的影响=(单位产品实际耗用量-单位产品计划耗用量)×原材料计划单价

原材料单价变动的影响=单位产品实际耗用量×(原材料实际单价-原材料计划单价)

单位产品原材料费用差异=单位产品原材料实际费用-单位产品原材料计划费用

　　　　　　　　　　　=原材料耗用量变动的影响+原材料单价变动的影响

　　　　　　　　　　　=量差+价差

【例 13-5】 假设甲产品单位原材料费用的有关资料如表 13-21 所示，对其进行分析。

表 13-21   产品单位原材料费用分析表

名　称	耗用量/千克		单价/(元/千克)		原材料费用/元		差异/元		
	本年计划	本月实际	本年计划	本月实际	本年计划	本月实际	量差	价差	费用
A 材料	48	50	3.5	4.16	168	208		33	40
B 材料	24	19	7.5	8.00	180	152	-37.5	9.5	-28
C 材料	23	25	6.0	5.12	138	128	12.0	-22	-10
合计					486	488	-18.5	20.5	2

在本例中，甲产品单位原材料费用本月实际数比计划数超支了 2 元，其中：

原材料耗用量变动的影响=(50-48) ×3.5+(19-24) ×7.5+ (25-23) ×6 =-18.5(元)

原材料单价变动的影响=50×(4.16-3.5) +19×(8-7.5) +25×(5.12-6)=20.5(元)

原材料费用差异=488-486=(-18.5) +20.5=2(元)

计算表明，甲产品单位原材料费用比计划超支 2 元，其中原材料单价的变动使单位原材料费用比计划超支 20.5 元，而原材料耗用量的变动使单位原材料费用比计划约 18.5 元。也要看到，C 材料单价的下跌，使单位原材料费用比计划节约 22 元，而 A 材料、C 材料耗用量的增加使单位原材料费用比计划超支 19 元。所以，总的来说，甲产品单位原材料费用比计划超支了，但其中具体各个因素、各种材料变动影响的方向、程度都不一样，还需要进一步分析查明影响材料的耗用量变动和单价变动的主要因素，才能真正找到降低产品成本的途径。

2) 原材料项目的三因素分析

在化学、冶金等工业企业中，经常将不同种类、不同规格的材料，按照生产工艺的要求，以一定的配料比例搭配起来生产制造出各种产品。因为材料的单价各不相同，所以改变配料比例，就会相应改变各种材料的消耗量以及加权平均单价，使单位产品的原材料费用发生变动。

如果各种原材料配料比例变动是在原材料单价和消耗总量同时变化的情况下发生的，那么上述三个因素对单位产品原材料费用的影响可按以下公式计算。

$$计划配方的计划平均单价=\frac{\sum(原材料的计划消耗量×该材料的计划单价)}{原材料计划消耗总量}$$

$$实际配方的计划平均单价=\frac{\sum(原材料的实际消耗量×该材料的计划单价)}{原材料实际消耗总量}$$

$$实际配方的实际平均单价=\frac{\sum(原材料的实际消耗量×该材料的实际单价)}{原材料实际消耗总量}$$

原材料消耗总量的变动影响=(实际消耗总量-计划消耗总量)×计划配方的计划平均单价

原材料配料比例的变动影响=实际消耗总量×(实际配方的计划平均单价-计划配方的计划平均单价)

原材料价格的变动影响=实际消耗总量×(实际配方的实际平均单价-实际配方的计划平均单价)

【例 13-6】 假设某企业生产单位 B 产品耗用的原材料的配方发生改变，计划配方以及实际配方下的单价和用量如表 13-22 所示，其原材料配料比例变动是在原材料单价和消耗总量同时变化的情况下发生的，其对单位产品原材料费用的影响分析如下。

表 13-22 单位 B 产品配料变动分析表

材料名称	计划配方				实际配方			
	单价/元	消耗量/kg	配比/%	金额/元	单价/元	消耗量/kg	配比/%	金额/元
甲	2	10	12.5	20	3	15	15	45
乙	3	40	50	120	4	45	45	135
丙	4	30	37.5	120	3	40	40	120
合计		80	100	260		100	100	300

在单价变动，实际消耗总量也变动时，单位产品原材料费用差异 300-260=40，即超支 40 元。根据上述资料计算单价，单价分为以下三种情况。

$$计划配方的计划平均单价=\frac{10\times2+40\times3+30\times4}{80}=3.25(元)$$

$$实际配方的计划平均单价=\frac{2\times15+3\times45+4\times40}{100}=3.25(元)$$

$$实际配方的实际平均单价=\frac{300}{100}=3(元)$$

进行因素分析如下。

材料消耗总量变动的影响=(100-80)×3.25=65(元)

材料配料比例变动的影响=100×(3.25-3.25)= 0(元)

材料价格变动的影响=100×(3-3.25)=-25(元)

三个因素影响合计=65+0+(-25)= 40(元)

可见，原材料超支的主要原因在于材料消耗总量的上升。但是在单价和消耗总量都不变时，这两个因素对单位产品原材料费用的影响就不存在了，只要计算配比比例单因素的变动影响即可，见例 13-7。

【例 13-7】 假设某企业生产单位 B 产品耗用的原材料的配方发生改变，计划配方与实际配方下的单价和消耗总量相同，只有配料比例发生变动，对单位产品原材料费用的影响分析如表 13-23 所示。

表 13-23 单位 B 产品配料变动分析表

材料名称	计划配方				实际配方			
	单价/元	消耗量/kg	配比/%	金额/元	单价/元	消耗量/kg	配比/%	金额/元
甲	2	10	12.5	20	2	40	50	80
乙	3	40	50	120	3	10	12.5	30
丙	4	30	37.5	120	4	30	37.5	120
合计		80	100	260		80	100	230

计划配方的计划平均单价=$\dfrac{260}{80}$=3.25(元)

实际配方的计划平均单价=$\dfrac{40\times2+10\times3+30\times4}{80}$=2.875(元)

实际配方的实际平均单价=$\dfrac{230}{80}$=2.875(元)

总差异=230-260=-30(元)

其中消耗总量变动的影响=(80-80)×3.25=0(元)

配比变动的影响=(2.875-3.25)×80=-30(元)

价格变动的影响=(2.875-2.875)×80=0(元)

总差异=0-30+0=-30(元)。

3) 影响原材料耗用量变动和价格变动的因素

下面对影响原材料耗用量变动和价格变动的因素进一步分析。

(1) 影响原材料耗用量变动的因素。

影响原材料耗用量变动的因素主要有产品设计和材料加工方法的变化、材料质量的变化、材料代用和配料比例的变化、废料回收和材料综合利用的变化等,除此之外,还与企业生产组织和经营管理工作水平等密切相关,因此分析时必须结合上述相关资料深入研究,才能找出原材料耗用量变动的具体原因,做出正确评价,采取有效措施提高材料利用率,降低单位产品成本。

本节只对配料比例变动的分析作了介绍,对其他因素变动的具体分析详见后文中的"技术经济指标变动对产品单位成本的影响分析"部分。

(2) 影响原材料价格变动的因素。

影响原材料价格变动的因素主要有材料买价的变化和运杂费、运输途中的合理损耗、入库前的挑选整理费用等采购费用的变化。

第一,材料买价的变化。引起材料买价变动的原因很多,有主观因素,也有客观因素。如某些国家统一定价的材料因国家调价而使价格发生变动,或者某些市场定价的材料随着市场供求变化而发生价格波动等,这些都属于客观因素,与企业无关。但是如果是由于采购人员不了解市场行情、采购地点或供应商选择不当等原因而采购了价高质低的材料,就属于主观因素了。

第二,采购费用的变化。采购费用一般随着运输部门运费的调整或者材料采购地点、运输方式等的变化而变化,但前者属于客观因素,后者属于主观因素。适当的采购地点、运输方式等会降低采购费用,这需要企业在比较分析的基础上做出合理的选择。

因此,在分析材料价格的变动时,一定要结合市场供求、材料质量等区分主客观因素,才能查明原因,做出正确评价,以便明确责任,及时采取措施,降低单位产品成本。

2. 直接人工费用(工资及福利费)项目的分析

对产品单位成本中的工资及福利费用,即直接人工费用的分析,应按照不同的工资制度和直接人工费用计入产品成本的方法来进行。

在实行计件工资制度的企业,每件产品都规定有计件单价,即工资定额。计件工资总额是变动费用，随着产量的变动而变动，并直接计入产品成本。计件单价不变时，计入产品单位成本中的直接人工费用一般也不会变。但在实际工作中，由于工作条件或加工过程发生变动等原因也可能引起单位成本中直接人工费用的变动。如某工序本应由二级工操作，但二级工人数不足而临时改由三级工操作，增加了工资费用；又如某工序采用新技术节约了加工时间，减少了工资费用。这时就要结合生产加工和劳动组织方面的变动情况以及其他有关资料来分析查明变动的原因。

对产品单位成本中直接人工费用的分析，主要适用于实行计时工资制度的企业。

在计时工资制度下，直接人工费用一般属于间接计入费用，但如果企业只生产一种产品，那么直接人工费用就无须在各种产品之间分配，直接计入该产品成本。这时，计入该产品单位成本中直接人工费用的多少受到两个因素的影响：直接人工费用总额和产品产量。它们之间的关系为

$$产品单位成本中的直接人工费用 = \frac{直接人工费用总额}{产品产量}$$

应进一步分析产品产量和直接人工费用总额变动对产品单位成本的影响程度。计算公式如下：

$$产品产量变动的影响 = \frac{计划直接人工费用总额}{实际产品产量} - \frac{计划直接人工费用总额}{计划产品产量}$$

$$直接人工费用总额变动的影响 = \frac{实际直接人工费用总额}{实际产品产量} - \frac{计划直接人工费用总额}{实际产品产量}$$

单位产品直接人工费用差异 = 单位产品实际直接人工费用 - 单位产品计划直接人工费用
　　　　　　　　　　　　 = 产品产量变动的影响 - 直接人工费用总额变动的影响

【例 13-8】 假设某企业只生产单一品种——D 产品，以 D 产品为例，对单位产品直接人工费用进行如下分析，如表 13-24 所示。

表 13-24　单位 D 产品直接人工费用分析表

项　　目	本年计划	本月实际	差　异
直接人工费用总额/元	2 163 000	2 158 590	-4 410
产品产量/件	20 000	21 000	1 000
单位产品直接人工费用/(元/件)	108.15	102.79	-5.36

在本例中，单位 D 产品直接人工费用本月实际数比本年计划数节约-5.36 元，用差额计算法分析各个因素的影响程度。其中：

$$产品产量变动的影响 = \frac{2\,163\,000}{21\,000} - \frac{2\,163\,000}{20\,000} = -5.15(元)$$

$$直接人工费用总额变动的影响 = \frac{2\,158\,590}{21\,000} - \frac{2\,163\,000}{21\,000} = -0.21(元)$$

两个因素变动的综合影响 = (-5.15)+(-0.21)= -5.36(元)

由以上分析可知，由于产品产量的增长和直接人工费用总额的下降，使得本月单位产品直接人工费用比本年计划节约 5.36 元。

在计时工资制度下，如果企业生产多种产品，那么直接人工费用就无法直接计入该产

品成本,需要按照某一种分配标准在各种产品之间进行分配。产品产量不能作为分配标准,因为产品不同计量单位不同,所以一般采用工时比例作为分配标准。这样,计入该产品单位成本中直接人工费用的多少就受到两个因素的影响:生产单位产品所耗用的工时和小时工资率(即小时直接人工费用)。它们之间的关系为

产品单位成本中的直接人工费用=单位产品所耗工时×小时工资率

单位产品所耗工时的多少,意味着劳动生产率的高低,劳动生产率越高,生产单位产品所耗的工时越少,单位产品成本中分配到的直接人工费用也越少。而小时工资率的提高则是单位产品成本中工资费用增加的因素。工资水平越高,小时工资率也越高,单位产品成本中分配到的直接人工费用也越多。因此,对单位成本中计时工资的分析还要结合生产技术、工艺和劳动组织等方面的情况,对单位产品工时消耗指标的变动作重点分析。

可用差额计算法进一步分析产品所耗工时和小时工资率变动对产品单位成本的影响程度。先计算单位产品所耗工时变动的影响(即量差,也称为"人工效率差异"),再计算小时工资率变动的影响(即价差,也称为"工资率差异")。具体计算公式如下:

单位产品所耗工时变动的影响=(单位产品实际耗用工时-单位产品计划耗用工时)×计划小时工资率

小时工资率变动的影响=单位产品实际耗用工时× (实际小时工资率-计划小时工资率)

单位产品直接人工费用差异=单位产品实际直接人工费用-单位产品计划直接人工费用
=单位产品所耗工时变动的影响+小时工资率变动的影响

【例 13-9】 单位甲产品所耗工时和小时工资率情况如表 13-25 所示,分析单位产品直接人工费用差异产生的原因及影响。

表 13-25　单位甲产品直接人工费用分析表

项　　目	本年计划	本月实际	差　　异
单位产品所耗工时/小时	20	25	5
小时工资率/(元/时)	9.7	7.96	-1.74
单位产品直接人工费用/元	194	199	5

在本例中,单位甲产品直接人工费用本月实际数比计划数超支 5 元,采用差额计算法分析各个因素的影响程度。其中:

单位产品所耗工时变动的影响=(25-20)×9.7=48.5(元)

小时工资率变动的影响=25×(7.96-9.7)=-43.5(元)

两个因素变动的综合影响= 48.5 +(-43.5)=5(元)

通过以上分析可以知道,单位产品所耗工时的增加,使本月直接人工费用比计划超支 48.5 元,而小时工资率的减少,又使本月直接人工费用比计划节约 43.5 元,合计使单位甲产品直接人工费用本月实际数比计划数超支 5 元。

3. 制造费用项目的分析

制造费用是一个综合性的成本项目,内容比较复杂,一般要按费用项目进行明细核算。费用项目中包括一些与产量变动无关的固定费用,如折旧费等;还包括一些与产量有关的

变动费用，如车间一般消耗的材料费等。在实际工作中，对制造费用项目的分析，应按照不同的两类费用以及制造费用计入产品成本的方法来进行。

1) 当制造费用没有区分为固定费用和变动费用时的分析方法

当制造费用没有区分为固定费用和变动费用时，其分析方法与计时工资制度下单位产品直接人工费用的分析方法类似。

(1) 如果企业只生产一种产品，那么制造费用就无须在各种产品之间分配，直接计入该产品成本。这时，计入该产品单位成本中制造费用的多少受到两个因素的影响：制造费用总额和产品产量。它们之间的关系为

$$产品单位成本中的制造费用=\frac{制造费用总额}{产品产量}$$

再进一步分析产品产量和制造费用总额变动对产品单位成本的影响程度。计算公式如下：

$$产品产量变动的影响=\frac{计划制造费用总额}{实际产品产量}-\frac{计划制造费用总额}{计划产品产量}$$

$$制造费用总额变动的影响=\frac{实际制造费用总额}{实际产品产量}-\frac{计划制造费用总额}{实际产品产量}$$

单位产品制造费用差异=单位产品实际制造费用−单位产品计划制造费用=产品产量变动的影响+制造费用总额变动的影响

【例 13-10】 假设某企业只生产单一品种——D 产品，以 D 产品为例，对单位产品制造费用进行如下分析，资料如表 13-26 所示。

表 13-26 单位 D 产品制造费用分析表

项 目	本年计划	本月实际	差 异
制造费用总额/元	2 032 800	2 042 250	9 450
产品产量/件	20 000	21 000	1 000
单位产品制造费用/(元/件)	101.64	97.25	-4.39

在本例中，单位 D 产品制造费用本月实际数比本年计划数节约-4.39 元，采用差额计算法分析各个因素的影响程度。其中

$$产品产量变动的影响=\frac{2\,032\,800}{21\,000}-\frac{2\,032\,800}{20\,000}=-4.84(元)$$

$$制造费用总额变动的影响=\frac{2\,042\,250}{21\,000}-\frac{2\,032\,800}{21\,000}=0.45(元)$$

$$两个因素变动的综合影响=(-4.84)+0.45=-4.39(元)$$

通过对单位 D 产品制造费用的分析可以知道，产品产量的增加，使本月实际制造费用比计划节约 4.84 元，而制造费用总额的超支，又使本月实际制造费用比计划超支 0.45 元，合计使单位 D 产品制造费用本月实际数比计划数降低 4.39 元。

(2) 如果企业生产多种产品，那么制造费用就无法直接计入该产品成本，需要按照某一种分配标准，一般按照工时比例在各种产品之间进行分配。这时，计入该产品单位成本中制造费用的多少受到两个因素的影响：生产单位产品所耗用的工时和小时制造费用率。它

们之间的关系为

产品单位成本中的制造费用=单位产品所耗工时×小时制造费用率

可用差额计算法进一步分析产品所耗工时和小时制造费用率变动对产品单位成本的影响程度。先计算单位产品所耗工时变动的影响(即量差,也称为"人工效率差异"),再计算小时制造费用率变动的影响(即价差,也称为"制造费用率差异")。具体计算公式如下:

单位产品所耗工时变动的影响=(单位产品实际耗用工时-单位产品计划耗用工时)×计划小时制造工资率

小时制造费用率变动的影响=单位产品实际耗用工时×(实际小时制造费用率-计划小时制造费用率)

单位产品制造费用差异=单位产品实际制造费用-单位产品计划制造费用

=单位产品所耗工时变动的影响+小时制造费用率变动的影响

【例 13-11】 对甲产品的制造费用进行分析,资料如表 13-27 所示。

表 13-27　单位甲产品制造费用分析表

项　目	本年计划	本月实际	差　异
单位产品所耗工时/小时	20	25	5
小时制造费用率/(元/小时)	14.75	11.76	-2.99
单位产品制造费用/元	295	294	-1

在本例中,甲产品单位制造费用本月实际数比计划数降低 1 元,采用差额计算法分析各个因素的影响程度。其中:

单位产品所耗工时变动的影响=(25-20)×14.75=73.75(元)

小时制造费用率变动的影响=25×(11.76-14.75)=-74.75(元)

两个因素变动的综合影响=73.75+(-74.75)=-1(元)

通过对单位甲产品制造费用的分析可以知道,单位产品所耗工时的增加,使本月实际制造费用比计划超支 73.75 元,而小时制造费用率的降低,又使本月实际制造费用比计划节约 74.75 元,合计使单位甲产品制造费用本月实际数比计划数降低 1 元。

2) 当制造费用被分解为固定费用和变动费用两部分时的分析方法

(1) 如果企业只生产一种产品,那么制造费用就无须在各种产品之间分配,直接计入该产品成本。这时,计入该产品单位成本中制造费用的多少受到三个因素的影响:产品产量、固定制造费用总额和单位变动制造费用,可用差额计算法分析各个因素的影响程度。计算公式如下:

$$产品产量变动的影响=\frac{计划固定制造费用总额}{实际产品产量}-\frac{计划固定制造费用总额}{计划产品产量}$$

$$固定制造费用总额变动的影响=\frac{实际固定制造费用总额}{实际产品产量}-\frac{计划固定制造费用总额}{实际产品产量}$$

单位变动制造费用变动的影响=实际单位产品变动制造费用-计划单位产品变动制造费用

单位产品制造费用差异=单位产品实际制造费用-单位产品计划制造费用

=产品产量变动的影响+固定制造费用总额变动的影响+单位变动制造费用变动的影响

(2) 如果企业生产多种产品，那么可将制造费用差异分为固定制造费用差异和变动制造费用差异两部分。分析的方法与当制造费用没有区分为固定费用和变动费用企业生产多种产品时的分析方法一样，只是需要分别按照固定制造费用差异和变动制造费用差异进行分析。

用差额计算法分析固定制造费用差异，计算公式如下：

单位产品所耗工时变动的影响=(单位产品实际耗用工时-单位产品计划耗用工时)×计划小时固定制造费用率

小时固定制造费用率变动的影响=单位产品实际耗用工时×(实际小时固定制造费用率-计划小时固定制造费用率)

单位产品固定制造费用差异=单位产品实际固定制造费用-单位产品计划固定制造费用

=单位产品所耗工时变动的影响+小时固定制造费用率变动的影响

用差额计算法分析变动制造费用差异，计算公式如下：

单位产品所耗工时变动的影响=(单位产品实际耗用工时-单位产品计划耗用工时)×计划小时固定制造费用率

小时固定制造费用率变动的影响=单位产品实际耗用工时×(实际小时固定制造费用率-计划小时固定制造费用率)

单位产品固定制造费用差异=单位产品实际固定制造费用-单位产品计划固定制造费用

=单位产品所耗工时变动的影响+小时固定制造费用率变动的影响

最后，将两部分差异汇总，即得总差异：

单位产品制造费用差异=单位产品固定制造费用差异+单位产品变动制造费用差异

4. 其他成本项目的分析

燃料及动力项目：若单设"燃料及动力"成本项目的话，单位产品燃料及动力费用的分析方法可以比照上述原材料项目的分析方法。

废品损失项目：若单设"废品损失"成本项目的话，单位产品废品损失费用的分析方法通常也是将本月实际数与本年计划数比较，或者计算出废品损失在单位产品成本中所占的比重(即废品损失率)的本月实际数与本年计划数比较，确定差异率再进行分析。

四、技术经济指标变动对产品单位成本的影响

(一)技术经济指标变动对产品单位成本的影响概述

1. 定义

所谓技术经济指标，是指与企业的生产技术特点有内在联系的各种经济指标，如酿酒生产的出酒率指标、造纸生产的成纸率指标、铸造生产的成品率指标等。可见，企业的生

产技术特点不同，用来考核自身经济活动的技术经济指标也不同。也就是说，每个企业都有一套反映自身生产技术特点的技术经济指标体系。

2. 分类

企业的各项技术经济指标对产品成本的影响，主要体现在对产品单位成本的影响上，但影响途径各不相同。按照技术经济指标对产品单位成本的影响途径，通常可以将其归纳为以下三大类。

第一类技术经济指标：该类指标通过影响产量变动，间接地影响单位成本中的固定费用水平，如设备利用率等。

第二类技术经济指标：该类指标通过自身耗用量的变动直接影响原材料、燃料、动力费用水平，如原材料利用率等。

第三类技术经济指标：该类指标不但直接影响原材料、燃料等的消耗，而且通过影响产量变动间接地影响产品单位成本中的固定费用水平，如成品率、焦比等。

从以上分类可以看出，企业各项技术经济指标的变动都会对产品的单位成本产生直接或间接的影响。

3. 作用

进行技术经济指标分析主要有以下作用。

一是可以促使经济分析和技术分析相结合，具体查明影响成本升降的各个生产技术因素，有效地控制产品成本。

二是可以将技术经济指标分解落实到各个生产技术岗位，促使职工关心生产技术、工艺操作的质量和效果，不断研究改进，提高生产技术水平。

三是可以将成本分析与日常的生产技术和专业管理工作相结合，以便随时发现存在的问题，及时采取有效措施。

(二)技术经济指标变动对产品单位成本的影响分析

技术经济指标为数众多，对成本的影响途径也各不相同，且各个企业所采用的技术经济指标体系又因行业性质、生产技术特点的不同而不同，无法对此进行一一分析。下面就常见的一些技术经济指标，如原材料耗用量、产品产量、产品质量、劳动生产率、能源利用程度等，说明它们的变动对产品单位成本影响的一般分析方法。

1. 原材料耗用量变动对产品单位成本的影响分析

1) 改进产品设计使产品重量改变

在保证产品质量和市场需要的前提下，改进产品设计，使产品体积更小、重量更轻、结构更简化，从源头上节约材料消耗，是降低产品单位成本的重要途径。

由于改进产品设计，减轻产品重量对产品单位成本的影响程度，可按下式计算：

$$\begin{array}{l}产品重量变动对单位\\产品原材料费用的影响\end{array}=变动前单位产品原材料费用\times\left(1-\dfrac{变动后产品重量}{变动前产品重量}\right)$$

假设企业生产的某单位产品原来净重 10 千克，耗用 A 材料 500 元，现在改进设计，使

产品净重缩减为 9.5 千克。则产品重量变动对单位产品原材料费用的影响为

$$
\begin{array}{l}\text{产品重量变动对单位} \\ \text{产品原材料费用的影响}\end{array}=500\times\left(1-\frac{9.5}{10}\right)=25(元)
$$

2) 原材料加工方法的变化

原材料在加工过程中有各种损耗，使其投入生产的量总比生产中实际利用的量要大。两者之间的差距越小，说明原材料的利用程度越高，也就意味着用等量的原材料能生产出更多数量的产品，从而降低单位产品负担的原材料费用。

采用新的工艺技术或改进加工方法、提高原材料的利用率，是削减成本的一个有效措施。比如在一些机械制造企业，采用了能使零件毛坯成形后少余量或无余量的精密铸造、精密锻造等新工艺技术，减少了原材料消耗量，提高了原材料的利用率。

原材料利用率是反映原材料有效使用程度的指标，通常用加工以后实际形成产品实体的原材料的有效重量与投入生产的原材料重量的比率来表示，即

$$
\text{原材料利用率}=\frac{\text{加工以后产品的有效重量}}{\text{投入生产的原材料重量}}\times 100\%
$$

在其他条件不变的情况下，原材料利用率变动对单位产品原材料费用的影响，按下式计算：

$$
\begin{array}{l}\text{原材料利用率变动对单位} \\ \text{产品原材料费用的影响}\end{array}=\text{变动前单位产品原材料费用}\times\left(1-\frac{\text{变动前原材料的利用率}}{\text{变动后原材料的利用率}}\right)
$$

【例 13-12】 假设企业改进某产品的设计，简化了产品结构，减轻了产品重量，提高了原材料的利用率。改进前后的有关资料如表 13-28 所示。

表 13-28 原材料利用率分析表

项 目	计数单位	改进加工方法前	改进加工方法后
材料总费用	元	100 000	96 530
材料消耗总量	千克	5 000	4 826.5
材料平均单价	元/千克	20	20
单位产品材料费用	元	800	772.24
产品产量	件	125	125
加工后产品净重	千克	4 629.5	4 536.91

*废料无残值。

原材料利用率变动对单位产品原材料费用的影响，计算如下。

$$
\text{改进加工方法前原材料利用率}=\frac{4\,629.5}{5\,000}\times 100\%\approx 92.59\%
$$

$$
\text{改进加工方法后原材料利用率}=\frac{4\,536.5}{4\,826.5}\times 100\%\approx 94\%
$$

$$
\text{原材料利用率变动对单位产品原材料费用的影响}=800\times\left(1-\frac{92.59\%}{94\%}\right)\times 100\%=12(元)
$$

本例并非是单纯的原材料利用率变动，注意到改进产品设计后单位产品重量减轻了，因此还要计算产品重量变动对产品单位成本的影响程度。

$$产品重量变动对单位产品原材料费用的影响=800×\left(1-\frac{4\,536.91}{4\,629.5}\right)=16(元)$$

3) 原材料质量的变化

原材料质量的优劣直接影响产品的成品率和产品质量。使用劣质材料，造成废品增加，成品率低，不但会加大原材料的耗用量，而且会增加生产加工的时间，产品质量难以得到保证。因此要加强原材料质量管理，采用质量符合生产要求的材料。

4) 采用代用材料

在保证产品质量的前提下，合理使用廉价材料代用高价材料，既能扩大材料来源，又能节约原材料消耗，降低原材料费用。

$$由于材料代用而形成的节约或超支=\sum(原先使用的原材料消耗量×该材料的计划单价)-$$
$$\sum(代用材料的消耗量×该材料的计划单价)$$

【例 13-13】 假设企业生产某单位产品使用 A 材料 20 千克，计划单价 l0 元/千克，因 A 材料突然发生短缺改用 C 材料代替进行生产，C 材料用量 20 千克，计划单价 9.4 元/千克，采用代用材料对产品单位成本的影响：

$$由于材料代用而形成的节约或超支=20×10-20×9.4=12(元)$$

由以上分析可知，由于合理使用代用材料，使单位成本节约 12 元。

如果采用代用材料不但直接影响原材料费用，还影响到产品的加工费用的话，那么在考虑代用材料对产品单位成本的影响时，要包括加工费用的变动情况。即：

$$材料代用对产品单位成本的影响=由于材料代用而形成的节约或超支+采用材料代用而$$
$$引起的加工费用的节约或超支$$

5) 原材料综合利用

有些企业在利用原材料生产主产品的同时，还生产副产品，这是综合利用原材料的良好形式。用等量的原材料生产出更多品种和数量的产品，必然使主产品的原材料费用降低。

在其他条件不变的情况下，原材料综合利用对产品单位成本的影响，按下式计算：

$$\begin{aligned}&\text{原材料综合利用以后对产品单}\\&\text{位成本中原材料降低率的影响}\end{aligned}=\left(1-\frac{\text{综合利用以后}}{\text{费用的分配率}}\right)×\begin{aligned}&\text{综合利用以前原材料费用在}\\&\text{单位产品成本中所占的比重}\end{aligned}$$

$$\begin{aligned}&\text{原材料综合利用以后对产品单}\\&\text{位成本中原材料降低额的影响}\end{aligned}=\begin{aligned}&\text{原材料综合利用以后对产品单}\\&\text{位成本中原材料降低率的影响}\end{aligned}×\begin{aligned}&\text{综合利用以前}\\&\text{产品单位成本}\end{aligned}$$

$$\begin{aligned}&\text{原材料综合利用以后对产品单}\\&\text{位成本中加工费用降低率的影响}\end{aligned}=\left[1-\left(1+\frac{\text{加工费用}}{\text{增长率}}\right)×\frac{\text{综合利用以后}}{\text{费用的分配率}}\right]$$
$$×\begin{aligned}&\text{综合利用前加工费用在单}\\&\text{位产品成本中所占的比重}\end{aligned}$$

$$\begin{aligned}&\text{原材料综合利用以后对产品单}\\&\text{位成本中加工费用降低率的影响}\end{aligned}=\begin{aligned}&\text{原材料综合利用以后对产品单}\\&\text{位成本中加工费用降低率的影响}\end{aligned}×\begin{aligned}&\text{综合利用以前}\\&\text{产品单位成本}\end{aligned}$$

$$\begin{aligned}&\text{原材料综合利用以后对产}\\&\text{品单位成本降低率的影响}\end{aligned}=\begin{aligned}&\text{原材料综合利用以后对产品单}\\&\text{位成本中原材料降低率的影响}\end{aligned}+\begin{aligned}&\text{原材料综合利用以后对产品单}\\&\text{位成本中加工费用降低率的影响}\end{aligned}$$

$$\dfrac{\text{原材料综合利用以后对产}}{\text{品单位成本降低率的影响}}=\dfrac{\text{原材料综合利用以后对产品单}}{\text{位成本中原材料降低额的影响}}+\dfrac{\text{原材料综合利用以后对产品单}}{\text{位成本中加工费用降低额的影响}}$$

【**例 13-14**】　假设某企业原材料综合利用以前，A 产品产量 500 千克，其成本费用中原材料费用 6 000 元，加工费用(工资及福利费与制造费用合称为加工费用)4 000 元；原材料综合利用以后，在生产同样数量的 A 产品外，还同时生产出一种 B 产品 50 千克，加工费用增加到 5 000 元。假设成本费用按 90%与 10%的比例分别在 A、B 两种产品之间进行分配，分析原材料综合利用对产品单位成本的影响。综合利用前后有关成本费用资料分析如表 13-29 所示。

表 13-29　综合利用后 A、B 产品成本表

单位：元

项目	综合利用前 A 产品成本(产量 500 kg)			综合利用后 A 产品成本(产量 500 kg)		综合利用后 B 产品成本(产量 500 kg)		综合利用后 A、B 产品成本合计
	总成本	单位成本	成本构成	总成本	单位成本	总成本	单位成本	
原材料	6 000	12	60	5 400	10.8	600	12	6 000
加工费用	4 000	8	40	4 500	9.0	500	10	5 000
合计	10 000	20	100	9 900	19.8	1 100	22	11 000

综合利用后 A 产品单位成本降低了 0.2 元，降低率为 1%，其中：

$$\dfrac{\text{原材料综合利用以后对产品单}}{\text{位成本中原材料降低率的影响}}=(1-90\%)\times\dfrac{12}{20}=6\%$$

$$\dfrac{\text{原材料综合利用以后对产品单}}{\text{位成本中原材料降低额的影响}}=6\%\times20=1.2(\text{元})$$

$$\dfrac{\text{原材料综合利用以后对产品单}}{\text{位成本中加工费用降低率的影响}}=\left[1-\left(1+\dfrac{5\,000-4\,000}{4\,000}\right)\times90\%\right]\times\dfrac{8}{20}=-5\%$$

$$\dfrac{\text{原材料综合利用以后对产品单}}{\text{位成本中加工费用降低额的影响}}=(-5\%)\times20=-1(\text{元})$$

$$\dfrac{\text{原材料综合利用以后对产}}{\text{品单位成本降低率的影响}}=6\%+(-5\%)=1\%$$

$$\dfrac{\text{原材料综合利用以后对产}}{\text{品单位成本降低额的影响}}=1.2+(-1)=0.2(\text{元})$$

由以上分析可知，对材料进行综合利用以后，使 A 产品单位成本节约 0.2 元。

6) 边角余料、废料回收利用情况的变化

各种原材料加工后产生的废料和边角余料，应积极组织回收利用，以减少材料的耗用量，节约材料费用。若边角余料、废料回收利用数量低于定额或计划数量，不能直接做出这是不利因素的评价。因为造成这种情况可能有两种原因：一是回收利用工作没有组织好，很明显边角余料、废料回收利用不足将造成单位产品原材料费用升高，应该采取措施纠正；二是加工方法改进了，这样虽然回收利用的边角余料、废比以前要少，但是原材料的利

用率提高了，生产的产品数量增加了，最终会使单位产品原材料费用降低，这种就是有利因素。此外，原材料消耗量的变动还受到生产工人的操作技术水平、劳动态度、设备性能、材料管理等多方面的影响，要结合生产经营管理的具体情况进行分析。

2. 产品产量变动对产品单位成本的影响分析

我们知道，按照生产费用与产品产量的依存关系(即成本性态)，可以将其分为变动费用和固定费用。变动费用总额随着产量的变动成正比例地变动，而固定费用总额在一定时期和产量范围内(指在产量的增长尚未超过企业生产能力，无须增加新的机器设备的情况下)，不随着产量的变动而变动。也就是说，产量的变动不会影响单位产品中的变动费用，但会影响分摊到单位产品中的固定费用，从而使得产品单位成本发生变动。可见，产品产量的变动对产品单位成本的影响是间接的。

测定产量变动对产品单位成本的影响，可在其他条件不变的情况下，按照下式计算：

$$产量变动对产品单位成本降低率的影响 = \left(1 - \frac{1}{1+产量的增长率}\right) \times 计划单位成本中固定费用所占的比重$$

$$产量变动对产品单位成本降低额的影响 = \left(1 - \frac{1}{1+产量的增长率}\right) \times 计划单位成本中的固定费用$$

需要说明的是：当产量降低时，产量增长率应以负数表示。

【例 13-15】 假设 E 产品的成本资料如表 13-30 所示。

表 13-30　E 产品的成本资料

金额单位：元

项　目	产量/件			单位成本				总　成　本		
	计划	实际	增长率/%	计划	比重/%	实际	增长率/%	计划	实际	增长率/%
固定费用				20	40	16	-20	4 000	4 000	0
变动费用				30	60	30	0	6 000	7 500	25
合计	200	250	25	50	100	46	-8	10 000	11 500	15

$$产量变动对产品单位成本降低率的影响 = \left(1 - \frac{1}{1+25\%}\right) \times 40\% = 8\%$$

$$产量变动对产品单位成本降低额的影响 = \left(1 - \frac{1}{1+25\%}\right) \times 20 = 4(元)$$

可见，当 E 产品的产量从 200 件增长到 250 件，增长率为 25%时，总成本中的变动费用也同比例增长到 7 500 元，而总成本中的固定费用保持不变，仍为 4 000 元。因为产量的增长，E 产品单位成本中的固定费用从 20 元下降到 16 元，降低了 4 元，降低率为 20%，最终使单位成本降低了 8%。

有一个与产品产量的变动密切相关的技术经济指标叫设备利用率，该指标通过影响产量变动来间接地影响单位成本中的固定费用水平。设备利用率在不同的行业企业里有着不同的表现形式，其中一种形式是以单位设备在单位作业时间的产品产量来表示，即

$$设备利用率 = \frac{产品产量}{作业时间}$$

可见，当作业时间以及其他条件都不变时，单纯设备利用率指标的增减变动，将使产量发生同比例的增减变动。假设设备利用率比计划提高 10%，作业时间以及其他条件不变，若计划单位成本中的固定费用仍为 20 元，计划单位成本中固定费用所占的比重仍为 40%，那么设备利用率变动对产品单位成本的影响，可以用产量变动对产品单位成本的影响表示，计算公式如下：

$$\begin{array}{l}设备利用率变动对产品 \\ 单位成本降低率的影响\end{array} = \left(1 - \frac{1}{1+10\%}\right) \times 40\% \approx 3.64\%$$

$$\begin{array}{l}设备利用率变动对产品 \\ 单位成本降低额的影响\end{array} = \left(1 - \frac{1}{1+10\%}\right) \times 20 = 1.82(元)$$

计算结果说明，设备利用率提高 10%，单位成本降低 1.82 元，降低率为 3.64%。

3. 产品质量变动对产品单位成本的影响分析

产品的质量，就是产品适合一定用途，满足国民经济一定需要所具备的特性。在生产耗费水平不变的前提下，产品质量的提高，能减少废品和返修品，从而减少合格品所负担的废品损失，同时因为减少了废品和返修品，使合格品的数量增加，从而减少产品单位成本所负担的固定费用，大大降低产品单位成本；而产品质量的下降则会使产品单位成本升高。所以，分析产品质量变动对产品单位成本的影响是十分必要的。

工业企业生产的产品种类繁多，不同的产品有着不同的生产特点和质量要求，因而用来表示产品质量的指标也不同。根据产品是否符合质量技术标准，可将产品分为合格品和废品，一般用合格品率、废品率、返修率、废品损失率等指标来反映产品的质量。有些合格品还可以按照质量水平的高低，划分为不同的等级，一般用产品等级系数等指标来表示产品的质量。因此，分析产品质量变动对产品单位成本的影响，主要是分析合格品率、废品率、返修率、废品损失率、产品等级系数等有关指标对产品单位成本的影响。下面以废品率和产品等级系数这两个指标为例进行分析。

1) 废品率变动对产品单位成本的影响分析

废品率是指废品数量占产品总产量的比重。在生产耗费水平不变的前提下，废品率降低，会使相同生产条件下的合格品数量增加，从而降低产品的单位成本。废品率的计算公式为

$$废品率 = \frac{废品数量}{合格品数量+废品数量} \times 100\%$$

在其他条件不变的情况下，废品率变动对产品单位成本的影响，可按照下式计算：

$$\begin{array}{l}废品率变动对产品单 \\ 位成本降低率的影响\end{array} = \left(1 - \frac{\dfrac{实际废品率}{1-实际废品率}}{\dfrac{计划废品率}{1-计划废品率}}\right) \times \begin{array}{l}计划单位成本中废品 \\ 损失所占的比重\end{array}$$

$$\begin{matrix}\text{废品率变动对产品单} \\ \text{位成本降低额的影响}\end{matrix} = \left(1 - \frac{\dfrac{\text{实际废品率}}{1-\text{实际废品率}}}{\dfrac{\text{计划废品率}}{1-\text{计划废品率}}}\right) \times \begin{matrix}\text{计划单位成本} \\ \text{中废品损失}\end{matrix}$$

【例 13-16】 假设某产品的有关资料如表 13-31 所示,在总产量和生产费用不变的前提下,分析废品率变动对产品单位成本的影响,如表 13-32 所示。

表 13-31 合格品、废品数量资料

单位:件

项 目	计 划		实 际	
	数 量	比率/%	数 量	比率/%
合格品	1 200	96	1 323	98
废品	50	4	27	2
合计	1 250	100	1 350	100

表 13-32 废品率变动对产品单位成本的影响分析表

项 目	计 划	实 际	降 低 额	降低率/%
产量/件	1 000	1 000	0	0
合格品/件	980	990	−10	−1.02
废品/件	20	10	10	50
废品率/%	2	1		1
生产费用合计/元	200 000	200 000	0	0
废品单位成本/元	$\dfrac{200\,000}{1\,000}=200$	$\dfrac{200\,000}{1\,000}=200$		
单位废品残值/元(残值率2%)	200×10%=20	200×10%=20	0	0
废品损失/元	20×(200−20)=3 600	10×(200−20)=1 800	1 800	50
单位产品中的废品损失/元	$\dfrac{3\,600}{980}=3.67$	$\dfrac{1\,800}{990}=1.82$	1.85	50
合格品单位成本/元	200+3.67=203.67	200+1.82=201.82	1.85	0.91

$$\begin{matrix}\text{计划单位成本中废} \\ \text{品损失所占的比重}\end{matrix} = \frac{3\,600}{980\times203.67} = 1.80\%$$

$$\begin{matrix}\text{废品率变动对产品单} \\ \text{位成本降低率的影响}\end{matrix} = \left(1 - \frac{\dfrac{1\%}{1-1\%}}{\dfrac{2\%}{1-2\%}}\right) \times 1.80\% = 0.91\%$$

$$\begin{matrix}\text{废品率变动对产品单} \\ \text{位成本降低额的影响}\end{matrix} = \left(1 - \frac{\dfrac{1\%}{1-1\%}}{\dfrac{2\%}{1-2\%}}\right) \times 3.67 = 1.85(\text{元})$$

由以上分析可知,实际废品率比计划降低了 1%,使产品单位成本降低了 1.85 元,降低率为 0.91%。

2) 产品等级系数变动对产品单位成本的影响分析

在产品可以按照质量技术标准划分为不同等级的企业，等级产品的平均质量水平一般可以用产品等级系数来表示。产品等级系数是指将各个等级产品的产量折合成一级品的产量占折合前各个等级产量综合的比重。计算公式为

$$产品等级系数 = \frac{\sum(各个等级产量 \times 该等级折合率)}{折合前各个等级产量总和}$$

公式中折合率一般是按单价折合计算，就是将各个等级的单价分别与一级品的单价相比得出的比值。产品等级系数越高，说明各个等级产品折合为一级品的产量越多，折合产量的单位成本也就越低，等级产品的质量也就越好。

在其他条件不变的情况下，产品等级系数变动对产品单位成本的影响，可按照下式进行计算：

$$\begin{array}{l}等级系数变动对产品单\\位成本降低率的影响\end{array} = \left(1 - \frac{计划等级系数}{实际等级系数}\right) \times 100\%$$

$$\begin{array}{l}等级系数变动对产品单\\位成本降低额的影响\end{array} = 折合为一级品的计划单位成本 \times \begin{array}{l}等级系数变动对产品单\\位成本降低率的影响\end{array}$$

【例 13-17】　假设企业的某等级产品的产量和成本资料如表 13-33 所示，在其他条件不变的情况下，分析产品等级系数变动对产品单位成本的影响。

表 13-33　某等级产品的产量和成本资料

等　级	单价/元	折合率/%	产量/件		折合为一级品的产量/件		总成本/元	
			计划	实际	计划	实际	计划	实际
一级品	10	1	600	700	600	700		
二级品	8	0.8	400	370	320	296		
三级品	5	0.5	200	180	100	90		
合计			1 200	1 250	1 020	1 086	51 000	53 125

总成本的实际数 $53\,125 = \frac{51\,000}{1\,200} \times 1\,250$，实际上是将计划数按产量计划完成的百分比修正后的数值。在本例中，为了分析单纯等级系数变动对产品单位成本的影响，就要假设其他因素均不变。

按上述公式对本例进行分析。

$$计划等级系数 = \frac{1\,020}{1\,200} = 0.85$$

$$实际等级系数 = \frac{1\,086}{1\,250} = 0.868\,8$$

$$\begin{array}{l}等级系数变动对产品单\\位成本降低率的影响\end{array} = \left(1 - \frac{0.85}{0.868\,8}\right) \times 100\% \approx 2.16\%$$

$$\text{等级系数变动对产品单}\atop\text{位成本降低额影响} = \frac{51\,000}{1\,020} \times 2.16\% = 1.08(元)$$

由以上分析可知，实际等级系数比计划提高 0.018 8(0.868 8-0.85)，使产品单位成本比计划降低了 1.08 元，降低率为 2.16%。

对以上分析结果，可以进行如下验证。

$$\text{折合为一级品的计划单位成本} = \frac{51\,000}{1\,020} = 50(元)$$

$$\text{折合为一级品的实际单位成本} = \frac{53\,125}{1\,086} = 48.92(元)$$

可见，产品单位成本比计划降低了 1.08 元，降低率为 2.16%，分析结果与前面的分析相符。

4. 工人劳动生产率变动对产品单位成本的影响分析

劳动生产率是反映劳动者的劳动成果与劳动消耗量之间的对比关系，一般有两种表现形式：一种是用单位劳动时间平均生产的产品数量来表示的，计算公式为

$$劳动生产率 = \frac{产品数量}{劳动时间}$$

另外一种是用单位产品平均所耗用的劳动时间来表示的，计算公式为

$$劳动生产率 = \frac{劳动时间}{产品数量}$$

不管劳动生产率的表现形式是哪一种，劳动生产率的提高都表示劳动时间的节约以及劳动效率的提高。可见，在其他条件不变时，劳动生产率的提高，意味着生产单位产品所耗用的工时减少，从而引起单位产品负担的直接人工费用的减少；但是劳动生产率的提高，也意味着单位时间所生产的产品数量的增加，从而引起单位时间负担的直接人工费用的增加。也就是说，劳动生产率的提高往往伴随着工人平均工资(或小时工资率)的增长，只有在工人平均工资(或小时工资率)的增长速度不超过劳动生产率的增长速度的情况下，才能使产品的单位成本降下来。

在企业只生产一种产品时，计入该产品单位成本中的直接人工费用为

$$\text{产品单位成本中}\atop\text{的直接人工费用} = \frac{直接人工费用总额}{产品数量} = \frac{每人平均直接人工费用(即平均工资)}{每人平均产量(即劳动生产率)}$$

所以，在整个企业或车间只生产一种产品时，劳动生产率变动对产品单位成本降低额和降低率的影响，可按以下公式计算：

$$\text{劳动生产率变动对产品}\atop\text{单位成本降低率的影响} = \left(1 - \frac{1+平均工资增长率}{1+劳动生产率提高率}\right) \times \text{计划单位成本中直接}\atop\text{人工费用所占的比重}$$

$$\text{劳动生产率变动对产品}\atop\text{单位成本降低额的影响} = \left(1 - \frac{1+平均工资增长率}{1+劳动生产率提高率}\right) \times \text{计划单位成本中}\atop\text{的直接人工费用}$$

【例 13-18】 假设某企业只生产 M 产品，在产品的计划单位成本中，直接人工费用占 15 元，比重为 30%，其余资料如表 13-34 所示。

表 13-34 某企业 M 产品资料

指　标	计划/元	实际/元	增长额/元	增长率/%
平均工资	1 500	1 800	300	20
平均产量	100	150	50	50
单位产品的直接人工费用	15	12	-3	-20

则劳动生产率变动对产品单位成本降低额和降低率的影响，计算如下。

$$\text{劳动生产率变动对产品} \atop \text{单位成本降低率的影响} = \left(1 - \frac{1+20\%}{1+50\%}\right) \times 30\% = 6\%$$

$$\text{劳动生产率变动对产品} \atop \text{单位成本降低额的影响} = \left(1 - \frac{1+20\%}{1+50\%}\right) \times 15 = 3(元)$$

在企业生产多种产品时，按照工时比例分配计入产品成本中的直接人工费用为

$$\text{产品单位成本中} \atop \text{的直接人工费用} = \text{单位产品所耗工时} \times \text{小时工资率} = \frac{\text{小时工资率}}{\text{单位工时平均产量(即劳动生产率)}}$$

所以，整个企业或车间生产多种产品时，劳动生产率变动对产品单位成本降低额和降低率的影响的计算公式如下：

$$\text{劳动生产率变动对产品} \atop \text{单位成本降低率的影响} = \left(1 - \frac{1+\text{小时工资增长率}}{1+\text{劳动生产率提高率}}\right) \times \text{计划单位成本中直接} \atop \text{人工费用所占的比重}$$

$$\text{劳动生产率变动对产品} \atop \text{单位成本降低额的影响} = \left(1 - \frac{1+\text{小时工资增长率}}{1+\text{劳动生产率提高率}}\right) \times \text{计划单位成本中} \atop \text{的直接人工费用}$$

【例 13-19】 假设某企业生产多种产品，在 N 产品的计划单位成本中，直接人工费用占 200 元，比重为 10%，其余资料如表 13-35 所示。

表 13-35 N 产品资料

指　标	计划/元	实际/元	增长额/元	增长率/%
小时工资率	2	2.2	0.2	10
单位产品所耗工时	100	80	-20	-20
单位产品的直接人工费用	200	176	-24	-12

因为产品的单位工时产量与其单位产品所耗工时互为倒数，所以在本例中，可以先通过单位产品所耗工时的增长率计算出单位工时产量的增长率，即劳动生产率提高率，然后将算出的劳动生产率提高率代入上述公式，计算劳动生产率变动对产品单位成本降低额和降低率的影响，即：

$$\text{单位工时产量的增长率} \atop \text{(即劳动生产率提高率)} = \left(\frac{1}{1-20\%} - 1\right) \times 100\% = 25\%$$

$$\text{劳动生产率变动对产品} \atop \text{单位成本降低率的影响} = \left(1 - \frac{1+10\%}{1+25\%}\right) \times 10\% = 1.2\%$$

$$\begin{array}{l}\text{劳动生产率变动对产品}\\\text{单位成本降低额的影响}\end{array}=\left(1-\frac{1+10\%}{1+25\%}\right)\times200=24(元)$$

当然，也可以直接计算劳动生产率变动对产品单位成本降低额和降低率的影响，即：

$$\begin{array}{l}\text{劳动生产率变动对产品}\\\text{单位成本降低率的影响}\end{array}=[1-(1+10\%)\times(1-20\%)]\times10\%=1.2\%$$

$$\begin{array}{l}\text{劳动生产率变动对产品}\\\text{单位成本降低额的影响}\end{array}=[1-(1+10\%)\times(1-20\%)]\times200=24(元)$$

5. 能源利用程度变动对产品单位成本的影响分析

企业在工业生产中会消耗各种各样的能源，如石油、煤炭、水、电等，节约能源消耗是降低产品单位成本的一条有效途径。

反映工业生产中能源利用程度的指标有很多，在不同行业里各不相同，如在热电厂是用标准煤耗量，在炼铁厂是用焦比等重要经济指标来反映能源利用程度。

下面以焦比为例进行分析。

焦比是反映每炼一吨合格生铁所消耗的焦炭量。降低焦比、节约焦炭的消耗量，能提高生铁的产量，降低生铁的单位成本。

焦比指标变动对产品(生铁)单位成本降低额和降低率的影响，可按以下公式计算：

$$\begin{array}{l}\text{焦比变动对产品单位}\\\text{成本降低率的影响}\end{array}=\left(1-\frac{\text{实际焦比}}{\text{计化焦比}}\right)\times\begin{array}{l}\text{计划单位成本中焦}\\\text{炭费用所占的比重}\end{array}$$

$$\begin{array}{l}\text{焦比变动对产品单位}\\\text{成本降低额的影响}\end{array}=\left(1-\frac{\text{实际焦比}}{\text{计化焦比}}\right)\times\begin{array}{l}\text{计划单位成本}\\\text{中焦炭费用}\end{array}$$

【例 13-20】 某炼铁厂炼一吨生铁计划要消耗焦炭 400 千克，实际消耗 385 千克，一吨生铁计划单位成本为 108 元，其中焦炭成本比重占 20%，分析焦比指标变动对生铁单位成本的影响。

很明显，焦比实际比计划降低 15 千克，即降低 3.75%。

$$\text{焦比变动对生铁单位成本降低额的影响}=\left(1-\frac{385}{400}\right)\times20\%\times108=0.81(元)$$

$$\text{焦比变动对生铁单位成本降低率的影响}=\left(1-\frac{385}{400}\right)\times20\%=0.75\%$$

可见，焦比降低 3.75%，使生铁的单位成本降低 0.81 元，降低率为 0.75%。也就是说，焦比每降低 1%，会使生铁的单位成本降低 0.216 元，降低率为 0.2%。

第五节　费用报表的编制与分析

成本报表既包括全部产品生产成本表、主要产品单位成本表等反映成本计划执行情况的报表，也包括反映费用支出情况的报表即费用报表。这里的费用指的是企业在生产经营过程中，各个车间、部门为生产产品，组织和管理生产经营活动所发生的制造费用和管理费用、销售费用、财务费用等期间费用。制造费用不同于期间费用，制造费用属于生产费用，应计入产品成本，而期间费用不计入产品成本。为了正确反映费用计划的执行情况，分析各种费用变动的原因及其对产品成本和当期损益的影响，企业应定期编制制造费用明细表以及管理费用明细表、销售费用明细表、财务费用明细表等期间费用明细表。

作为成本报表的组成部分，费用报表也属于内部报表，其具体内容、格式和编制方法等均由企业或企业的上级主管部门自行确定。也就是说，由于行业性质、生产特点和管理要求不同，各个工业企业费用报表的具体内容及明细项目的设置等都有所不同。因此，本节所讲述的只是工业企业一般应编制的费用报表的种类、基本格式和编制的基本方法，并不是国家的统一规定。

一、费用报表的编制

(一)制造费用明细表的结构和编制

制造费用明细表是反映工业企业及其生产车间在一定时期内，为组织和管理生产所发生的间接费用的总和及其构成情况的报表。因为辅助生产车间的制造费用已经分配到各个受益单位，如基本生产车间、管理部门等，故该表只反映基本生产车间的制造费用情况。除了一些季节性生产的企业可以按年编制以外，该表一般按月进行编制。

假定某企业20××年12月份的制造费用明细表格式如表13-36所示。

表13-36　制造费用明细表

20××年12月　　　　　　　　　　　　　　　　　　　　　单位：元

项　　目	行　次	本年计划数	上年同期实际数	本月实际数	本年累计实际数
工资	1				
职工福利费	2				
折旧费	3				
修理费	4				
办公费	5				
差旅费	6				
取暖费	7				
水电费	8				
机物料消耗	9				
低值易耗品摊销	10				
租赁费	11	略	略	略	略
运输费	12				
保险费	13				
设计制图费	14				
试验检验费	15				
劳动保护费	16				
季节性和修理期间停工损失	17				
在产品盘亏和损毁(减盘盈)	18				
	19				
	20				
	21				
其他	22				
制造费用合计	23				

制造费用明细表按制造费用项目分别反映各费用的本年计划数、上年同期实际数、本月实际数和本年累计实际数。其中:

(1) 本年计划数:应根据本年成本计划中的制造费用计划填列。

(2) 上年同期实际数:应根据上年同期制造费用明细表的本年累计实际数填列。

(3) 本月实际数:应根据"制造费用"总账科目所属各基本生产车间制造费用明细账的本月合计数汇总计算填列。

(4) 本年累计实际数:应根据"制造费用"总账科目所属各基本生产车间制造费用明细账本年年初起至本月月末止的本年累计发生额汇总计算填列,也可以根据上月本表的本年累计实际数与本月实际数之和填列。

(二)期间费用明细表的编制

期间费用明细表一般包括三张表:管理费用明细表、销售费用明细表和财务费用明细表。这三张表在结构、编制方法和分析方法上都颇为相似。比如说对各种费用支出情况都是按照费用项目分别反映各该费用的本年计划数、上年同期实际数、本月实际数和本年累计实际数,因此把它们归在一起进行讲述。

1. 管理费用明细表的结构和编制

管理费用明细表是反映企业行政管理部门在一定时期内,为组织和管理生产经营活动而发生的各项费用的总和及其构成情况的报表。

假定某企业20××年12月份的管理费用明细表格式如表13-37所示。

表13-37　管理费用明细表

20××年12月　　　　　　　　　　　　　　　　　　　单位:元

项　　目	行　次	本年计划数	上年同期实际数	本月实际数	本年累计实际数
公司经费	1				
工资	2				
职工福利费	3				
折旧费	4				
修理费	5				
物料消耗	6				
低值易耗品摊销	7				
办公费	8	略	略	略	略
差旅费	9				
工会经费	10				
待业保险费	11				
劳动保险费	12				
董事会费	13				
董事会成员津贴	14				
会议费	15				
差旅费	16				
聘请中介机构费	17				

续表

项　　目	行　次	本年计划数	上年同期实际数	本月实际数	本年累计实际数
咨询费(含顾问费)	18				
诉讼费	19				
业务招待费	20				
税金	21				
房产税	22				
车船使用税	23				
土地使用税	24				
印花税	25				
技术转让费	26				
矿产资源补偿费	27				
无形资产摊销	28				
职工教育经费	29				
研究开发费	30				
排污费	31	略	略	略	略
绿化费	32				
保险费	33				
租赁费	34				
递延费用摊销	35				
计提的坏账准备	36				
存货跌价准备	37				
材料、产成品盘亏和损毁(减盘盈)	38				
⋮	⋮				
其他					
管理费用合计					

管理费用明细表按管理费用项目分别反映各项费用的本年计划数、上年同期实际数、本月实际数和本年累计实际数。其中：

(1) 本年计划数：应根据本年的管理费用计划填列。

(2) 上年同期实际数：应根据上年同期管理费用明细表的本年累计实际数填列。

(3) 本月实际数：应根据管理费用明细账的本月合计数填列。

(4) 本年累计实际数：应根据管理费用明细账本年年初起至本月月末止的本年累计发生额填列。

2. 销售费用明细表的结构和编制

销售费用明细表是反映一定时期内，企业在销售产品过程中发生的费用以及为销售本企业产品而专设的销售机构的经营费用总和及其构成情况的报表。

假定某企业20××年12月份的销售费用明细表格式如表13-38所示。

销售费用明细表按销售费用项目分别反映各项费用的本年计划数、上年同期实际数、本月实际数和本年累计实际数。其中：

(1) 本年计划数：应根据本年的销售费用计划填列。

表 13-38　销售费用明细表

20××年12月　　　　　　　　　　　　　　　　　单位：元

项　目	行　次	本年计划数	上年同期实际数	本月实际数	本年累计实际数
专设销售机构费用	1				
工资	2				
职工福利费	3				
办公费	4				
	5				
	6				
差旅费	7				
业务费	8				
租赁费	9				
折旧费	10				
低值易耗品摊销	11				
其他	12	略	略	略	略
运输费	13				
装卸费	14				
包装费	15				
保险费	16				
展览费	17				
广告费	18				
	19				
	20				
	21				
	22				
其他					
销售费用合计	23				

(2) 上年同期实际数：应根据上年同期销售费用明细表的本年累计实际数填列。

(3) 本月实际数：应根据销售费用明细账的本月合计数填列。

(4) 本年累计实际数：应根据销售费用明细账本年年初起至本月月末止的本年累计发生额填列。

3. 财务费用明细表的结构和编制

财务费用明细表是反映企业在一定时期内，为筹集生产经营所需资金而发生的费用总和及其构成情况的报表。

假定某企业20××年12月份的财务费用明细表格式如表 13-39 所示。

财务费用明细表按财务费用项目分别反映各项费用的本年计划数、上年同期实际数、本月实际数和本年累计实际数。

(1) 本年计划数：应根据本年的财务费用计划填列。

(2) 上年同期实际数：应根据上年同期财务费用明细表的本年累计实际数填列。

(3) 本月实际数：应根据财务费用明细账的本月合计数填列。

(4) 本年累计实际数：应根据财务费用明细账本年年初起至本月月末止的本年累计发生额填列。

表 13-39　财务费用明细表

20××年 12 月　　　　　　　　　　　　　　　　单位：元

项　　目	行　次	本年计划数	上年同期实际数	本月实际数	本年累计实际数
利息支出(减利息收入)	L				
汇兑损失(减汇兑收益)	2				
调剂外汇手续费	3				
金融机构手续费	4	略	略	略	略
	5				
	6				
	7				
其他	8				
财务费用合计	9				

二、费用报表的分析

费用报表的分析主要是分析各项费用的变动情况和费用预算(或计划)的执行情况。

为了分析各项费用的变动情况，应以各种费用明细表等有关资料为依据，将本月实际数与上年同期实际数相比，确定两者之间的差异，并分析产生差异的原因。

如果有本月计划数，可以将本月实际数与之相比，分析和考核月份费用预算的执行情况。如果该表为 12 月份的费用明细表，就可以将累计实际数与本年计划数相比，分析和考核年度费用预算的执行情况。

特别是对变动较大、数额较大的成本项目要进行重点分析。

分析时要注意以下事项。

(1) 要按各个费用项目分别进行分析，不能只对费用总额的预算完成情况进行分析。因为费用总额完成了预算，不代表各个费用项目也完成了预算。只对费用总额的预算完成情况进行分析，易使一些费用项目的超支被一些费用项目的节约所掩盖，或是出现各个费用项目预算完成情况的平均化。而不同的费用项目具有不同的经济性质和经济用途，发生差异的原因也各不相同，分析时应采用不同的程序分别进行分析。

(2) 各种费用的明细项目很多，要对其中费用比重大的、与预算偏差大的、非生产性的存货盘亏或损毁等一些费用项目进行重点分析，并从动态上观察比较其变动情况和变动趋势，以了解企业成本管理工作的改进情况。因为像制造费用中的"在产品盘亏和损毁"、管理费用中的"材料、产成品盘亏和损毁"等非生产性费用的发生，一般都与企业生产经营管理不善有关，避免这些损失就可以大大降低成本，所以分析时要作为重点项目来抓。在分析变动情况时要注意费用指标口径前后期是否一致，是否可比。如不一致，应经过调整以后再进行比较。

(3) 分析时要与经济效益联系,注意具体费用项目的支出特点,不能按照比较结果简单地认为,一切费用支出的超支都是不好的,一切费用支出的节约都是好的。比如说,因超额完成全年销售计划而相应增加销售费用中的工资及福利费、运输费、广告费、差旅费等项目的支出,这种超支就是合理的。再比如说,制造费用中的修理费的减少,就可能会带来因不按计划进行维修,而影响机器设备的正常运转和缩短机器设备使用寿命的不良后果,这种节约就不是好现象。

(4) 应注意费用预算(计划)的合理性,可以将本期实际与上期实际或历史先进水平对比分析。

(5) 将费用分为固定费用、变动费用,还有同时包括固定费用与变动费用的混合费用(或半变动成本)等,分别进行分析。固定费用在相关范围内不受业务量变动的影响,可以直接用实际数与预算数对比,确定差异,如按直线法计算的管理费用中的折旧费;而变动费用随着业务量的变动成正比地变动,应联系业务量的变动,计算相对的节约或超支差异,如销售费用中的运输费、装卸费、包装费,会随着销售量的变动而变动,就应与销售量相联系进行分析。有些费用项目如机器设备的维护保养费,在业务量一定的范围内固定,超过这一范围后,随着业务量的增加而增加,就属于混合成本。掌握有关费用项目的这些特点,对于正确分析各种费用十分重要。

复习测试题

习题参考答案

参 考 文 献

[1] 万寿义，任月君. 成本会计[M]. 5 版. 大连：东北财经大学出版社，2019.

[2] 袁堂梅. 成本会计学[M]. 北京：清华大学出版社，2019.

[3] 陈云. 成本会计学案例分析[M]. 上海：立信会计出版社，2015.

[4] 刘相礼，王苹香，朱延琳. 成本会计实务与案例[M]. 北京：北京大学出版社，2018.

[5] 陈文标. 会计分岗位实训教程[M]. 天津：南开大学出版社，2010.

[6] 鲁亮升. 成本会计[M]. 5 版. 大连：东北财经大学出版社，2015.

[7] 苗俊美，陈万瑞. 成本会计[M]. 北京：经济管理出版社，2017.

[8] 于富生，黎来芳，张敏. 成本会计学[M]. 8 版. 北京：中国人民大学出版社，2017.

[9] 江希和，向有才. 成本会计教程[M]. 北京：高等教育出版社，2019.

[10] 万寿义，任月君，李日昱. 成本会计习题与案例[M]. 5 版. 大连：东北财经大学出版社，2019.

[11] 鲁亮升. 成本会计习题与实训[M]. 大连：东北财经大学出版社，2017.

[12] 顾全根，刘洪海. 成本会计实务[M]. 北京：人民邮电出版社，2013.

[13] 胡中艾，蒋小芸. 成本核算[M]. 北京：高等教育出版社，2013.

[14] 刘爱荣，杨萍. 成本会计[M]. 7 版. 大连：大连理工大学出版社，2017.

[15] 财政部. 企业产品成本核算制度(试行)[S]. 财会(2013)17 号，2013.

[16] 财政部会计资格评价中心. 初级会计资格经济法基础[M]. 北京：经济科学出版社，2019.